Forum qualitative Schulforschung 2

Georg Breidenstein · Arno Combe
Werner Helsper · Bernhard Stelmaszyk
(Hrsg.)

Forum qualitative Schulforschung 2

Interpretative Unterrichts- und Schulbegleitforschung

Springer Fachmedien Wiesbaden GmbH

Gedruckt auf säurefreiem und alterungsbeständigem Papier.

Die Deutsche Bibliothek – CIP-Einheitsaufnahme
Ein Titeldatensatz für diese Publikation ist bei
Der Deutschen Bibliothek erhältlich.

ISBN 978-3-8100-3428-1 ISBN 978-3-663-07712-1 (eBook)
DOI 10.1007/978-3-663-07712-1

Ursprünglich erschienen bei Leske + Budrich, Opladen 2002

Satz: Verlag Leske + Budrich, Opladen

Inhaltsverzeichnis

III Interpretative Ansätze der Schulbegleitforschung

Vorwort

Die qualitative Schulforschung weist inzwischen eine beträchtliche Tradition auf. Sie hat sich in vielfältige Forschungsrichtungen und Gegenstandsbezüge ausdifferenziert und abgesicherte methodische Zugänge entwickelt. Qualitative Schulforschung ist damit zu einem festen Bestandteil der Beobachtung sowie Reflexion des Schul- und Bildungssystems geworden. Was wir über schulische und unterrichtliche Prozesse und Entwicklungen von LehrerInnen und SchülerInnen wissen, geht vielfach auf qualitative Ansätze zurück.

Zudem ist die qualitative Schulforschung mit dem Anspruch der Vermittlung zwischen Konkretem und Allgemeinem auf besondere Weise anschlussfähig für praktische Belange der Schulentwicklung und Lehrerbildung. Sie gewinnt damit auch verstärkt Bedeutung für Schulentwicklungsprozesse und die Professionalisierung von LehrerInnen.

Bislang fehlt allerdings ein Forum, das diese Entwicklungen kontinuierlich verfolgt. Das „Forum qualitative Schulforschung" versucht diese Aufgabe zu übernehmen. Es soll in zweijährigem Abstand erscheinen. Es wendet sich vier zentralen Schwerpunkten zu: *Erstens* sollen bilanzierende Überblikke zu zentralen und sich neu entwickelnden Feldern der Qualitativen Schulforschung erstellt und langfristig fortgeschrieben werden. Dabei werden durchaus – über eine allzu enge schulische Fokussierung hinaus – thematische Verbindungen zu anderen Forschungsfeldern wie etwa Kindheit, Jugend, Familie, soziale Ungleichheit oder biographische Bildungsprozesse gezielt gesucht. *Zweitens* werden zentrale Themen der Schulforschung anhand neuer Forschungsprojekte dargestellt und exemplarisch zugänglich gemacht. Jedes Forum wird für mindestens zwei thematische Schwerpunkte neue qualitative Forschungsergebnisse präsentieren. *Drittens* sollen methodische und inhaltliche Anregungen für zukünftige Perspektiven qualitativer Schulforschung vermittelt und darüber Anstöße für Forschungsentwicklungen gegeben werden. *Viertens* schließlich wird zukünftig eine internationale Vernetzung qualitativer Schulforschung anvisiert, sowohl in Form von Überblicksbeiträgen zur Entwicklung in anderen Ländern, als auch durch die exemplarische Präsentation internationaler Forschungsvorhaben.

Es ist das Anliegen der Herausgeber mit dem „Forum qualitative Schulforschung“ zur Systematisierung bestehender Erkenntnisse, zur Präsentation innovativer Ansätze und zur Diskussion von Entwicklungsperspektiven beizutragen. Damit ist unterstellt, dass die qualitative Schulforschung langfristig unverzichtbar für die Analyse und Reflexion von Schule und Bildung sein wird.

Georg Breidenstein
Arno Combe
Werner Helsper
Bernhard Stelmaszyk

I Bestandsaufnahme qualitativer Schulforschung

Georg Breidenstein

Interpretative Unterrichtsforschung – eine Zwischenbilanz und einige Zwischenfragen[1]

Die Unterrichtssituation kann als das zentrale Bestimmungsstück der Veranstaltung von Schule gelten. Hier müsste das, was der vorrangige Zweck von Schule ist, die Initiierung und Anleitung von Lernprozessen, im wesentlichen stattfinden. In der konkreten Unterrichtssituation müssten sich Erfolg und Qualität von Schule entscheiden. Zugleich dürfte die sozialisatorische Relevanz der Unterrichtssituation für alle Beteiligten schon angesichts der schieren Quantität an Zeit kaum zu überschätzen sein. Fünf bis sechs Stunden am Tag, an fünf Tagen in der Woche über mindestens zehn Jahre hinweg an einer sozialen Situation teilzunehmen, die so spezifischen Bestimmungen folgt wie schulischer Unterricht, dürfte (so oder so) nicht ohne Wirkung bleiben.

Angesichts der zentralen Bedeutung der Unterrichtssituation für das Projekt „Schule" insgesamt überrascht der letztlich doch recht überschaubare Bestand an qualitativer empirischer Unterrichtsforschung. Terhart hat bereits 1978 das Programm einer „Interpretativen Unterrichtsforschung" auf der Basis des Symbolischen Interaktionismus und in Abgrenzung zur bis dahin vorherrschenden standardisierten Unterrichtsbeoachtung entfaltet. Dennoch muss man auch mehr als 20 Jahre später konstatieren, dass „Interpretative Unterrichtsforschung" insgesamt (noch) kein konsolidiertes Forschungsgebiet bezeichnet, das etwa in systematischer Weise und in aufeinander bezogenen Studien bestimmten Forschungsfragen nachgehen würde. Stattdessen ist die Forschungslandschaft im Bereich der qualitativen Unterrichtsforschung als breit ausgreifend, aber relativ unverbunden zu kennzeichnen. Es existieren einzelne Forschungstraditionen und -linien, die nur z.T. aktuelle Fortsetzungen finden und einige herausragende Einzelstudien, die aber wenig miteinander verknüpft sind.

Seit einigen Jahren jedoch deutet sich durchaus eine Konsolidierung und Etablierung qualitativer Unterrichtsforschung an. Es gibt jetzt einen einführenden Band zu „Grundlagen und Beispielen Interpretativer Unterrichtsforschung" (Krummheuer/Naujok 1999) und es gibt zumindest programmatische Bekenntnisse zu empirischer Unterrichtsforschung im Kontext einiger Fachdidaktiken.

---

1 Ich danke Kerstin Jergus für die sorgfältige Durchsicht und Korrektur des Manuskriptes.

Einer der Gründe, die bislang die Herausbildung einer Tradition qualitativer Unterrichtsforschung erschwert haben, dürfte in der methodischen Herausforderung liegen, die die detaillierte Analyse der Unterrichtssituation darstellt. Die Komplexität des interaktiven Geschehens, die Vielzahl der Beteiligten und die Gleichzeitigkeit unterschiedlicher Handlungsstränge stellen schon die Datenerhebung vor einige Probleme. Erforderlich ist in der Regel die technische Aufzeichnung des Unterrichts – oft werden mindestens zwei Videokameras verwendet – und die detaillierte Transkription dieser Aufzeichnungen. Während also schon die Datenerhebung recht aufwändig ist, so sind die meisten Auswertungsverfahren so extensiv, dass sie vorwiegend im Rahmen von drittmittelfinanzierten Projekten stattfinden. Diese sind im Bereich qualitativer Unterrichtsforschung (noch) relativ rar gesät.

Über die sehr unterschiedlichen Forschungsinteressen und theoretischen Perspektiven hinweg, die im folgenden zu entfalten sein werden, besteht die Gemeinsamkeit, die eine zusammenfassende Betrachtung „Interpretativer Unterrichtsforschung" sinnvoll und möglich erscheinen lässt, in dem Bezug auf eine sehr spezifische soziale Situation, die sich durch folgende Merkmale kennzeichnen lässt:

- Es handelt sich um ein Interaktionsgeschehen, das durch die Regeln der face-to-face Interaktion bestimmt ist.
- Es ist in der Regel in einem geschlossenen Raum situiert und unterliegt definierten zeitlichen Begrenzungen.
- Einer Vielzahl von Kindern oder Jugendlichen stehen einzelne Erwachsene gegenüber.
- Sowohl die Teilnehmerinnen und Teilnehmer als auch Außenstehende stimmen darin überein, das Geschehen als „Unterricht" anzusehen, d.h. als eine Veranstaltung, deren Zweck in Unterweisung und Lernen besteht.

Interpretative Unterrichtsforschung interessiert sich für dieses situierte interaktive Geschehen, das von den Teilnehmern als „Unterricht" definiert wird und zwar in seinem alltäglichen Vollzug und hinsichtlich seiner immanenten Strukturiertheit. Das heißt im Unterschied etwa zu standardisierter Unterrichtsbeobachtung und -analyse geht es Interpretativer Unterrichtsforschung nicht um die Herauspräparierung einzelner Elemente oder isolierter Äußerungen, sondern um die Rekonstruktion von Handlungsabfolgen und immanenten Handlungslogiken. Den Forschungsgegenstand bilden also „die Interaktionsprozesse in Unterrichtssituationen im Hinblick auf die soziale Konstitution von Unterrichtsalltag (und Lernen)" (Krummheuer/Naujok 1999, 16). Schwerpunkte einerseits und Lücken andererseits in der bisherigen interpretativen Erschließung der Unterrichtssituation will ich in der folgenden knappen Überblicksdarstellung aufzeigen.

Ich unterscheide für die Zwecke dieser Darstellung drei unterschiedliche Forschungsstränge, die drei verschiedene theoretische Perspektiven auf das

Unterrichtsgeschehen konstituieren. Zunächst geht es um die gesprächsanalytische Untersuchung der Unterrichtskommunikation im Rahmen mikrosoziologischer Forschungsinteressen (1.), dann soll ein fallrekonstruktiver Ansatz, der auf eine Theorie pädagogischen Handelns zielt, vorgestellt werden (2.), um drittens Spielarten einer (fach-)didaktisch motivierten Unterrichtsforschung zu diskutieren (3.). Schließlich will ich in Form einiger „Zwischenfragen" auf bisherige Desiderate im Bereich Interpretativer Unterrichtsforschung hinweisen.

1. Die mikrosoziologische Untersuchung der Unterrichtskommunikation

Qualitative, rekonstruktive Verfahren der Unterrichtsforschung entwickelten sich in den USA und Großbritannien in den 1970er Jahren in expliziter Abgrenzung von den bis dahin dominierenden standardisierten Beobachtungsverfahren, die mittels vorab festgelegter Raster etwa nach den Systemen von Bellack oder Flanders Unterricht untersuchten. Delamont und Hamilton formulierten 1974 die Kritik an der „systematic observation" in einem einflussreichen Artikel (vgl. Delamont/Hamilton 1993): Die standardisierte Beobachtung im Klassenraum produziere statistische Daten über den „durchschnittlichen" Lehrer bzw. Schüler ohne abweichende oder außergewöhnliche Verhaltensweisen beschreiben zu können. Sie ignoriere den zeitlichen und räumlichen Kontext. Sie erfasse nur das beobachtbare Verhalten und sei nicht in der Lage, unterschwellige Merkmale der Interaktion zu erfassen. Schließlich sei sie angewiesen auf vorab festgelegte Konzepte. Statt der Auszählung isolierter Verhaltenselemente sollten mit ethnographischen Mitteln Hammersley zufolge (1993, XI) „complex processes of interpretation through which people make sense of their world" erfasst werden. Während in den 1950er und 60er Jahren die (Sozial)Psychologie die dominierende Disziplin in der Unterrichtsforschung gewesen war, traten jetzt die Kulturanthropologie (v.a. in Großbritannien) und die Soziologie (v.a. in den USA) hinzu.

Hammersley (1993) unterscheidet im Rahmen der soziologischen Theoriebildung zur Unterrichtssituation zwei konkurrierende Ansätze: „Competence models" (Ethnomethodologie und Konversationsanalyse) behandeln spezifische Verhaltensweisen der Teilnehmer im Feld als kompetente Darstellungen der Mitgliedschaft einer spezifischen Kultur. Diese Ansätze fragen nach der „sozialen Geordnetheit" des interaktiven Geschehens im Klassenraum und nach den Methoden der Herstellung und Vergewisserung einer geteilten Wirklichkeit. Demgegenüber beschreiben stärker handlungstheoretische Ansätze das Geschehen tendenziell als Auseinandersetzung und Produkt konfligierender Interessen und fragen letztlich nach den Formen „sozialer

Kontrolle“ im Klassenraum. Zu letzteren wären in Deutschland sicher u.a. die Forschungen zum „heimlichen Lehrplan“ (Zinnecker 1975), zu Hinterbühnenaktivitäten (Zinnecker 1978) oder subversiven „Schülertaktiken“ (Heinze 1980) zu rechnen. Denscombe (1985) arbeitet aufgrund ethnographischer Studien „classroom control“ als zentrales Problem des Lehrerhandelns heraus. Dabei geht es seinen Beobachtungen zufolge allerdings weniger um objektivierbare Zustände als um die Aufrechterhaltung des Eindrucks von einer Situation unter Kontrolle.

Ich will hier jedoch v.a. auf die erste Variante, die ‚kompetenztheoretischen‘ Ansätze, eingehen, die in den USA das erwachende Interesse am „classroom talk“ (vgl. Wilkinson 1982; Edwards/Westgate 1994) dominierten. Neben das traditionelle schulpädagogische Interesse an der Verbesserung unterrichtlicher Kommunikation trat jetzt ein soziolinguistisches Interesse am Unterrichtsgespräch als spezifischer Form institutionalisierten Sprechens. Den neuen Forschungsansätzen der Soziolinguistik und Konversationsanalyse (vgl. Dittmann 1979; Schröder/Steger 1981) erschien Schulunterricht als ein attraktives Beispiel für die Untersuchung der Kontextgebundenheit und institutionellen Prägung des Sprechens. Insbesondere verbesserte technische Aufzeichnungsmöglichkeiten beförderten diese Untersuchungslinie, die auf dem Mitschnitt von Unterricht und dessen detaillierter Transkription beruht.

Die Pionierarbeiten zur Mikroanalyse des Unterrichtsgesprächs gelten den Regeln des Sprecherwechsels im Schulunterricht (McHoul 1978) und den Interaktionskompetenzen der Teilnehmer, die einen geordneten Ablauf von Unterricht überhaupt ermöglichen (Mehan 1979). Als Kontrastfolie dient immer wieder das Alltagsgespräch mit seinen konstitutiven Strukturen (Sacks/Schegloff/Jefferson 1974). Im Unterschied zur „Selbstauswahl“ des nächsten Sprechers an bestimmten, gesprächstechnisch markierten Stellen im Alltagsgespräch, liegt im Unterrichtsgespräch das zentrale Recht der Turn-Zuteilung in den Händen einer Person, des Lehrers (McHoul 1978). Als entscheidendes gesprächstechnisches Mittel, um die Möglichkeit der Turn-Zuteilung in den Händen der Lehrperson zu konstituieren, erscheint die Erweiterung der zweiteiligen Paarsequenz, die die kleinste Einheit des Alltagsgespräches bildet, zu einem Tripel, das neben der Frage und der Antwort noch aus der „evaluation“, der Bewertung der Schülerantwort durch die Lehrperson besteht. Der Sprechakt der Bewertung durch die Lehrperson erfüllt jedoch nicht nur die gesprächstechnische Funktion sicherzustellen, dass die Lehrperson das Rederecht, das sie zwischenzeitlich abgibt, immer wieder zurückerhält, sondern bewirkt v.a. die Ratifizierung oder „Konstatierung“ von Inhalten. Für Schüler heißt dies: „Sprechen im Unterricht wird damit auch im Hinblick auf die ihm zugrunde liegende Interaktionslogik zu verbalem Probehandeln“ (Streeck 1979, 250).

Zu den angesprochenen Regeln des Sprecherwechsels im Unterricht treten in der Praxis verschiedene „Improvisationsstrategien“. Diese ermöglichen der Lehrperson die flexible Handhabung der Gesprächssituation (Mehan 1979). Verschiedene Verfahren der Korrektur „falscher“ Schüleräußerungen, die überwiegend darauf zielen, dass der Schüler sich selbst korrigiert, können die dreischrittige Basissequenz auf viele Turns erweitern (McHoul 1990; Kalthoff 1997).

Mazeland (1983) weist darauf hin, dass es zu den entscheidenden Merkmalen von Unterrichtskommunikation gehört, dass Schüler um die Turn-Zuteilung durch die Lehrperson konkurrieren, was sich im Ritus des „Meldens" per Handzeichen ausdrückt, und dass Schüler durchaus über Strategien der „Selbstauswahl" verfügen. Schüler ergreifen das Rederecht ohne „dran" zu sein, was in vielen Fällen durch die Lehrperson nachträglich ratifiziert wird, indem sie die Äußerung als offiziellen Beitrag zum Unterrichtsgespräch aufgreift. Eine Studie von MacLure und French (1980) gehört zu den wenigen Arbeiten, die die subtile interpretative Arbeit, die die situative Orientierung im Unterrichtsgespräch erfordert, aus der Handlungsperspektive von Schülern untersuchen. Die Autoren identifizieren verschiedene Strategien der Produktion von Antworten: das Aufgreifen voraufgegangener ‚items' (was früher gesagt wurde, könnte Ressource für die Beantwortung der aktuellen Frage sein), der Rekurs auf generelle übergreifende Klassifizierungen und die Variation der Antwortversuche anderer Schüler.

Kalthoff (1997) hat eine Ethnographie deutscher Internatsschulen vorgelegt, die u.a. auch einige konversationsanalytisch inspirierte Untersuchungen zum Unterrichtsgespräch enthält. Über die bislang genannten Charakteristika des lehrerzentrierten Unterrichtsgesprächs hinaus spricht Kalthoff die konstitutiven Unterstellungen an, die die Lehrperson in bezug auf die Unterrichtskommunikation macht: Dass auch diejenigen Schüler, die nicht aktiv am Gespräch beteiligt sind, „etwas davon haben". Zudem stehen die Antworten einzelner Schüler nicht nur für die spezifische Person, sondern für das Schülerwissen schlechthin bzw. für das Leistungsspektrum, das sie in den Augen der Lehrperson repräsentiert: „Spricht die Lehrperson mit nur einem Schüler, spricht sie doch mit der ganzen Klasse" (Kalthoff 1997, 92).

Auf der Grundlage solcherart allgemeiner Bestimmungen der Strukturen des Unterrichtsgespräches (vgl. auch Streeck 1983) lassen sich dann weitere Charakteriska von Schulunterricht in seiner verbreiteten Form herausarbeiten. So zeigt Rehbein (1985, 22) am empirischen Beispiel, wie der permanenten inhaltlichen Fokustätigkeit des Lehrers eine „Fokus-Inkongruenz" und letztlich eine „Gesamt-Ziellosigkeit" auf Seiten der Schüler entspricht. Die Verantwortung für Sinn und Kohärenz der Situation ist komplett an die Lehrperson delegiert. Voigt (1984) rekonstruiert als „working consensus" (Goffman) des Unterrichtsgespräches, dass die Schüler darauf vertrauen, dass der Lehrer Fragen und Bedeutungen letztlich klären wird, während der Lehrer erwartet, dass die Schüler im Rahmen ihrer Möglichkeiten sinnvolle Versuche zur Lösung unternehmen.

Ehlich und Rehbein (1986) arbeiten in linguistischen Untersuchungen zu schulischer Kommunikation heraus, wie spezifische „sprachliche Handlungsmuster" im Zuge ihres institutionellen Gebrauchs in der Schule einen neuen

Charakter entwickeln. Die Autoren zeigen etwa, wie aus dem Handlungsmuster des „Problem-Lösens“ in unterrichtlicher Kommunikation das „Aufgaben-Stellen“ wird, oder sie vergleichen das Muster des „Rätsel-Ratens“ im Spiel mit seiner Verwendung im Unterricht.

Während die Forschungslage zur mikrosoziologischen Analyse der Unterrichtssituation recht gut ist, was die Strukturen des offiziellen Unterrichtsgesprächs betrifft, bestehen grundlegende Forschungsdefizite hinsichtlich all jener Nebenstränge des Unterrichtsgeschehens, die außerhalb des offiziellen, vom Lehrer gesteuerten Unterrichtsdiskurses stattfinden, die jedoch in diesen hineinragen, ihn modifizieren oder sogar ad absurdum führen können. Es gibt meines Wissens nur eine Arbeit, die sich aus konversationsanalytischer Perspektive mit dem Geschehen abseits des „Hauptdiskurses“ befasst: Rehbock (1981) arbeitet in Abgrenzung von institutionskritischen Beschreibungen der Neben-Aktivitäten von Schülern (Heinze; Zinnecker) die Funktionalität weiter Teile der „Neben-Kommunikationen“ für den Hauptdiskurs heraus. Dieser werde nur „in seinem Totalitätsanspruch vorübergehend entwertet“ (Rehbock 1981, 66), in seinem grundlegenden Funktionieren aber durchaus gestützt. Für die Untersuchung von Neben-Kommunikationen, so der methodische Hinweis Rehbocks, ist letztlich die „Analyse ihrer strukturellen Bezüge zur Haupt-Kommunikation bedeutsamer als die ihrer Inhalte“ (ebd., 73). Rehbock erläutert dies am Beispiel des „Vorsagens“, bei dem ja nicht der Inhalt, sondern der Modus illegitim ist. Insgesamt, das ist die These, seien „viele Nebentätigkeiten der Schüler alltäglich und gesprächsstrukturell erwartbar“ (ebd., 37).

Diese Forschungslinie, die mikrosoziologische Untersuchung von Unterrichtskommunikation, lässt sich zusammenfassend vielleicht so charakterisieren, dass hier mit der Anknüpfung an die ethnomethodologische Konversationsanalyse (vgl. Bergmann 1981) eine in sich konsistente und methodisch versierte Perspektive auf Unterrichtsalltag entworfen ist. Allerdings handelt es sich auch um einen sehr formalen Blick auf Unterricht, der diesen letztlich als Gesprächsmaschinerie entwirft und gegenüber inhaltlichen Aspekten weitgehend abstinent bleibt. Zudem muss man sagen, dass dieser in den 1980er Jahren sehr produktive Forschungsstrang etwas abgerissen ist. Eine Ausnahme stellt Kalthoff (1997) dar und die partielle Anknüpfung an diese Tradition in den Arbeiten von Krummheuer (vgl. 3.).

2. Die fallrekonstruktive Analyse der Strukturen des Lehrerhandelns

Die in diesem Abschnitt zu behandelnden Studien befassen sich auch mit den Strukturen von Unterrichtskommunikation, sind aber weniger auf eine mikrosoziologische Interaktionsanalyse gerichtet als auf eine „pädagogische Handlungstheorie". Es geht hier darum, in der detaillierten Interpretation von Unterrichtsszenen die strukturellen Bestimmungen professionellen Lehrerhandelns herauszuarbeiten und zu reflektieren. Anders als die in 1. angesprochenen Ansätze beziehen sich diese Analysen nicht (nur) auf die soziale Logik der Interaktionsabläufe, sondern auch auf die manifesten und latenten Inhalte unterrichtlicher Kommunikation. Dabei wird hier im Unterschied zur didaktischen Perspektive (vgl. 3.) davon ausgegangen, dass „die zentralen Dimensionen pädagogischen Handelns hermeneutisch-kommunikativer, ja moralischer Natur sind" (Combe/Helsper 1994, 10). Diese Forschungslinie ist eng verknüpft mit der „Objektiven Hermeneutik" Oevermanns. Diese zielt, in etwas unterschiedlichen Varianten, auf strukturtheoretische Beschreibungen der Bedingungen des Handelns, die in extensiven Fallanalysen gewonnen werden. Auch diese Forschung greift auf die Aufzeichnung und Transkription ‚natürlichen' Unterrichtsgeschehens zurück, allerdings werden vergleichsweise winzige Ausschnitte der sequenzanalytischen Prozedur der Objektiven Hermeneutik unterzogen.

Ein eindrucksvolles Beispiel für diesen Forschungsansatz liefert Koring (1989). In dem empirischen Teil seiner „Theorie pädagogischen Handelns" baut er eine komplexe, aus mehreren Schichten bestehende Analyse einer einzelnen Unterrichtsszene auf. Es handelt sich im Kern um die dreieinhalbminütige Eingangssequenz einer Unterrichtsstunde, die zunächst extensiv, Wort für Wort, mittels Objektiver Hermeneutik interpretiert wird. Koring arbeitet v.a. heraus, wie die Ankündigung von Innovation durch die Lehrerin und das Einfordern von Selbsttätigkeit der Schüler situativ-interaktiv scheitert. Was jedoch wegen des inneren Widerspruchs „zwischen Innovationsanspruch und Interaktionsbedeutung" (ebd., 181) misslingt, wird von der Lehrerin als Problem externalisiert und den Schülern angelastet: „Die pädagogische Idee der Selbsttätigkeit wird nicht als professionelle Orientierungsformel benutzt, sondern dient dazu, die Schüler als Problemursache zu definieren" (ebd., 205). Die Schüler jedoch, so die Analyse Korings, sind in ihrer hermeneutischen Kompetenz für die Entschlüsselung der didaktischen Anlage des Unterrichts durch die Sinnlosigkeit des Verlaufs der Sequenz überfordert (vgl. ebd., 210).

Die hier sehr verkürzt wiedergegebene Interpretation der sogenannten „Basissequenz" ergänzt Koring in weiteren methodischen Schritten u.a. um nachträgliche Deutungen der Beteiligten. Während sich in dem Interview mit der Lehrerin zeigt, dass sie zwar selbstkritisch ist, aber kaum über Instrumente professioneller Reflexion verfügt, lassen die beteiligten Schüler ein „kompetentes Hineindenken in pädagogische Deutungs- und Handlungsschemata" (ebd., 274) erkennen. Interessant sind dann auch die Differenzen in der theoretischen Einordnung der Szene durch Wissenschaftler aus verschiedenen disziplinären Kontexten. Während der Soziologe Oevermann schlicht ein Professionalisierungsdefizit der Pädagogik konstatiert, betont der Erziehungswissenschaftler Diederich die Normalität fehlerhaften Unterrichts und macht v.a. die politisch-ideologische Einstellung der Lehrerin, progressiv und schülerorientiert arbeiten zu wollen, verantwortlich für die Fallen, in die sie läuft.

Ich habe hier die Struktur dieser schon etwas älteren Arbeit von Koring vergleichsweise ausführlich skizziert, weil hier m.E. in exemplarischer Weise die Komplexität und Perspektivität der Interpretation von Unterricht entfaltet wird. Diese Studie ist allerdings nahezu singulär geblieben.

Weiterführungen einer hermeneutisch-strukturtheoretischen Unterrichtsforschung finden sich in den Arbeiten von Combe und Helsper (1994; 1996). Sie verfolgen die zentrale These, „dass sich eine desorientierende [...] Konfliktspannung im Bereich des Lehrerhandelns entwickelt hat, bei der althergebrachte linear-didaktische Handlungsstrategien mit neuen Ansprüchen an Schule und Unterricht konfrontiert werden, die ihrerseits aus veränderten Bedingungen jugendlichen Aufwachsens resultieren, die nunmehr eine enorme Kreativität des Verstehens verlangen würden" (1994, 9).

In einer der Fallstudien interpretiert Helsper die Aufzeichnung einer Schülervertreter-Wahl und identifiziert, ähnlich wie Koring, eine paradoxe Partizipationsaufforderung an Schüler, die letztlich in die Verweigerung von Autonomie mündet, indem die Wahl nämlich keine Wahl lässt, in Wahlpflicht umschlägt und schließlich bei genauerer Betrachtung geradezu zum „absurden Theater" wird.

Combe arbeitet über den Vergleich von Szenen aus verschiedenen Musikstunden die „moralischen Strukturen pädagogischer Interaktionen" einerseits und eine „ästhetisch-kreative Dimension pädagogischen Handelns" (ebd., 207f.) andererseits heraus. Im Unterschied zu den meisten anderen Fallanalysen aus pädagogischer oder didaktischer Perspektive, die wesentlich im Modus der Kritik einer defizitären Praxis arbeiten, präsentiert Combe in dieser Studie zumindest ein Beispiel gelingender wechselseitiger Anerkennung.

Insgesamt jedoch resümieren Combe und Helsper: „Gerade eine Untersuchung der strukturellen Dynamik des Unterrichts [...] zeigt, warum die Schule trotz aller Reformbemühungen, vorerst ein höchst stagnierendes soziales System genannt werden muss" (ebd., 216). Die Autoren insistieren darauf, dass ein Diskurs über die Bedingungen und Möglichkeiten pädagogischen Handelns, der über theoretische Spekulation und normative Setzung hinaus kommen will, von sozialwissenschaftlicher hermeneutischer Fallrekonstruktion seinen Ausgang nehmen muss. Sie gehen davon aus, dass „Alternativen wie zukunftsträchtige Handlungsperspektiven stets im Fall und in der Fallgeschichte mit angelegt" sind. So könnte die hermeneutische Methode „den unbefangenen Blick für konkrete Alternativen" schärfen „über die Wertbindung, den Entscheidungsdruck und die Handlungsroutinen des Praktikers hinaus" (ebd., 211).

Eine solche Bestimmung Interpretativer Unterrichtsforschung steht dann doch in einem deutlichen Kontrast etwa zu einer ethnomethodologischen Perspektive auf das Unterrichtsgeschehen, die gerade die Handlungsroutinen und deren praktische Unhinterfragbarkeit als konstitutiv für die Praxis herausarbeitet. Zudem würden die unter 1. genannten mikrosoziologischen Ansätze auf exmanente Erklärungen konkreter Handlungsmuster verzichten zugunsten der Rekonstruktion der immanenten Logik situierter Praxis.

3. Die (fach-)didaktisch motivierte Interpretation von Unterricht

Das Anliegen dieser dritten Forschungsrichtung lässt sich mit Krummheuer/Naujok (1999, 17) wie folgt zusammenfassen: Es gelte „bei der Untersuchung von Ausschnitten aus dem Unterrichtsalltag Verfestigungen und Unreflektiertheiten sowie als problematisch erachtete Erscheinungen im Unterrichtsalltag aufzudecken, zu beschreiben und auf sie hinzuweisen; es geht darum, Handlungs- und Deutungsmuster bezüglich ihrer Effektivität im Hinblick auf Lernerfolge zu beurteilen und gegebenenfalls alternative Unterrichtsideen zu entwickeln."

Eine sehr interessante Tradition empirisch-rekonstruktiver Unterrichtsforschung existiert insbesondere im Kontext der Mathematikdidaktik. Das auf den ersten Blick vielleicht erstaunliche Interesse an interpretierender, mikrosoziologisch orientierter Unterrichtsforschung ausgerechnet in der Mathematikdidaktik erklärt sich aus einem äußerst produktiven Forschungszusammenhang um Bauersfeld am Bielefelder Institut für die Didaktik der Mathematik in den 1980er Jahren. Die maßgeblich beteiligten Krummheuer und Voigt (1991) nennen jedoch zwei Motive für die Hinwendung zu qualitativer Unterrichtsforschung, die (eigentlich) auch für andere Fachdidaktiken hätten wirksam werden können: Zum einen eine gewisse Enttäuschung über die Wirkung von Reformbemühungen in den 1960er und 70er Jahren, die eine genauere Untersuchung des Unterrichtsalltages nahelegte, der sich als so stabil und reformresistent erwiesen hatte. Das zweite Motiv hingegen habe in der Faszination des neuen Blicks auf den vermeintlich vertrauten Unterricht gelegen, der durch die technische Aufzeichnung und deren Transkription möglich wurde: „Aufzeichnungen von Unterrichtsprozessen, die vorher als vertraute Oberflächenphänomene schienen, offenbaren ein fremdartiges und interessantes Eigenleben von Unterricht" (Voigt 1991, 153). Ein solcher Blick kann im Rahmen von Fachdidaktik eine radikale Neuerung darstellen: „Während sich wesentliche andere Bereiche der Mathematikdidaktik als vor-schreibende Disziplin verstehen, nimmt die interpretative Forschungsrichtung bescheiden eine beschreibende Funktion ein. Schon als die ersten Videoaufnahmen und Wortprotokolle von alltäglichem Mathematikunterricht veröffentlicht wurden, war deutlich, daß die Fachdidaktik sich ein anderes Bild des Unterrichtsalltages verschafft hatte, als es anhand der Aufzeichnungen möglich war" (Maier/Voigt 1991, 9).

Der entscheidende theoretische Schritt zu einer Interpretativen Unterrichtsforschung liegt in der Abwendung von einem psychologischen, individualisierenden Lernbegriff hin zu einem die interaktive Aushandlung von Bedeutung akzentuierenden Verständnis von „Lernen". Krummheuer und Voigt (1991) gehen davon aus, dass Lehrer und Schüler prinzipiell verschiedene Sichtweisen auf den Unterrichtsgegenstand mitbringen. Während der Lehrer die „Sache" im Lichte des fachwissenschaftlichen Verständnisses von ihr sieht, bringen die Schüler vorwiegend alltagsweltliche Deutungen ein. Allerdings versuchen beide Seiten, sich im interaktiven Prozess des Unterrichts auf die differierende „Rahmung" des anderen einzustellen und eigene Rahmungen entsprechend zu „modulieren" – hier greifen Krummheuer und Voigt auf Konzepte von Goffman (1980) zurück. Ein erfolgreiches Sich-aufeinander-einstellen bringt ein „Arbeitsinterim" hervor, das zumindest als „vorläufige und brüchige Übereinkunft" (Krummheuer und Voigt 1991, 17) v.a. hinsichtlich funktionaler Aspekte der Kommunikation, die Verständigung über die Sache ermöglicht. Die Fragilität solcher inhaltlichen Verständigungsprozesse wird im schulischen Unterrichtsalltag durch bestimmte „Interaktionsmuster und Routinen" (vgl. Voigt 1984) reduziert, denen dann das zentrale Forschungsinteresse gilt. Berühmt-berüchtigt ist etwa das sogenannte „Trichter-Muster", das Bauersfeld schon 1978 herausgearbeitet hat: Die Lehrperson engt bei abweichenden Schülerantworten die Fragestellung immer weiter ein, bis die Schüler die richtige Lösung problemlos erraten können.

Insbesondere Krummheuer hat den skizzierten Forschungsstrang in den 1990er Jahren fortgeführt und u.a. den zentralen Begriff des „Argumentations-Formates" entwickelt. Dieser bezeichnet ein „eingeübtes und standardisiertes Ablaufschema zur Hervorbringung einer kollektiven Argumentation" (Krummheuer 1991, 71) und meint nicht zuletzt die Entstehung und Förderung einer fachspezifischen Argumentationskultur (vgl. Krummheuer 1992). In weiteren Projekten arbeitet Krummheuer (1997) z.B. die narrative Prägung von aufgabenbezogener Kommunikation in der Gruppenarbeit von Schülern im Mathematikunterricht heraus.

Zur Tradition Interpretativer Unterrichtsforschung in der Mathematikdidaktik treten seit einigen Jahren neuere Ansätze in der Politischen Bildung hinzu, die programmatisch fordern, „den Blick auf eine Mikrostruktur von politischen Lernprozessen dadurch (zu) eröffnen, dass sie den Unterrichtsalltag, die Alltagstheorien, Binnenperspektive und Handlungen der Beteiligten untersuchen und zur Sprache bringen und dabei versuchen, die internen Prozesse und Antriebe aufzudecken, die das Schüler- und Lehrerhandeln steuern" (Henkenborg/Kuhn 1998, 10). Diese Programmatik hat aber bislang noch kaum in größere empirische Studien geführt und der spannendste Beitrag in einem Sammelband von Henkenborg und Kuhn zu „Alltäglichem Politikunterricht" berichtet von den Schwierigkeiten eines Interpretationsprojektes im Kreise von Fachdidaktikern. Zumindest *ein* Resumeé dieses Experimentes mit Interpretativer Unterrichtsforschung läuft darauf hinaus, dass sich „kaum konsensfähige und gewichtete Kriterien für die Analyse von Fachunterricht ermitteln" (ebd., 300) lassen. Einen ähnlichen Versuch, die Analyse desselben Datenmaterials, die Transkription einer Sachunterrichtsstunde, aus unterschiedlichen theoretischen Perspektiven, dokumentiert ein Band von Richter (2000) (vgl. Henkenborg in diesem Band zu einer aktuellen Bilanz der Ansätze in der politischen Bildung).

Schließlich ist ein Projekt zur „Schülermitbeteiligung im Fachunterricht der Oberstufe" zu erwähnen. Unterrichtsforschung richtet sich hier auf „das Zusammenspiel von Akteuren, die den Unterrichtsprozess durchaus unterschiedlich deuten, so dass in allem Verstehen der Sinnstruktur des Unterrichts zugleich prinzipielles Missverstehen mitschwingt" (vgl. Meyer/Schmidt 2000, 210). Aus didaktischer Sicht ist die Bilanz, was die Gestaltung des beobachteten Unterrichts mit Blick auf „Schülermitbeteiligung" betrifft, eher frustrierend, da eine solche kaum aufzufinden ist. Eine Entdeckung stellt hingegen die erhebliche didaktische Reflexionskompetenz vieler Oberstufenschüler dar, wie sie in Gruppendiskussionen zutage tritt: „sie können [...] sehr präzise ihre didaktische Problemsituation beschreiben, und sie haben ein klares Bild davon, wie Unterricht abläuft und wie er verbessert werden könnte" (ebd., 213). In einer Detailstudie zeigen Meyer und Jessen (2000), wie ein Englisch-Lehrer und die beteiligten Schüler eine spezifische Unterrichtsstunde in ihrem inhaltlichen Gehalt sehr unterschiedlich wahrnehmen und beide Seiten letztlich „indirekt" miteinander kommunizieren.

Die bislang angesprochenen Ansätze verlassen sich methodisch überwiegend auf die technische Aufzeichnung von Unterricht und die anschließende Transkription dieser Aufzeichnungen. Der daraus entstehende Text bildet dann das empirische Material, das aus unterschiedlichen theoretischen Perspektiven interpretiert werden und unterschiedlichen analytischen Prozeduren unterzogen werden kann. Demgegenüber gibt es einige wenige Arbeiten im Kontext von Unterrichtsforschung, die stärker auf teilnehmende Beobachtung setzen, die Datenerhebung und -analyse in einem ethnographischen Forschungsprozess stärker ineinander verschränken und in der Person des Forschers bzw. der Forscherin integrieren. Ein außergewöhnliches Beispiel für eine ethnographische Studie zum Unterrichtsalltag stammt von Beck und Scholz (1995), die vier Jahre lang eine Grundschulklasse begleitet und ihre Beobachtungen mit Blick auf „soziales Lernen" ausgewertet haben.

Wiesemann (2000) hat eine Arbeit über „Lernen als Alltagspraxis" vorgelegt, die in einer Reihe ethnographischer Untersuchungen an Freien Schulen in Hessen steht (Lambrich 1991) und sich zum Ziel setzt, „einen pädagogischen Lernbegriff zu entwickeln, der komplementär zu dem der Psychologie von den inneren Vorgängen die ‚Äußerlichkeiten' von Lernprozessen und Lernsituationen in seinen Fokus rückt" (Wiesemann 2000, 14). Es geht um den Versuch, ein Verständnis von „Lernen" zu entwickeln, das dieses weniger als Effekt denkt, denn als ein konkretes, situiertes Tun, das als solches auch beobachtbar wäre. An drei empirischen Beispielen zeigt Wiesemann, welche Aktivitäten die jeweilige Lernsituation als solche konstituieren und gestalten (vgl. auch Wiesemann und Amann in diesem Band).

Ein Projekt unter der Leitung von Faulstich-Wieland, das zum Teil mit ethnographischen Daten arbeitet, fragt derzeit nach der sozialen Konstruktion von Geschlecht in der unterrichtlichen Interaktion und nach der Spezifik einzelner Fachkulturen (vgl. Faulstich-Wieland und Willems in diesem Band).

Insgesamt lässt sich bilanzieren, dass die Ansätze fachdidaktischer Interpretativer Unterrichtsforschung das Auflösungsvermögen in der Betrachtung und Reflexion schulischer Unterrichts- und Lernsituationen beträchtlich erhöht haben und weiter ausdifferenzieren werden. Und doch bleibt in dieser Forschungslinie ein Spannungsverhältnis zwischen dem pädagogisch-didaktisch motivierten Erkenntnisinteresse und einer Haltung der „ethnomethodologischen Indifferenz" deutlich spürbar. Eine solche würde auf eine Unterscheidung zwischen „guter" und „schlechter" Praxis verzichten, um nicht vorab die Möglichkeiten der kulturimmanenten Analyse der sozialen Logik einer spezifischen Praxis einzuschränken. Die (meist implizite) Normativität des Forschungsinteresses mit dem methodischen Erfordernis einer distanzierten Rekonstruktion zu vermitteln, dürfte im Kontext der didaktisch interessierten Unterrichtsforschung die größte methodologische Herausforderung bleiben.

4. Zwischenbilanz

Eine qualitative, interpretierende Untersuchung alltäglichen Schulunterrichts hat sich in den letzten Jahren etabliert und ausdifferenziert. Der Gesamtkorpus an aufgezeichnetem und transkribiertem Unterricht dürfte mittlerweile beträchtlich sein (obwohl er leider nirgendwo zur Verfügung steht). In Methodenworkshops, Arbeitsgruppen oder in Seminaren der Lehrerbildung ist es nicht mehr ganz unüblich, sich gemeinsam interpretierend über die Abschrift eines Unterrichtsgespräches zu beugen. Trotz einer unübersehbaren Konjunktur und kaum noch überschaubaren Vielfalt im Bereich Interpretativer Unterrichtsforschung bleiben einige „Zwischenfragen" zu stellen und ist auf einige Defizite in der Erforschung alltäglichen Unterrichts aufmerksam zu machen.

Ein relativ weitreichender methodischer Konsens im Kontext Interpretativer Unterrichtsforschung besteht hinsichtlich der technischen Aufzeichnung realen, alltäglichen Unterrichtsgeschehens vor Ort, im Klassenzimmer. Doch Aufwand und Art der Aufzeichnungen differieren erheblich mit dem jeweiligen Forschungsinteresse: Ist eine Audioaufzeichnung hinreichend oder braucht man Video? Das Tonband ist weniger aufwändig und greift weniger in die Situation ein als die Videokamera, aber die Transkription ist mühsam und einzelne Sprecherinnen sind im Stimmengewirr einer Schulklasse oft schwer zu identifizieren. Viele Projekte arbeiten mit Videoaufzeichnung von Unterricht, die allerdings unterschiedlich gehandhabt wird. Da eine Kamera schwerlich das komplexe Geschehen im Klassenzimmer erfassen kann, wird oft mit mindestens zwei Kameras gearbeitet, wobei z.B. eine auf die Lehrperson gerichtet ist und eine auf die Schüler oder auf eine Schülergruppe fokussiert (vgl. z.B. Meyer/Schmidt 2000; Krummheuer/Naujok 1999). Ein solcher Aufwand in der Datenerhebung ist sicher immer vor dem Hintergrund der „Sparsamkeitsregel" qualitativer Forschung (Flick 1995, 191) zu prüfen, die verlangt, nicht mehr aufzuzeichnen als es das konkrete Forschungsinteresse und die Fragestellung erfordern.

Auch die angewendeten Transkriptionssysteme differieren hinsichtlich der Detailgenauigkeit (und Lesbarkeit). Noch nicht befriedigend gelöst scheint die Verschriftlichung nonverbalen Verhaltens. Auch jene Projekte, die mit Videodaten arbeiten, interpretieren nahezu ausschließlich den Wortlaut von Äußerungen.

Zwar ist einerseits die Dominanz des Verbalen im Alltag des Schulunterrichts nicht zu bestreiten, andererseits gibt es nicht nur zahlreiche Formen nonverbaler Kommunikation (etwa durch Blicke oder körpersprachliche Zeichen) im Klassenzimmer, sondern auch die meta-kommunikative Rahmung verbaler Äußerungen ist oft bestimmt durch winzige Regungen in Tonfall, Mimik oder Gestik. – All diese Bereiche alltäglichen Unterrichtsverhaltens sind bislang noch kaum erfasst, geschweige denn analysiert.

Manche Forschungsansätze wollen die Sichtweisen der Beteiligten auf ihr eigenes Unterrichtshandeln einbeziehen und führen beispielsweise die Unterrichtsaufzeichnung der beteiligten Lehrkraft vor und regen mittels der Methode des „nachträglichen lauten Denkens" (Wagner 1981) zur Interpretation des eigenen Handelns an. Die nachträgliche Interpretation von Unterrichtsszenen kann auch durch Schüler geschehen (vgl. Meyer/Schmidt 2000). Diese mehrperspektivische Betrachtung des Unterrichtsalltages führt in Methodenprobleme, die dann unter dem Stichwort der „Triangulation" verhandelt werden.

Für Ansätze, die etwa aus dem Kontext der Ethnomethodologie oder auch der Objektiven Hermeneutik kommen, ist die Aufzeichnung ‚natürlichen' Unterrichtsgeschehens die entscheidende und hinreichende Datengrundlage. In der detaillierten, sequenzanalytischen Auswertung von Ausschnitten aus der Aufzeichnung beanspruchen diese Untersuchungen, Muster und Strukturen der unterrichtlichen Kommunikation aufzudecken, die den handelnden Teilnehmern nicht bewusst sind und (zumindest im Vollzug) auch nicht bewusst sein können, insofern sie in der Normalität und selbstverständlichen Gegebenheit der Alltagswirklichkeit ruhen und in entsprechenden Routinen verankert sind.

Die Ethnographie setzt demgegenüber, oft unterstützt durch technische Aufzeichnung, auf die sinnerschließende, interpretierende Kompetenz der teilnehmenden Beobachterin in der Situation. Gegenüber der Kamera oder dem Mikrophon zeichnet sich die Ethnographin durch die Selektivität ihrer Wahrnehmung und durch die Möglichkeit aus, Anforderungen an das Teilnehmerhandeln „am eigenen Leibe" zu erfahren, wohingegen sie im Vergleich mit den Beteiligten über den Vorteil der handlungsentlasteten Beobachtung und die spezifischen Erkenntnismöglichkeiten der „Fremden" verfügt.

In theoretischer Hinsicht scheint mir die größte Herausforderung für die Interpretative Unterrichtsforschung in der Vermittlung zwischen der mikrosoziologischen Perspektive auf den Unterrichtsalltag, die sich auf Regeln und Muster der interaktiven Praxis richtet und der Perspektive der Didaktik, die nach Lernprozessen und den Bedingungen gelingenden Unterrichts fragt, zu liegen (zu einem konkreten Versuch in dieser Richtung s. Krummheuer in diesem Band). Gravierende Differenzen in der Theoriebildung sind auch hinsichtlich des Bezugsrahmens und der Reichweite von Unterrichtsanalysen zu verzeichnen. Diagnosen, die weit über die Unterrichtssituation hinausgreifen und z.T. konkrete Handlungsmuster aus gesellschaftlichen Bedingungen heraus zu erklären beanspruchen (etwa Combe/Helsper 1994) stehen Analysen gegenüber, die sich strikt auf den situativen, lokalen Kontext beschränken und nach der immanenten Vollzugslogik interaktiver Abläufe fragen.

Insoweit die verschiedenen theoretischen Perspektiven und methodologischen Positionen (zumindest zum Teil) wenig kompatibel erscheinen, trügt das Etikett der „Interpretativen Unterrichtsforschung", das auch dem vorliegenden Beitrag zugrunde liegt, und das ein zusammenhängendes Forschungsgebiet suggeriert. Vielmehr wird sich jede konkrete Unterrichtsforschung theoretisch und methodologisch verorten müssen und die Anforderung wird sich weniger auf die Integration unvereinbarer Perspektiven richten können als auf die Explikation des Forschungsinteresses und der jeweiligen Sicht auf das Unterrichtsgeschehen.

Schließlich gilt meine Zwischenbilanz dem Gegenstand der Interpretativen Unterrichtsforschung. Forschungsgegenstände sind untrennbar mit Methoden und theoretischen Perspektiven verknüpft, aber dennoch lassen sich über die verschiedenen Spielarten qualitativer Unterrichtsforschung hinweg einige übergreifende Fixierungen und Defizite konstatieren. So ist die Unterrichtsforschung bislang bis auf wenige Ausnahmen (etwa Krummheuer 1997; Naujok 2000 und in diesem Band; Wiesemann 2000) um das lehrerzentrierte Unterrichtsgespräch zentriert. Es fehlen vergleichende Analysen der kommunikativen Strukturen unterschiedlicher Unterrichtsformen oder – stile (vgl. hierzu Breidenstein 1999; Bastian/Combe in diesem Band). Die nahezu ungebrochene Dominanz der Lehrperson in der Unterrichtskommunikation scheint sich in spezifischer Weise in der Unterrichtsforschung zu reproduzieren: Das Lehrerhandeln in den Mittelpunkt der Analyse zu stellen ist insofern naheliegend, als es tatsächlich nur die Lehrperson ist, die (wenn überhaupt) die Sinnhaftigkeit und Kohärenz der Situation als „Unterricht" erkennen lassen kann, daran hat sich in den letzten 20 Jahren wenig geändert (vgl. z.B. Wragge-Lange 1980; 1983). Die Schülerperspektive auf Unterricht würde vermutlich ein sehr viel fragmentierteres, bruchstückhafteres Bild ergeben.

Auf der Strecke bleiben in einer auf Probleme des Lehrerhandelns und Lehrer-Schüler-Interaktionen fokussierenden Unterrichtsforschung Differenzierungen hinsichtlich des Schülerverhaltens und Schüler-Seins. Aus der Fixierung auf die Lehrer-Schüler-Dyade ergibt sich für weite Teile der Unterrichtsforschung die zusammenfassende und abstrahierende Kategorie des „Schülers" (weibliche Form mit gemeint!) hinter der die höchst unterschiedlichen Ausprägungen des Schüler-Seins verschwinden. Unterschiedliche Haltungen von Kindern und Jugendlichen gegenüber Schule, unterschiedliche Formen sich auf Unterricht zu beziehen und mit den Anforderungen der Unterrichtssituation umzugehen, unterschiedliche Positionen innerhalb des komplexen Gefüges der Schulklasse analytisch zu erschließen, wäre in meinen Augen vordringliche Aufgabe einer Unterrichtsforschung, die sich für die Adressaten von „Unterricht" interessiert.

Literatur

Bauersfeld, H.: Fallstudien und Analysen zum Mathematikunterricht., Hamburg 1978

Beck, G./Scholz, G.: Soziales Lernen – Kinder in der Grundschule, Reinbek 1995

Bergmann, J.: Ethnomethodologische Konversationsanalyse. In: Schröder,P./Steger, H. (Hrsg.): Dialogforschung, Düsseldorf 1981, 9-52

Breidenstein, G.: Das Oberstufen-Kolleg Bielefeld – eine ethnographische Skizze. In: Huber, L. u.a. (Hrsg.): Lernen über das Abitur hinaus. Erfahrungen und Anregungen aus dem Oberstufen-Kolleg Bielefeld, Seelze 1999, 14-34

Combe, A./Helsper, W. (Hrsg.): Pädagogische Professionalität, Frankfurt/M. 1996

Combe, A./Helsper, W.: Was geschieht im Klassenzimmer? Weinheim 1994

Delamont, S./Hamilton, D.: Revisiting Classroom Research: A Continuing Cautionary Tale. In: Hammersley (ed.): Controversies in Classroom Research, 1993

Denscombe, M.: Classroom Control. A Sociological Perspective, London 1985

Dittmann, J. (Hrsg.): Arbeiten zur Konversationsanalyse, Tübingen 1979

Ehlich, K./Rehbein, J.: Muster und Institution: Untersuchungen zur schulischen Kommunikation, Tübingen 1986

Edwards, A.D./Westgate, D. (ed.): Investigating classroom talk, London 1994

Flick, U.: Qualitative Forschung. Theorie, Methoden, Anwendung in Pschologie und Sozialwissenschaften, Reinbek 1995

Goffman, E.: Rahmenanalyse, Frankfurt/M. 1980

Hammersley, M. (ed.): Controversies in Classroom Research, 2nd edition, Buckingham/Philadelphia 1993

Heinze, T.: Schülertaktiken, München 1980

Henkenborg, P./Kuhn, H.-W. (Hrsg.): Der alltägliche Politikunterricht. Beispiele qualitativer Unterrichtsforschung zur politischen Bildung in der Schule, Opladen 1998
Kalthoff, H.: Wohlerzogenheit. Eine Ethnographie deutscher Internatsschulen, Frankfurt/M. 1997
Koring, B.: Eine Theorie pädagogischen Handelns, Weinheim 1989
Krummheuer, G.: Argumentations-Formate im Mathematikunterricht. In: Maier, H./Voigt, J.(Hrsg.): Interpretative Unterrichtsforschung, Köln 1991. S. 57-79
Krummheuer, G.: Lernen mit „Format". Elemente einer interaktionistischen Lerntheorie. Diskutiert an Beispielen mathematischen Unterrichts, Weinheim 1992
Krummheuer, G.: Narrativität und Lernen. Mikrosoziologsiche Studien zur sozialen Konstitution des Lernens, Weinheim 1997
Krummheuer, G./Voigt, J.: Interaktionsananalysen von Mathematikunterricht. Ein Überblick über Bielefelder Arbeiten. In: Maier, H./Voigt, J.(Hrsg.): Interpretative Unterrichtsforschung, Köln 1991, 13-33
Krummheuer, G./Naujok, N.: Grundlagen und Beispiele interpretativer Unterrichtsforschung, Opladen 1999
MacLure, M./French, P.: Routes to Right Answers: On Pupil' Strategies for Answering Teachers' Questions. In: Woods, P. (ed.): Pupil Strategies, London 1980, 74-93
Maier, H./Voigt, J.(Hrsg.): Interpretative Unterrichtsforschung, Köln 1991
Mazeland, H.: Sprecherwechsel in der Schule. In: Ehlich, K./Rehbein, J. (Hrsg.): Kommunikation in Schule und Hochschule. Linguistische und Ethnomethodologische Analysen, Tübingen 1983, 70-101
McHoul, A. W.: The Organization of Turns in Formal Talk in the Classroom. In: Language in Society 7, 1978, 182-213
McHoul, A. W.: The Organization of Repair in Classroom Talk. In: Language in Society 19, 1990, 349-377
Mehan, H.: Learning lessons: social organisation in the classroom, Cambridge 1979
Meyer, M./Jessen, S.: Schülerinnen und Schüler als Konstrukteure ihres Unterrichts. In: Zeitschrift für Pädagogik 46.6, 2000, 711-730
Meyer, M./Schmidt, R. (Hrsg.): Schülermitbeteiligung im Fachunterricht, Opladen 2000
Naujok, N.: Schülerkooperation im Rahmen von Wochenplanunterricht. Analyse von Unterrichtsausschnitten aus der Grundschule, Weinheim 2000
Rehbein, J.: Institutionelle Veränderungen. In: Kokemohr, R./Marotzki, W. (Hrsg.): Interaktionsanalysen in pädagogischer Absicht, Frankfurt/M./Bern/New York 1985, 11-45
Rehbock, H.: Neben-Kommunikationen im Unterricht. In: Baurmann, J. u.a. (Hrsg.): Neben-Kommunkationen. Beobachtungen und Analysen zum nicht-offiziellen Schülerverhalten innerhalb und außerhalb des Unterrichts, Braunschweig 1981, 35-84
Richter, D. (Hrsg.): Methoden der Unterrichtsinterpretation. Qualitative Analysen einer Sachunterrichtsstunde im Vergleich, Weinheim 2000
Sacks, H./Schegloff, E.A./Jefferson, G.: A simplest systematics for the organization of turn taking for conversation. In: Language 50, 1974, 696-735
Schröder, P./Steger, H. (Hrsg.): Dialogforschung. Düsseldorf 1981
Streeck, J.: Lehrerwelten – Kinderwelten. Zur vergleichenden Ethnographie von Lernkommunikation innerhalb und außerhalb der Schule. In: Ehlich, K./Rehbein, J. (Hrsg.): Kommunikation in Schule und Hochschule,Tübingen 1983, 203-213
Streeck, J.: Sandwich. Good for you. – Zur pragmatischen und konversationellen Analyse von Bewertungen im institutionellen Diskurs der Schule. In: Dittmann, J. (Hrsg.): Arbeiten zur Konversationsanalyse, Tübingen 1979, S. 235-257
Terhart, E.: Interpretative Unterrichtsforschung, Stuttgart 1978
Voigt, J.: Interaktionsmuster und Routinen im Mathematikunterricht, Weinheim 1984

Wagner, A.: Unterrichtspsychogramme: Was in den Köpfen von Lehrern und Schülern vorgeht, Reinbek 1981
Wiesemann, J.: Lernen als Alltagspraxis, Bad Heilbrunn 2000
Wilkinson, L. C.(ed.): Communicating in the Classroom, New York/London 1982
Wragge-Lange, I.: Interaktion im Unterricht. Ein Verfahren zur Analyse schulischer Sozialisationsprozesse, Weinheim und Basel 1980
Wragge-Lange, I.: Interatkionsmuster im Frontalunterricht. Drei Fallanalysen, Weinheim und Basel 1983
Zinnecker, J. (Hrsg.): Der heimliche Lehrplan – Untersuchungen zum Schulunterricht, Weinheim 1975
Zinnecker, J.: Die Schule als Hinterbühne oder Nachrichten aus dem Unterleben der Schüler. In: Reinert, G.-B./Zinnecker, J. (Hrsg.): Schüler im Schulbetrieb, Reinbek 1978, 29-116

Arno Combe

Interpretative Schulbegleitforschung – konzeptionelle Überlegungen

Was ist interpretativ an der Schulbegleitforschung?

In verschiedenen Konzepten zur Organisationsentwicklung der Schule (Dalin/Rolff/Buchen 1996) wird betont, dass die Analyse der Ausgangslage der Schulen, die Datensammlung und eine Bestandsaufnahme des Ist-Zustands notwendige Voraussetzung einer einzelschulspezifisch zu realisierenden guten Schule ist, d.h. zur Entwicklung einer positiven, produktiven, problemlöseorientierten Schulkultur. Schulentwicklung wird also hier von vorneherein als kreativer und interaktiver Prozess der Konstruktion einer gemeinsamen bedeutungsvollen Welt verstanden. Wem dieses „Integrations-Theorem" (Helsper 1999, 20) allerdings zu harmonistisch und gesinnungsgemeinschaftlich ist, der könnte auf eine mikropolitische Beschreibung eines Schulentwicklungsprozesses verweisen, in dem von unterschiedlichen Gruppen mit unterschiedlichen Rollen und Interessen ausgegangen wird, die nicht verwischt werden dürfen, sondern konstruktiv berücksichtigt werden müssten, wenn Energien für die gemeinsame Arbeit statt für zeit- und kraftverschlingende gegenseitige Abgrenzungen freigesetzt werden sollen.

Aus welchem Blickwinkel Schulentwicklung also auch immer betrachtet wird, es handelt sich jeweils um die Analyse einer Wirklichkeit, über deren sinnhafte Struktur als einer in den Interaktionen der Handelnden fortwährend erbrachten Hervorbringung keinerlei Zweifel bestehen kann. Entsprechend nimmt die Begleitforschung ein spezifisches Verständnis in Anspruch: Es geht um Interpretation. Empirisch überprüfbare Aussagen über eine sinnhafte Welt zu treffen heißt ja sie verstehend zu erfassen. Dabei geht es nicht mehr wie bei Dilthey um Nacherleben, Einfühlung und Ausdrucksverstehen auf der Basis psychologischer Konstrukte. Denn inzwischen besteht unter den unterschiedlichen interpretativen Ansätzen, der Tiefenhermeneutik, der strukturalen Hermeneutik sowie der phänomenologischen Zugänge Einigkeit darüber, dass eine sozialwissenschaftliche Hermeneutik mit methodenkritischer Geltungsüberprüfung von Deutungen, d.h. mit einer explizierbaren Methodik und Regelhaftigkeit des Interpretierens vereinbar sein muss. Halten wir zunächst einmal fest: Der Begriff der interpretativen Schulbegleitforschung wird in Abgrenzung zu dem der quantitativen Sozialforschung als Oberbegriff für solche

Verfahren verwendet, die ein Interesse an der Erforschung von Sinnzusammenhängen und deren Qualität haben, seien es sozialwissenschaftlich-hermeneutische, phänomenologische, ethnomethodologische oder introspektiv-tiefenhermeneutische Ansätze.

Fallbezogenheit als Grundstruktur

Es gibt nun noch ein weiteres gemeinsames Bestimmungsmerkmal, das etwa psychoanalytisch orientierte Hermeneutik, die die Erlebnisstruktur des Textes als Szenen zum Sprechen bringt, objektive Hermeneutik, die das Material als textuelle Repräsentation eines sozialen Handlungstypus analysiert oder eine phänomenologische Hermeneutik, in der das Verstehen von intendierten Handlungs- wie Deutungsmustern im Vordergrund steht miteinander verbindet: nämlich eine durchgängige Fallbezogenheit des Erschließens.

Will man die Bedeutung der Fallorientierung ausloten, so darf der Fallbegriff zunächst nicht dinglich verkürzt verstanden werden. Ein Fall liegt nicht schon durch Datenmaterial als solches vor, so konkret es immer sei. Ein Interview mit einem Lehrer ist noch kein Fall. Der Fall bedarf erst einer spezifischen Bestimmung, ist Produkt einer gedanklichen Ordnung von Wirklichkeit, zu der z.B.die Klärung eines Forschungsinteresses oder einer Fragestellung sowie die Klärung des Status der Datengrundlage in Bezug auf die Fragestellung gehört. Insofern ist zunächst U. Flick rechtzugeben, wenn er auf ein eher konstruktivistisches Fallverständnis hinweist und die Sache selbst als eine methodisch konstruierte Version der Welt ausweist.

Allerdings wird hier in Flicks Argumentation, die sich gegen Oevermann richtet, eine wichtige Dimension rekonstruktionslogischer und sequenzieller Verfahren ausgeblendet: Dass die Fallstruktur nämlich etwas Charakteristisches einer menschlichen Lebenspraxis zeigen soll. Ein Fall repräsentiert einen eigenlogischen, konkreten inneren Zusammenhang im Leben und Handeln einer Praxis, der sich bildet, reproduziert und transformiert (Oevermann, 2000, 69). Oder anders gesagt: Will man wirklich die Eigenlogik eines interpretativ-rekonstruktiven Verfahrens aufrecht erhalten, so besteht die Rekonstruktion einer Fallstruktur nicht in der Sammlung und Systematisierung von Merkmalen einer Praxis, sondern eben darin, die Lebenspraxis in der Selektivität der Ablaufstruktur ihrer fallspezifischen Entscheidungen auszuformulieren. Diese geschichtlich konstituierte autonome Handlungseinheit mit identifizierbaren Grenzen – etwa mit der pragmatisch-universellen Gesetzlichkeit der Öffnung und Beschließung einer Praxis – macht das Gegenmodell zum subsumierenden-klassifizierenden Wissenschafts- und Theorieverständnis aus. Insofern sind Fallstudien im Zuge von Schulentwicklung keine bloße Präsentationsform wissenschaftlicher Forschung und ihrer Ergebnisse, sondern eine Erkenntnisform. Sie haben im Zuge wissenschaftlicher Forschung keine illustrierende, exemplifizierende und plausibilisierende Funktion, sie sind nicht nur leserfreundliche Darstellungshilfen bei der Übermittlung komplexer Sachverhalte. Sie beanspruchen vielmehr eine erste Exploration eines komplexen Erkenntnisgegenstandes auf noch unbekanntem Terrain. Das genau ist die Ausgangssituation der Schulentwicklung, in der es darum geht, das Neue in einem Fall zu entdecken und zu beschreiben bzw. dem Neuen erst Begriffe zu geben.

Veränderungen im Bild der Wissenschaft durch Schulentwicklungsforschung

Das Bild des Schulforschers, der – etwas karikierend gesagt – mit am Schreibtisch ersonnenen Fragen punktuell in Schule auftaucht und von dem alle Aktivität ausgeht, beginnt sich zu ändern. Gerade im Zuge der Schulentwicklungsforschung muss die Beziehung der Wissenschaftler zu ihrem Gegenüber als interpretative und vor allem interaktive Praxis begriffen werden, die den Gegenstand nicht nur erschließt, sondern die ihn überhaupt erst konstituiert. Was als wichtiges Forschungsproblem angesehen wird, wird nicht mehr nur im Kontext akademischer Interessen und innerhalb der wissenschaftlichen Gemeinschaft von Spezialisten entschieden. Außerdem fungieren die Anwendungskontexte nicht nur als Transferstelle. Schulentwicklungsforschung geht vielmehr von dem Anspruch aus, dass sich die Fragen und Ergebnisse sowohl im Feld der Praxis als auch im Bezugssystem von Wissenschaft bewähren sollen. Allerdings darf die funktionale Differenz zwischen Wissenschaft und Praxis im Begleitforschungsprozess gerade nicht verschliffen werden, wenn die unterschiedlichen Möglichkeiten der Bereiche genutzt werden sollen. Was also in Schulbegleitforschung entwickelt werden muss, ist ein produktiver Umgang mit der Differenz der Bereichslogiken von Wissenschaft und Praxis (vgl. den Beitrag von Maritzen in diesem Band). Die Rollen von Wissenschaft und Praxis sind arbeitsteilig angelegt; sie lassen sich nicht integrieren. Und um die Balance zwischen der Analyse einerseits und der von den Schulen erwarteten Mitgestaltung und Unterstützung andererseits (bis hin zu der Frage, ob und inwieweit Serviceleistungen übernommen werden) handhabbar zu machen, sind bestimmte Grenzen bestimmende, aber dennoch aufeinander bezogene Einrichtungen notwendig. Zu denken ist an Kontraktschließungsmodelle. D.h., Begleitforschung beginnt mit einem bewussten Gestalten des Anfangs, z.B.der Abstimmung der Forschungsfragen und der Thematisierung von Interessen, Erwartungen, Hoffnungen und auch Befürchtungen. Selbst wenn bei einem solchen dialogischen Einstieg kleinschrittige und zeitlich übersichtliche Forschungsfragen vereinbart werden, die zunächst für beide Seiten Entlastung wie Übersicht verschaffen, so ist dennoch noch nicht endgültig klar, wohin sich der Prozess entwickeln wird, ob dieser z.B.neu konzipiert werden muss, ob neue Ideen aufzugreifen sind oder ob neue Problemlagen entstehen. Dialogisch angelegte Forschung gibt es nur um den Preis des Aushaltens von Offenheit auf beiden Seiten. Denn in diesem Zusammenhang ist zu berücksichtigen, dass Schulentwicklungsforschung eine heuristische Struktur hat, d.h., dass die eigentlichen Fragen oft erst im Vorgang der Veränderung selbst formuliert und probeweise gelöst werden können, um dabei wieder neue Frage aufzuwerfen.

Eine zentrale Institution im Dialog zwischen Forschung und Praxis, aber auch im Grenzen markierenden Sinne sind nun die Rückmeldungen. Für die Lehrerinnen und Lehrer bieten sie Reflexionsimpulse, Interpretationen und Optionen. Für die Forscher sind es oft mehrperspektivische und kontrastreiche Blicke auf die jeweils zu erforschende Fragestellung und die Ergebnisse. Im klassischen Ansatz fließen Daten und Material nicht zurück, höchstens ausschnitthaft und auszugsweise oder im Sekundärtext der Aufzeichnung, normalerweise in der vom Forscher nicht kommentierten, interpretierten oder ausgewerteten Fassung. Schließlich werden die Daten verschlüsselt und die weitere Bearbeitung und Auswertung erfolgt durch den Forscher. Hier nun, in den Phasen des Schulentwicklungsprozesses, gibt es natürliche Einstiegsstellen, an denen die Wissenschaftlerinnen und Wissenschaftler ihren Blick von außen explizit und zum Nutzen der Schule zur Geltung bringen können. Orte für Rückmeldungen sind etwa Bilanztage der Schule, also Reflexionspausen im schulischen Alltag. Dennoch ist es nicht einfach, den richtigen Ort und die richtige Form für Rückmeldungen zu finden. Selbst wenn der Versuch des Offenlegens von Daten und Auswertungen um der Möglichkeit mehrperspektivischer Blickwinkel immer wieder gemacht wird, sind Probleme, was annehmbare und aushaltbare Formen der Rückgabe von Daten – ja von „heißem Material“ – sind, damit nicht schon ex cathedra zu lösen.

Immer mehr scheint auch innerhalb der interaktiven Reformulierung der Forschungsbeziehung im Zuge der Schulentwicklungsforschung die Reflexivität der Triangulation genutzt zu werden (Arnold u.a.2000; Meyer/Schmidt 2000). Das Potential der Triangulation verschiedener methodischer Zugänge, z.B.von Unterrichtsanalyse, Lehrerinterviews und Gruppendiskussionen der Schülerinnen und Schüler erlaubt es, aus unterschiedlichen Perspektiven und Datenquellen ein umfassendes Bild eines untersuchten Ausschnittes zu gewinnen. Gerade aus der Triangulation der Datensätze lassen sich „Musteranalysen“ (Meyer/Schmidt 2000) herstellen und mit den Beteiligten aufarbeiten. Meist gelingt es gerade bei solchen Musteranalysen oder bei der gemeinsamen Betrachtung von videographierten Unterrichtsausschnitten, dass sich die Lehrer und Lehrerinnen tatsächlich auf eine Reflexion einlassen und nicht sofort in Abwehr von antizipierten Schuldzuweisungen oder befürchteten Zumutungen begeben. Oft entsteht sogar eine reflexiv-spielerische Distanz zum alltäglichen Entscheidungs- und Handlungsdruck bei der Betrachtung von Videosequenzen des Unterrichts. Diese Einklammerung von Vorurteilen,

Wissen und Befangenheit gilt umgekehrt auch für die Forscher. Auch sie sind in solchen mikroanalytischen Prozessen immer wieder auf die Notwendigkeit verwiesen, eine gleichsam naive Einstellung und Fragehaltung zu ihrem Erkenntnisinstrument zu machen.

Wir haben gesehen, dass Schulentwicklungsforschung im interpretativen Rahmen heißt, pädagogische Modelle bei ihrer Entwicklung zu unterstützen und in Kooperation mit Praktikern an der Realisierung neuer Ideen zu arbeiten. Dennoch darf die Eigengesetzlichkeit beider Felder nicht verschliffen werden: Einerseits steht der Forscher hier in einem gewissen Nutzungsverhältnis, andererseits besteht die Notwendigkeit, die Ergebnisse und Fragestellungen in Theorie- und Problemstränge einzubinden. Auch mit der Politik bzw. der politischen Bürokratie ergibt sich oft, da die Behörde oft Auftraggeber von Untersuchungen ist, eine weitere Eigengesetzlichkeit eines Feldes, die den Forscher eher zu einer kurzschlüssigen Zuarbeiterrolle, einer plakativen Uminterpretation und Umformulierung von Ergebnissen verführen kann. Zu erinnern ist daran, dass der epistemische Kern des wissenschaftlichen Handelns eine Explizitheitsverpflichtung ist, d.h. die methodisch kontrollierte und unbestechliche Geltungsüberprüfung von Behauptungen über die erfahrbare Welt. In solchen Projekten lernt man, dass die Politik auf die Produktion relativ kurzfristiger Entscheidungen und die Forschung in ganz anderem Zeitrhythmus auf die langfristige Erarbeitung von Wissen und Erkenntnissen ausgerichtet ist. Wir haben an einem Beispiel beschrieben, wie sich diese miteinander verquickten und zugleich in Spannung zueinander stehenden Legitimationsverpflichtungen auswirken können, wie sie ausgetragen und ausbalanciert wurden (Bastian/Combe 2001).

In den letzten Jahren gibt es einen Zweig der Wissenschaftsforschung, der, auch angeregt durch die Frauenforschung, ethnographisch untersucht, was Wissenschaftler und Wissenschaftlerinnen eigentlich tun, wenn sie forschen. Wir haben gesehen, dass der Ablauf dieses Wissenserzeugungsprozesses im Zuge der Schulentwicklung nicht als Einwegkommunikation beginnt. Der Aushandlungsprozess von Fragen ist allerdings kompliziert. Zwar beziehen sich die Forscher ausdrücklich auf praktische Problemlagen der Schule, aber auch von Seiten der Beteiligten kommt die Aufforderung: Helft uns die richtigen Fragen zu stellen. Damit wird eine Übersicht angesprochen, die für die Wissenschaftler gerade durch die Loslösung an der konkreten Verankerung in die alltäglichen Prozesse entstehen soll. Und damit werden vor allem Erwartungen angesprochen, dass die Wissenschaftler einiges über die systematischen aus dem Vergleich von Einzelfällen entstandenen Prozesserfahrungen sagen könnten. Rückmeldung wiederum enthält die Idee, dass sich die Fragen und Ergebnisse sowohl im Feld der Praxis als auch im Bezugssystem der Wissenschaft bewähren sollen. Es gilt hier, die konkurrierenden Lesarten zwischen den unterschiedlichen Beteiligten produktiv zu nutzen. Als besondere Herausforderung für die Schulentwicklungsforschung stellt sich nun ein Bereich dar, den man als „Verallgemeinern“ bezeichnen könnte. Was heißt das?

Wir haben uns angewöhnt zu sagen, in der Schulentwicklung sei die Einzelschule das Labor der Erziehungswissenschaft. Das heißt aber doch, dass sich die Wissenserzeugung auf außerordentlich verschiedene Anwendungskontexte von Schulen bezieht. Hier entsteht jeweils das, was man als lokales Wissen bezeichnen könnte, ein Wissen also, das auf die besonderen Bedingungen der jeweiligen Einzelschule zugeschnitten ist. Ins Bild übertragen bedeutet das: Schulentwicklungsforschung gleicht eher einem Ökosystem als einer Fertigungsstraße. Da liegt die Frage nahe, was hier denn übertragbar und verallgemeinerbar ist.

Wir können davon ausgehen, dass in der hermeneutischen Sozialwissenschaft ein anderes logisches Konzept der Verallgemeinerungsfähigkeit von Einzelerkenntnissen vorliegt als bei einem quantifizierenden Methodenansatz. Es geht hier nicht um eine empirische Generalisierung über Messungen an einer Menge und Stichprobe von Merkmalsträgern. Wir haben gesehen, dass es letztlich darum geht, im Medium des Falles Modelle einer empirisch real operierenden Lebenspraxis zu erschließen. Das kann nicht vom Kriterium der relativen Verbreitung und Frequenz in einer Gruppengesamtheit abhängig gemacht werden. Die Bedeutung eines Einzelfalls ist keine Frage der Häufigkeit, gerade wenn es um die Frage geht, welche vernünftigen und neuen Lösungen in der Praxis für bestimmte Probleme gefunden werden. Denn „das Neue und Zukunftsträchtige wird in der Regel ohnehin nicht plötzlich flächendeckend und massenhaft auftauchen, sondern kaum merkbar punktuell hier und da“ (Oevermann 2000, 126).

Von hier aus lässt sich eine Verhältnisbestimmung von quantifizierender Forschung einerseits und hermeneutischer Fallrekonstruktion andererseits vornehmen. Beide sind unterschiedlichen, aber vielleicht ergänzenden Zwekken dienlich. So entspricht es der Logik der quantifizierenden Generalisierung, wenn es um eine wissenschaftlich-begründete Bereitstellung von Entscheidungshilfen bezüglich schon bekannter Strukturtypen geht. Hier stellen quantifizierende Forschungsmethoden mit ihren standardisierten Erhebungs- und Messverfahren und der Reduktion großer Datenmengen die Methode der Wahl dar. Sofern es aber erst einmal um die Entdeckung von Strukturtypen und Strukturerkenntnissen geht, wäre eine qualitative Grundlagenforschung angezeigt. Das Kriterium der Generalisierung wird hier die qualitative, typologische Verschiedenheit der Phänomene sein: Die Fallzahlen, die dazu in einer Untersuchungsreihe notwendig sind, um das Modell der Operationsweise einer Praxisform in der Kontrastierung von Abläufen heraus zu arbeiten, liegen weit unterhalb der Untergrenzen der quantifizierenden Forschung, in der es auf Schätzgenauigkeit und – dem zugeordnet – auf Repräsentativität ankommt.

Man kann dieses Problem der wissenschaftlich zweifellos zu erbringenden Generalisierungsleistung methodologisch abhandeln. Man kann aber hier auch die bedeutsame Rolle der Theorie bzw. der „Theoretisierung“ hervorheben, mittels derer ein Ordnungsrahmen für das Vorhandene und für die Einordnung neuen Wissens geschaffen werden kann. Theorien sind übrigens auch sozial identifizierbar, in der Regel durch ihre Träger, durch Namen usw. Sie stehen für Forschungsrichtungen, Fragestellungen, Methoden, Begründungen und Erklärungsversuche. Mit einer Theorie zu arbeiten, heißt zu fragen, auf welchen Problemzusammenhang ein Ergebnis eigentlich eine Antwort darstellt. Ich gehe davon aus, dass wir in diesem Sinne durch Schulentwicklungsforschung die Wissensbasis und Theoriebasis systematisch erweitern müssen.

Dabei scheint sich ein Modell von Forschung durchzusetzen, das in das Erfahrungswissen und die Tätigkeit der Profession eingebettet ist. Schon im Bereich der Universität kann es um den Ausbau einer forschenden Beziehung zur Praxis gehen, wie es im Oldenburger Modell der Teamforschung realisiert wird (vgl. Feindt/Dirks/Meyer in diesem Band). Angezielt wird hier ein generationsübergreifendes Arbeiten zwischen BerufsanfängerInnen und Auszubildenden einerseits und älteren, erfahrenen LehrerInnen andererseits im Zuge einer Forschungsfrage. Durch das die Ausbildungsphasen übergreifende Arbeiten wird in diesem Modell eine berufliche Sozialisation ermöglicht, die als Kooperationsverbund von Schulen, Studienseminaren, Fortbildungseinrichtungen und Universität angelegt ist. Der Begründungszusammenhang hierfür ergibt sich aus der internationalen Aktionsforschung, wie sie von Altrichter/Posch (1990) aufgegriffen worden ist. Hierbei wird davon ausgegangen, dass der Erwerb der beruflichen Identität als Lehrer oder Lehrerin zentral mit dem Erwerb der Mitgliedschaft in einer forschenden Praxisgemeinschaft zusammenhängt (vgl. hierzu Altrichter in diesem Band).

Kartierungen in der Fläche vs. Tiefenbohrungen

Ein Aspekt einer solchen forschenden Praxisgemeinschaft ist auch der, dass man qualitative Sozialforschung im Zuge der reflektierten Anwendung lernt. In diesem Zusammenhang ist offenkundig, dass sich die Gütekriterien für qualitative Forschung nicht ohne Weiteres an die herkömmlichen Kriterien für Tests, Messungen, standardisierte, hypothesenprüfende und experimentelle Forschung anschließen lassen. Im Rahmen dieser Geltungsbegründungsdebatte (Steinke 1999) setzt sich mehr und mehr die Auffassung durch, dass Güte- und Geltungskriterien für qualitative Forschung schwerlich in formalisierter Weise aufstellbar sind. Offenkundig ergibt sich die Notwendigkeit, für jede Untersuchung – unter Bezug auf das jeweilige Forschungsziel, den Gegenstand, die untersuchten Felder und die verwendete Methode – entsprechende Kriterien zu explizieren und die Ergebnisse qualitativer Arbeiten als Produkte verschiedener Entscheidungs- und Konstruktionsleistungen innerhalb des Forschungsprozesses kenntlich zu machen. Das muss zu keiner defensiven Haltung führen, wie etwa zur Auseinandersetzung mit den

Gütekriterien psychologischer Tests; es kann vielmehr positiv profiliert werden, welche Kriterien Geltung beanspruchen können. Eine fallorientierte Praxisforschung kann – metaphorisch gesagt – weder „Big science" im Sinne einer Kartierung der Fläche sein noch kann sie interventionistisch tätig werden, wie noch im Zuge der alten Handlungsforschung gedacht wurde. Was sie aber kann, ist, „gezielte Tiefenbohrungen" vorzunehmen, um grundlegende Strukturen von Schulentwicklung interpretieren zu können. Ihre Spezialität liegt in der Bereitstellung von Implementationswissen, weil diese fallorientierte Forschung zu beschreiben vermag, wie Schulen unter bestimmten institutionellen Voraussetzungen bestimmte Entwicklungsaufgaben umsetzen und mit entsprechenden Entwicklungsanforderungen umgehen. Offenkundig orientieren sich Lehrer und Lehrerinnen im komplexen Reformalltag an solchen Prozesserfahrungen, die die Wahrnehmung für die Bedingungen des Gelingens und Scheiterns eines Prozesses schärfen. Die Lehrer und Lehrerinnen orientieren sich – anders formuliert – an Hand von prototypischen Fallbildern, Skripten, Drehbüchern oder: Aktivitätsszenarien, in denen die Charakteristik eines Verlaufs als Beispiel oder Vergleichsfolie vorgestellt werden kann. Das Lernen in der Praxis der Schulentwicklung bzw. der Aufbau des Erfahrungswissens folgt also einer kategorialen Wahrnehmung im Sinne von Aktivitätsszenarien, die wiederum als Einheit von Situationswahrnehmung und entsprechender Anschlussoptionen verstanden werden können. Das, was wir als Erfahrungswissen bezeichnen, ist also ein in Form einer Gestaltwahrnehmung prozessierendes Wissen, das im Sinne unserer üblichen Vorstellung der Verbalisierungsmöglichkeit von Wissen als „implizites" Wissen bezeichnet werden muss.

In diesem Sinne müssen wir davon ausgehen, dass auch in Schulentwicklung die Bildung dieses Erfahrungswissens – das in sich eine Situationsinterpretation mit einer Handlungsoption verbindet und eine Art situatives Urteilsvermögen darstellt – dem eigentlichen Theoriewissen vorausgeht. Wie sich ein solches Erfahrungswissen aufbaut sei anhand einer zentralen Entwicklungsaufgabe der Lehrertätigkeit beschrieben, nämlich der Entwicklung von Unterricht (vgl. hierzu den Beitrag von Bastian/Combe in diesem Band). Gerade der unmittelbaren Lehr- und Lernsituation bzw. der Unterrichtsentwicklung kommt eine Schlüsselrolle bei der viel berufenen Qualitätsentwicklung zu. Im Gegensatz zu dem überwiegend praktizierten kleinschrittigen Fachunterricht stehen Überlegungen zu Formen eines problemlösenden, fächerübergreifenden Lehrens und Lernens im Vordergrund. Dass damit der Fachunterricht nicht ad acta gelegt werden muss oder soll, zeigt der Lernprozess, den eine Schule im Medium der Auseinandersetzung mit Unterrichtsformen gemacht hat. Für deren Entwicklung und das praktische Zurechtkommen genügt oft eine experimentelle Verknüpfung von Handlungsweisen, ohne die analytische Reichweite voll auszuschöpfen. Erst in Handlungskrisen kommen die Akteure nicht umhin näher zu bestimmen, What is going on, also Akte „praktischen Verstehens" zu vollziehen. Schul- und Unterrichtsentwicklung setzt also mit schöner Regelmäßigkeit ein Verhältnis aller Akteure zur Welt voraus, das eine hermeneutische Qualität besitzt.

Literatur

Altrichter, H./Posch, P.: Lehrer erforschen ihren Unterricht, Bad Heilbrunn, 1990

Flick, K.: Konstruktion und Rekonstruktion. Methodologische Überlegungen zur Fallrekonstruktion. In: Kraimer, K. (Hrsg.): Die Fallrekonstruktion, Frankfurt am Main 2000, 179-200

Arnold, E./Bastian, J./Combe, A./Schelle, C./Reh, S.: Schulentwicklung und Wandel der pädagogischen Arbeit, Hamburg 2000

Bastian, J./Combe, A.: Fallorientierte Schulentwicklungsforschung. Der Schulversuch „Profiloberstufe" an der Max-Brauer-Schule. In: Tillman, K.-J./Volkstädt, W. (Hrsg.): Politikberatung durch Bildungsforschung, Opladen 2001, 171-190

Helsper, W. u.a.: Schulkultur und Schulmythos. Rekonstruktionen zur Schulkultur I, Opladen 2001

Oevermann, K.: Die Methode der Fallrekonstruktion in der Grundlagenforschung sowie der klinischen und pädagogischen Praxis. In: Kraimer, K. (Hrsg.): Die Fallrekonstruktion, Frankfurt am Main 2000, 58-156

Steinke, I.: Kriterien qualitativer Forschung. Ansätze zur Bewertung qualitativ-empirischer Sozialforschung, Weinheim/München 1999

II Interpretative Unterrichtsforschung

Götz Krummheuer

Eine interaktionistische Modellierung des Unterrichtsalltags

Entwickelt in interpretativen Studien zum mathematischen Grundschulunterricht

Knowledge helps only when it descends into habits (Bruner 1996, 152).

0 Einleitung

Im Rahmen von Forschungen zur Unterrichtsinteraktion im mathematischen Grundschulunterricht sind Einsichten und Erkenntnisse in die Strukturierungsprozesse alltäglicher Unterrichtsabläufe erzielt worden, die eine Modellierung des Unterrichtsalltags unter dem Gesichtspunkt der in ihm konstituierten sozialen Bedingung des fachlichen Lernens erlauben. In diesem Modell lassen sich auch Optimierungen hinsichtlich der Möglichkeit sachbezogenen Lernens beschreiben. Dies ist sowohl im Hinblick auf die Lehrerinnenausbildung als auch im Hinblick auf Ansätze zur Unterrichtsinnovation insgesamt von Bedeutung. Wiewohl mein Interesse vornehmlich die Untersuchung der sozialen Konstituenten des mathematischen Lernens in der Grundschule ist, lassen sich meines Erachtens an dem gewählten Weg ihrer Erforschung auch andere Interessensschwerpunkte mit behandeln. Dies könnten etwa der Zusammenhang zwischen sozialem Lernen und fachlichem Lernen oder methodologische Fragen zur Interpretativen Unterrichtsforschung sein.

Ich möchte im Folgenden vor allem über einige Forschungsergebnisse aus dem von Birgit Brandt und mir durchgeführten und kürzlich abgeschlossenen DFG-Projekt zu Strukturen alltäglicher Unterrichtsinteraktion im Mathematikunterricht der Grundschule berichten. Es geht mir dabei im Hinblick auf ihre Vermittelbarkeit in der Lehrerausbildung wie im Hinblick auf die Konzeptionalisierung unterrichtsinnovativer Bemühungen u.a. um die Bestimmung einer unteren Grenze zu berücksichtigender Aspekte des mathematischen „Unterrichtsalltags“. Ich gehe zunächst auf den Alltagsbegriff ein (1.) und stelle dann eine empirisch gegründete Modellierung für den Unterrichtsalltag dar (2.). Anschließend werde ich sie an einem Unterrichtsbeispiel verdeutlichen (3.). Ich schließe mit einigen Bemerkungen zum Einsatz dieser Modellierung in der mathematikdidaktischen Lehrerinnenausbildung für die Grundschule (4.).

1. Zum Begriff des Unterrichtsalltags

Ich begreife (Mathematik-)Unterricht als einen „Interaktionsraum“ (Soeffner 1989, 12). Im Sinne von Soeffner ist dies der unmittelbare Anpassungs-, Handlungs-, Planungs- und Erlebnisraum (ebd., 12) für Schüler und Lehrerin. Er wird von den Beteiligten in der Interaktion sowohl gestaltet als auch als bereits gestaltet erfahren (s.a. Krummheuer & Brandt 2001, Kapitel 1). Mit dieser Charakterisierung möchte ich zum Ausdruck bringen, dass es einen Wirklichkeitsausschnitt im sozialen Miteinander gibt, der sich dadurch auszeichnet, dass er durch das Handeln anwesender Personen direkt geformt und beeinflusst wird. Schütz & Luckmann 1979 charakterisieren dies als die

> Wirklichkeitsregion, in die der Mensch eingreifen und die er verändern kann, indem er in ihr durch Vermittlung seines Leibes wirkt (ebd., 25).

Diese Region nennen sie die „alltägliche Lebenswelt“ (ebd., 25) und in diesem Sinne bezeichne ich sie im Hinblick auf den mich interessierenden (Mathematik-) Unterricht als den (mathematischen) „Unterrichtsalltag“. Er ist bestimmt durch das wechselseitig aufeinander bezogene Handeln der am Unterricht Beteiligten und dies schafft den oben beschriebenen Interaktionsraum, der mein Analyseinteresse ist.

Dieser Unterrichtsalltag weist ein gewisses Maß an Eigendynamik, Eigenständigkeit und Beständigkeit auf. Unterrichtsalltag ist also nicht nur ein abgeleitetes Phänomen der sozialen Institution Schule oder noch umfassender makrosoziologischer Organisationsformen. Ebensowenig ist er auch nur die Folge der mehr oder weniger erfolgreich verwirklichten Intentionen von im Unterricht Anwesenden. Im Falle der Lehrerin könnte dies u.a. der Wunsch sein, eine mathematisch einwandfreie Stunde zu halten. Auch ist der mathematische Unterrichtsalltag nicht durch die fachlich-methodisch strukturierte Präsentation des Unterrichtsstoffs bestimmt. Sicherlich ist der Unterrichtsalltag von diesen Einflussfaktoren nicht völlig unabhängig. Er ist jedoch nur schlüssig zu verstehen, wenn man ihn in seiner Besonderheit als einen weitgehend in seiner Entwicklung offenen, „situationell“ emergierenden sozialen Prozess zu analysieren versucht. Dieser Prozess wird dabei durch den Ablauf aufeinander Bezug nehmender Handlungen der Beteiligten erzeugt und strukturiert.

Mit dem Wort „situationell“ übernehme ich den Übersetzungsvorschlag von Lenz (1991, 31) für das von Goffman im Englischen verwendete Wort „situational“: My perspective is situational, meaning here a concern for what one individual can be alive to at a particular moment, this often involving a few other particular individuals and not necessarily restricted to the mutually monitored arena of a face-to-face gathering (Goffman 1974, 8).

„Situationell“ meint also nicht nur das Situationsspezifische im Sinne des mehr oder weniger zufällig in einer Situation konkret Angetroffenen. Das drücken wir im Deutschen mit dem Wort „situiert“ bzw. im Englischen mit

„situated“ aus. Es meint vor allem das, was nur durch eine face-to-face-Interaktion passieren kann. Wenn also ein Schüler beispielsweise in einer Wochenarbeitsplanphase an seinem Tisch an seinem Aufgabenblatt für sich arbeitet, so mag dies einen „situierten“ Lernprozess (Lave & Wenger 1991) auslösen: er ist bestimmt durch die in der Vergangenheit erfahrene Praxis im Umgang mit Wochenarbeitsplänen und den speziellen darin enthalten Arbeitsaufträgen. Als „situationell“ emergierend wird diese Arbeitsphase begreifbar, wenn der Schüler hierbei, in welch rudimentärer Weise auch immer, Kontakt zu anderen im Klassenzimmer Anwesenden aufnimmt und dies in seine Bearbeitung des Wochenplans einfließt.

Ich möchte an dieser Stelle nicht tiefer auf die Arbeiten von Schütz und Luckmann zur alltäglichen Lebenswelt und den sich daran anschließenden Ansatz von Goffman eingehen. Einige klärende Anmerkungen möchte ich jedoch noch hinzufügen: In dem hier verwendeten Sinne von Alltag ist der Begriff „Unterrichtsalltag“ nicht gleichzusetzen mit

- „normal“ oder „üblich“ im Sinne einer empirisch am häufigsten anzutreffen Erscheinungsform von Unterricht,
- vom Lehrer „schlecht“ vorbereitetem Unterricht, oder mit
- der als „unzureichend“ zu beklagenden Ausstattung unserer Schulen im weitesten Sinne, wie z.B. in materieller Hinsicht oder im Hinblick auf die Kompetenzen der Lehrerinnen.

Mit dem Begriff „Unterrichtsalltag“ möchte ich vielmehr den Blick auf das in jeder Unterrichtssituation durch die anwesenden Personen direkt Gestaltbare wenden. Schütz & Luckmann sprechen hier vom „pragmatischen Motiv“ (1979, 28). Hiermit wendet sich die Fragestellung auf das „Wie“ in dem Sinne,

- wie Schüler und Lehrer miteinander umgehen,
- wie geschickt sie dabei Lernbedingungen schaffen und
- wie überzeugend der dabei jeweils zu behandelnde mathematische Inhalt thematisiert wird.

(s. hierzu auch den Ansatz der „Generativen Didaktik“, z.B. in Terhart 1983; Krummheuer 1995a).

Mit dem Alltagsbegriff wird also der Wirklichkeitsbereich von Schule erfasst, der durch die unmittelbaren in Interaktion aufeinander bezogenen Handlungen der am Unterricht Beteiligten gestaltet wird. Aus fachdidaktischer Sicht interessiert hier u.a., welchen Einfluss dieser alltägliche Wirklichkeitsausschnitt auf (fachliches) Lernen hat. Da man prinzipiell keinen direkten Zugriff auf die individuellen kognitiven Prozesse Anderer im interaktiven Austausch einer Unterrichtssituation hat, beziehen sich die durch Handeln herstellbaren Einflussmöglichkeiten vornehmlich auf den Interaktionsverlauf selbst, also auf den Unterrichtsalltag. Die Schüler lernen gleichsam „indirekt“ (Bauersfeld 2000, 118) bei der Mitgestaltung dieses Alltags. Sie können dabei aktiv tätig partizipieren oder eher rezeptiv nicht-tätig-werdend einfach nur dabeisein (s. hierzu auch die Unterscheidung von „Teilsein" und „Teilnehmen" bei Markowitz 1986).

Diese in einer Unterrichtssituation je spezifisch aufkommenden Partizipationsweisen stellen für die jeweiligen Schüler zugleich die Basis dar, die gegebenenfalls ihr Lernen stimulieren, leiten und beschränken. Mit Miller 1986 spreche ich hier von der Bedingung der Möglichkeit des Lernens. In diesem Sinne wird das Lernen im Unterrichtsalltag sozial konstituiert. Denn ohne diese Partizipationsmöglichkeiten würde Unterricht nicht stattfinden und somit in ihm Lernen auch nicht in je spezifischer Weise ermöglicht. Es ist dieser Alltag, also – in Anlehnung an Schütz und Luckmann – die Wirklichkeitsregion, in die die Beteiligten durch ihr physisches Handeln direkt eingreifen, der im Unterricht Lernen ermöglicht und begrenzt.

Das vom Schüler eingeforderte wie auch das von den anderen Anwesenden angeforderte „Mitmachen" wirkt sich dabei in zweierlei Hinsicht auf seine fachliche Weiterentwicklung aus:

- Durch seine je spezifische Partizipation am Alltag erfährt der Schüler eine Orientierung für sein Handeln und Denken und somit eine Orientierung für sein Lernen (Orientierungsfunktion).
- Durch die Anforderungen an die Kooperation bei der Gestaltung des Unterrichtsalltag finden Abstimmungen im Handeln und Denken statt, was in inhaltlicher Sicht zu einer Angleichung der kognitiven Neukonstruktionen bei den individuellen Lernprozessen führt (Konvergenzfunktion)

(zu beiden Punkten s. Krummheuer 1992, 6). Die bis hierhin vorgenommene Charakterisierung der sozialen Interaktion als soziale Konstituente fachlichen Lernens beschreibt in prinzipieller Weise den Ort, an dem Lernen ermöglicht wird, und die Art und Weise, wie Lernen ermöglicht wird: Der Ort ist der alltägliche Interaktionsraum und die Art und Weise ist die Partizipation. Im Folgenden möchte ich nun über verschiedene Realisationen des alltäglichen Interaktionsraumes mathematischen Grundschulunterrichts im Hinblick auf Möglichkeiten der Optimierung der sozialen Bedingung der Möglichkeit des (mathematischen) Lernens sprechen.

2. Eine Modellierung des Interaktionsraums „Mathematikunterricht"

Ich habe bisher in recht allgemeiner Weise die Funktion des Unterrichtsalltages für das Lernen in der Schule angesprochen. Dieser Alltag kann in seinen konkreten Realisierungen unterschiedliche Ausprägungen erfahren. Dies erlaubt die Untersuchung der Frage nach den situationellen Gestaltungsmöglichkeiten des unterrichtlichen Interaktionsraumes im Hinblick auf Optimierungen der Lernmöglichkeit.

Unter dieser Perspektive haben Birgit Brandt und ich in unserem kürzlich abgeschlossenen DFG-Projekt „Rekonstruktion von ‚Formaten kollektiven Argumentierens' im Mathematikunterricht der Grundschule" eine Modellierung des mathematischen Unterrichtsalltags entwickelt (Krummheuer & Brandt 2001). Sie umfasst Strukturierungsdimensionen, deren situative Realisierungen unterschiedliche Grade der Optimierung der sozialen Konstituenten des Lernens beschreiben lassen. Diese Dimensionen sind die

- Thematisierung eines fachbezogenen Inhalts,
- Rationalisierungspraxis,
- Interaktionsstruktur,
- Partizipationsform für tätig-werdende Schüler und
- Partizipationsform für nicht-tätig-werdende Schüler.

Theoretisch beziehen sich diese fünf Dimensionen auf empirisch gegründete Ausdifferenzierungen des Ansatzes vom Lernen durch Partizipation an Argumentationsformaten (Krummheuer 1992; 1997). Ich will ihn an dieser Stelle nicht detaillierter darlegen und begründen. Hier nur soviel dazu:

Mit Blick auf den indirekten Zusammenhang zwischen Belehrungsmöglichkeiten und erfolgreichem Lernen werden die Ausführungen von Max Miller 1986 in so weit übernommen, dass die Offenlegung der Rationalität des jeweiligen unterrichtlichen, fachbezogenen Handelns die entscheidende sozial konstituierte Lernhilfe für die Schüler darstellt: Miller spricht hier von „kollektiver Argumentation". Wie also Schüler an der Produktion von Erklärung, Begründungen und Rechtfertigungen für fachliche Handlungen im Unterricht beteiligt werden, ist entscheidend für deren Lernerfolg. Schüler partizipieren mit unterschiedlicher Intensität an einer solchen in der Unterrichtssituation emergierenden Rationalisierungspraxis – und zwar nicht nur im Sinne momentaner Motiviertheit oder „Laune", sondern auch im Sinne der ihnen zur Verfügung stehenden fachlichen Kompetenz. Erfolgreiches Lernen drückt sich dann in einer Zunahme autonomer Handlungsakte durch den Lernenden aus. So lässt sich auf einen Kompetenzzuwachs schließen, der auf einer entwickelteren Einsicht in die Rationalität des gesamten Vorgehens basiert. Der Schüler hat z.B. ein Stück Mathematik gelernt.

Gemäß den Studien des späten Bruner werden derartige Prozesse der Zunahme an Handlungsautonomie in unserer Kultur gemeinhin in spezifisch strukturierten Interaktionssituationen ermöglicht:

- Hinsichtlich der Koordination der Handlungszüge in der Klasse zeichnen sie sich für einen gewissen Zeitraum durch eine relativ stabile Interaktionsstruktur aus.
- Hinsichtlich der autonomen Handlungsanteile verschieben sie sich zugunsten des Lernenden.

Bruner 1983 führt hierfür den Begriff des „Formats" ein. In Bezug auf die angesprochene Funktion des kollektiven Argumentierens für das Lernen fasse ich diese beiden Aspekte unter dem Begriff „Argumentationsformat" zusammen (Krummheuer 1992).

Die genannten fünf Dimensionen stellen gleichsam ein Minimalmodell der Komplexität unterrichtsalltäglicher Interaktionsprozesse dar. Mit seiner Hilfe können zwei Ausprägungen mathematischen Unterrichtsalltags charakterisiert werden, die nach unserer Sicht unterschiedlich optimal die Möglichkeit zum Mathematiklernen konstituieren. Dies sind der „interaktionale Gleichfluss" und die „interaktionale Verdichtung". Beide Ausprägungen sollen im Folgenden beschrieben werden:

Unterricht kann durch die Handlungen der Beteiligten als ein relativ gleichförmig strukturierter Interaktionsfluss realisiert werden. Die Grundstrukturen dieses unterrichtsalltäglichen interaktionalen Gleichflusses bestehen

1. aus Thematisierungen eines fachbezogenen Inhalts,
2. aus Argumentationen, die gewöhnlich nur aus der Präsentation eines Schlusses bestehen ohne einer weiteren Legitimierung dieses Schlusses bzw. einer Thematisierung dieser Legitimierungen ausschließlich durch die Lehrerin,
3. aus Interaktionsmustern mit starren Rollenzuteilungen, wie sie z.B. schon bei Mehan 1979 allgemein und in Hinblick auf mathematische Lernprozesse in der Schule von Bauersfeld 1978 und Voigt 1984, 1992 und 1995 beschrieben werden,
4. aus Partizipationsmöglichkeiten für tätig-werdende Schüler mit geringer Autonomie,
5. aus Partizipationsmöglichkeiten für die nicht-tätig-werdenden Schüler mit diffusem bzw. geringem Aufmerksamkeitsgrad.

Diese Strukturierungen des unterrichtsalltäglichen Interaktionsflusses stellen keine optimale[2] Ermöglichung fachlichen bzw. mathematischen Lernens dar. Sie erzeugen jedoch eine Optimierung in anderer Hinsicht: Sie stellen ein „Energie- und Konfliktminimum" (Bauersfeld 2000, 139) für die Kooperation zwischen Lehrperson und Schülern im Mathematikunterricht dar.

Erst in den interaktionalen Verdichtungen lassen sich Optimierungsversuche hinsichtlich der Lernermöglichung identifizieren. Diese Strukturierung ist gewöhnlich nicht von längerer Dauer, so dass nach einiger Zeit das interaktive Geschehen wieder in den Fluss von relativer Gleichförmigkeit zurückkehrt. Die interaktionale Verdichtung zeichnet sich aus durch:

---

2 Wenn ich hier von „optimal" und „optimiert" spreche, so meine ich das in den Analysen rekonstruierte Optimum. Der Begriff des Optimums ist also an die Randbedingung des alltäglichen Unterrichtsdiskurses geknüpft.

1. Thematisierungen eines fachbezogenen Inhalts,
2. Hervorbringung von relativ umfassenden kollektiven Argumentationen,
3. Emergenz einer musterhaften Interaktionsstruktur mit flexiblen Rollenzuteilungen,
4. Partizipationsmöglichkeiten für tätig-werdende Schüler mit unterschiedlichen Autonomiegraden und
5. Partizipationsmöglichkeiten für die nicht-tätig-werdenden Schüler mit einer klareren Konturierung des Rezipientenstatus.

Mit dem ersten Punkt wird die Möglichkeit des Lernens fachlicher Inhalte in dieser Beschreibung verankert. Mit Blick auf die übliche mathematikdidaktische Diskussion erscheint er eventuell zu unspezifisch: werden hier doch keine Aussagen über die inhaltsspezifische Ausprägung des Themas gemacht. Mit dem Begriff der „Thematisierung" bezeichne ich die durch die Handlungen der Beteiligten konkret in einer spezifischen Situation erzeugte Bedeutung zu einem mathematischen Inhalt. Sie unterscheidet sich gewöhnlich recht stark von offiziellen mathematischen Begriffsbildungen.

Für eine Optimierung der sozialen Bedingung der Möglichkeit des fachlichen bzw. mathematischen Lernens ist es zudem nötig, dass der sich entwickelnde Argumentationsprozess nicht „verflacht", sondern die Produktion von argumentativen Bestandteilen mit einschließt, die tiefergehende Einsichten in die Legitimität eines hervorgebrachten Schlusses von gegebenen Aussagen zu der zu begründenden Behauptung betreffen (2. Punkt). Es müssen also relativ elaborierte Argumentationen erzeugt werden. Dies ist sowohl für das Lernen durch tätige als auch durch nicht-tätig-werdende Partizipation von tragender Bedeutung.

Im dritten Punkt wird die Interaktionsstruktur eines Formats beschrieben. Im vierten Punkt drücken sich Grade von Autonomie aus, die aus unserer Sicht als Indikatoren von Autonomiezuwachs im Sinne eines erfolgreichen Lernens durch tätige Partizipation an einem Format genommen werden können. In der Unterrichtsinteraktion differenziert sich auch der Rezipientenstatus aus (Punkt 5), so dass hierbei die Bedingung der Möglichkeit des Lernens durch nicht-tätig-werdende Partizipation an Argumentationsprozessen fassbar wird. Dies ist aus unserer Sicht auf unsere Analysen vor allem dann gegeben, wenn ein relativ leichtgängiger Wechsel zwischen den Status des Gesprächspartners und Zuhörers auf einer argumentativ anspruchsvollen Ebene realisiert wird.

Eine Optimierung der Lernermöglichungsbedingung im Unterrichtsalltag muss sich gegen die im interaktionalen Gleichfluss erreichte Optimierung der sozialen und inhaltlichen Konfliktminimierung durchsetzen. Dies ist allem Anschein nach ein mitunter riskantes Unternehmen von gewöhnlich nur kürzerer Dauer. Diesen Zusammenhang habe ich an anderer Stelle mit dem Begriff des „Arbeitsinterims" beschrieben (Krummheuer 1983; 1992). Man erhält also optimierte Lernermöglichungsbedingungen im Unterrichtsalltag nicht zum „situationellen Nulltarif". Es muss gleichsam ein „Qualitätssprung" durch den Interaktionsraum gehen: das Mitmachen wird intellektuell anspruchsvoller, das Zuhören verlangt mehr Aufmerksamkeit, die zu erzeugenden Begründungen werden vollständiger und expliziter, die Deutungsdifferenzen treten deutlicher zu Tage und die Kooperationsbasis erscheint bedrohter.

3. Ein Beispiel

An einer Unterrichtsepisode sollen interaktionaler Gleichfluss und interaktionale Verdichtung in ihren unterschiedlichen Ausprägungen hinsichtlich der genannten fünf Dimensionen illustriert werden. Die Episode ist im Rahmen des erwähnten DFG-Projektes aufgezeichnet und transkribiert worden. Die Transkriptionsregeln sind am Ende des Textes wiedergegeben. Zunächst wird die transkribierte Episode dargestellt (3.1), sodann werde ich sie kommentieren und dabei auf die eingeführten theoretischen Begriffe eingehen (3.2).

3.1 Das Transkript

Die hier vorzustellende Szene ist einer Unterrichtsstunde aus der ersten Klasse entnommen. In dieser Stunde wird die additive Zerlegung zweistelliger Zahlen im natürlichzahligen Intervall 11 bis 20 behandelt.

Die Episode Dreizehn Perlen beginnt folgendermaßen:

92	L	jaha/so \ . ich . bin mal gespannt was die Kinder sagen \ *hält eine Rechenkette*
93		*in die Höhe:* •••oooooooooo
93.1	8:59 h	
94	Marina	ach so
95	Franzi	Dreizehn
96	*Marina, Franzi, Jarek und Wayne melden sich; einige Kinder zählen flüsternd.*	
97	L	flüsternd zwei drei
98	Goran	dreizehn *meldet sich dabei schnell*
99	*Julian, Conny und noch zwei andere Kinder zeigen auf*	
100	L	*flüsternd* zwei drei vier fünf Finger sehe ich . sechs . sieben . acht . + .. Wayne/
101	Wayne	dreizehn \
101.1	*Marina*	*Nimmt den Arm runter*
102	L	oder \
103	S	Ä
104	L	Jarek/
105	Jarek	äm .. drei plus zehn \
106	L	oder \ . . Marina/
107	Marina	*zeigt betont auf* zehn plus . drei \
108	L	oder \ oh . die Kinder sehen ganz schön viel ne/. das ist immer dasselbe aber die
109		sehen ganz schön viel . Julian \
110	Julian	äh . öl . nee . doch ölf . plus zwei \
111	L	oder \ .. Jarek/

112	Jarek	Sieben minus null \
113	L	Sieben minus null/
114	S	häh/
115	S	häh/
116	L	versuchen wa mal \ . komm mal nach vorne/sieben minus null/... der Jarek hat
117		was gesagt/und das müssen wir mal überprüfen \ komm mal her
118	Jarek	kommt nach vorne
119	L	*hält Jarek eine Rechenkette hin* zeig mal sieben minus null . zeig mal sieben/dreh
120		dich mal zur Klasse um damit die Kinder das sehen können und damit man das
121		**vergleichen** kann \ *hält wieder ihre eigene Rechenkette hoch; dabei zeigt sie nach*
122		*wie vor dreizehn an* also \ . *sieben/*
122.1	Jarek	zählt leise die Kugeln an seiner Kette ab
122.2	L	zähl mal ganz laut/
123	Jarek	*zählt an seiner Kette ab und hält sie dabei hoch* eins zwei drei vier fünf sechs sieben
124		*Perlenkette: •••••••* . minus null *lässt das abgezählteEnde fallen; zeigt*
125		•••oooooooooo ist dreizehn \
125.1		*Währenddessen die Lehrerin redet geht Jarek an seinen Platz zurück.*
126	L	*erst*aunt gehaucht hha jetzt versteh ich \ was hat der Jarek gemacht \ ... *legt ihre*
127		*eigene Kette weg und übernimmt die von Jarek* . der hat behauptet/. der hat von
128		dieser Seite angefangen und hat sieben abgezählt \ eins zwei drei vier fünf sechs
129		sieben \ *zeigt es an ihrer Kette* da hat er gesagt . minus null ist . das . *zeigt*
130		•••oooooooooo geht das \

3.2. Analyse der Episode

Ich möchte hier keine systematische Analyse dieser Szene vorführen (s. hierzu z.B. Brandt & Krummheuer 2000; Krummheuer & Brandt 2001). Stattdessen möchte ich im Durchgang durch die Episode schlaglichtartig die fünf Dimensionen der Modellierung des Unterrichtsalltags verdeutlichen. Am Anfang der Episode emergiert ein interaktionaler Gleichfluss. Auf ihn komme ich kurzgefasst in Abschnitt 3.2.1 zu sprechen. Das Ende der Episode wird dagegen als Beispiel einer interaktionalen Verdichtung gedeutet. Es wird ausführlicher unten in 3.2.2 behandelt.

3.2.1 Beispiel eines interaktionalen Gleichflusses

Die m.E. bekanntere Erscheinungsform, der interaktionale Gleichfluss, möchte ich hier aus Platzgründen nur kursorisch kommentieren. Im Transkript kann man diese Phase in den Zeilen 92 bis 111 identifizieren. Die Lehrerin hält 13 Perlen einer Perlenkette, die aus 20 Perlen besteht, hoch und fordert die Schüler auf, dazu Stellung zu nehmen. Ich kommentiere diese Phase entlang der fünf Dimensionen:

(1) Thematisierung eines mathematischen Inhalts: Bis Zeile 108 scheint sich in der Klasse eine inhaltliche Deutungsweise zur Frage der Lehrerin durchgesetzt zu haben und bis Zeile 111 auch vorläufig zu stabilisieren: In mathematischer Sprache könnte man davon sprechen, dass es um additive

Zerlegungen der Zahl 13 geht. Die Beteiligten des Unterrichts würden dies möglicherweise anders formulieren und dies bietet einen Ansatz, diese Themenkonstituierung z.B. mit einer rahmenanalytischen Schwerpunktsetzung weiter zu klären (s. z.B. Krummheuer 1982).

(2) Rationalisierungspraxis: Wie wird die Richtigkeit einer Zerlegung begründet? Bis Zeile 111 werden keine Begründungen oder Rechtfertigungen expliziert und durch die Art der Lehrerin-Fragen „oder" auch nicht forciert oder eingefordert. Dies ändert sich erst mit Jareks Antwort „sieben minus null" in Zeile 112. Die Rationalisierungspraxis scheint sich somit danach auszudifferenzieren, ob eine Schülerantwort für die Lehrerin richtig oder falsch erscheint. Nur bei für sie falschen Antworten wird nach eingehenderen Erklärungen gefragt. Mit Hilfe einer Argumentationsanalyse könnten Jareks Begründungen genauer untersucht werden (s. z.B. Krummheuer & Brandt 2001).

(3) Interaktionsstruktur: Man kann recht problemlos den für das lehrergelenkte Unterrichtsgespräch typischen Interaktionsdreischritt Initiation-Erwiderung-Evaluation (Mehan 1979) rekonstruieren. Mit einer vertiefenden Analyse könnte man zu rekonstruieren versuchen, wie sich durch die Antworten der Schüler und Evaluationen der Lehrerin eine bestimmte Deutungsweise von „additiver Zerlegung" im Unterrichtsdiskurs herausschält.

(4) Partizipationsform für tätig-werdende Schüler: Welche inhaltliche Autonomie müssen Schüler bis Zeile 111, also dem Abschnitt, in dem keine Begründungen von der Lehrerin eingefordert werden, besitzen, um angemessen das Unterrichtsgespräch mitgestalten zu können? Die zu Worte kommenden Schüler können ihre Lösungen „im Kopf" vorher gerechnet haben. Die erste nicht-triviale Antwort 3+10 von Jarek in Zeile 105 kann aber auch durch die Beschaffenheit des Zahlwortes gleichsam ohne Rechenaufwand genannt werden. Sie wird u.a. auch dadurch nahegelegt, weil zuvor die Anzahl der sichtbaren Perlen mit 13 ratifiziert wird. Die beiden folgenden Antworten 10+3 und 11+2 können wiederum durch Ausrechnen, aber auch durch logisches Schließen oder durch die Strategie des minimalen Veränderns gefunden worden sein. Mit logischem Schließen meine ich im Fall von 10+3 die Anwendung des Kommutativgesetzes und im Fall von 11+2 die Strategie des gegensinnigen Veränderns bei der Addition (erster Summand von „10+3" wird um 1 vergrößert und der zweite Summand entsprechend um 1 verkleinert). Mit der Strategie des minimalen Veränderns möchte ich ein taktisches Schülerverhalten beschreiben, das darin besteht, dass man ohne viel kognitiven Aufwand eine zuvor als richtig evaluierte Antwort leicht verändert und dann „mal schaut", wie man damit bei der Lehrerin ankommt.

(5) Partizipationsform für nicht-tätig-werdende Schüler: Wie aufmerksam muss man als in dieser Szene nicht-tätig-werdender Schüler sein, um das Unterrichtsgespräch inhaltlich mitverfolgen und eventuell eingreifen zu können? Die obigen drei Interpretationen zu der ersten Schülerantworten geben hierzu Hinweise. Die Aufmerksamkeit muss bei einigen Interpretationen nicht groß sein: Man kann mit wenig eigenem rechnerischen Aufwand und

auch mit geringer Aufmerksamkeit am Unterrichtsgeschehen dennoch richtige Antworten produzieren. Ob das bei Marina und Jarek der Fall ist, lässt sich nicht bestimmen. Entscheidend ist, dass durch den Verzicht auf Begründungen bei den ersten richtigen Antworten, ein erfolgreiches Tätigwerden möglich ist, das nicht auf einer irgendwie gearteten mathematischen Durchdringung der Problemstellung beruhen muss und für das man nicht das gesamte vorhergehende Unterrichtsgespräch aufmerksam verfolgt haben muss.

Insgesamt kann man diesen Abschnitt als die Entstehung eines interaktionalen Gleichflusses ansehen. Deutlich wird, in wie enger Verzahnung die verschiedenen Dimensionen des Unterrichtsmodells zusammen wirken. Die Interaktionsstruktur des Mehanschen Dreischrittes (s. o) ermöglicht den Verzicht auf eine Explikation von Gründen für die Antworten und dies ermöglicht zudem die erfolgreiche Teilnahme an diesem Abschnitt ohne die wünschenswerten mathematischen Reflexionen bei den antwortenden Schülern.

3.2.2 Beispiel einer interaktionalen Verdichtung

Dieser interaktionale Gleichfluss wird aufgelöst als Jarek die Antwort sieben minus null <112> hervorbringt. Er bringt damit offensichtlich eine unerwartete Antwort ein. Dies erkennt man z. B an der veränderten Evaluation der Lehrerin: Sie reagiert nicht wie zuvor mit „oder" und fallender Intonation, sondern mit der Wiederholung der Antwort und ansteigendem Tonfall. Auch zwei Schüler könnten diese Abweichung ausdrücken wollen <114,115>, die übrigens nicht zu Äußerungen aufgerufen worden sind. In der Veränderung des Tonfalls, der Veränderung der Lehrerinnenreaktion und in dem unaufgeforderten „Rein-Rufen" von einigen Schülern deutet sich eine Veränderung des Interaktionsverlaufs an. Hierzu möchte ich eine stärker systematisierte Analyse vorlegen (zur Methode s. z.B. Krummheuer & Naujok 1999, 68-71 und 79-85).

Beginnen wir mit Jareks Antwort sieben minus null <112>. Auf den ersten Blick erweist sie sich als schwer deutbar. Im methodologischen Sinne der Erzeugung alternativer Interpretationen zu einer Einzeläußerung sollen zunächst einige denkbare Deutungen zusammengetragen werden:

1. Jarek wagt eine relativ große Veränderung des ersten Summanden und ist mit der Bestimmung des zweiten überfordert.
2. Jarek möchte unter dem Erwartungsdruck, möglichst verschiedene Antworten zu nennen, die Möglichkeit zulässiger Lösungen durch additive Zerlegungen überschreiten und eine „subtraktive Zerlegung" vornehmen. Mathematisch korrekt wäre in diesem Fall $13 = 7 - (-6)$. Nun verwenden

Kinder, bevor sie systematisch einen Begriff von negativen Zahlen entwickeln, häufiger die Zahl 0 als Ersatz dafür.[3]

3. Jarek rekurriert auf die sieben schwarzen Kugeln, die in der Hand der Lehrerin verborgen sind und die 13 sichtbaren Kugeln. Den Zwischenraum zwischen diesen beiden Kugelreihen nennt er „null".
4. Jarek verwendet Begriffe der mathematischen Fachsprache metaphorisch. „minus" hat dabei die Bedeutung von „weg" oder „wegnehmen"; „null" steht für „nichts": Die linken sieben schwarzen Kugeln sind weggenommen worden („minus") und zählen nicht („null"). Es bleiben die hochgehaltenen 13 Perlen.

Wie geht nun die Klasse mit Jareks Lösungsvorschlag um? Die Lehrerin verändert offenbar ihre „reply"-Routine und wiederholt Jareks Äußerung mit Stimmhebung zum Ende <113>. Zwei Schüler bekunden möglicherweise ihr Unverständnis <114, 115>. Sodann wendet sich die Lehrerin direkt an Jarek: versuchen wa mal \ . komm mal nach vorne/sieben minus null/<116>. Der erste geäußerte Satz wirkt auf den Interpreten ein wenig abwertend: „Versuchen" hat die Konnotation des auch ein Scheitern Implizierenden. Auch das „code-switching" in den Berliner Dialekt signalisiert eine Veränderung der bisherigen interaktiven Grundlegung. Sodann bittet sie Jarek, vorne vor der Klasse seinen Lösungsvorschlag zu kommentieren. Es bleibt in diesem Moment für den Beobachter unklar, ob sich nun eine Art Dialog zwischen der Lehrerin und Jarek anbahnen soll, in dem ihm eine individuelle Hilfestellung gegeben wird, und der Rest der Klasse gleichsam in den Status von Zuhörern mit ungeklärtem bzw. wechselhaftem Aufmerksamkeitsgrad versetzt wird, oder ob dieser Dialog den Charakter einer Podiumsdiskussion haben soll, in der die beiden Diskutanten vor aufmerksamen Zuhörern wichtige Gesichtspunkte einer Themenentfaltung erörtern und die Zuhörer ggf. Möglichkeiten zum Mitreden erhalten.

In den Folgeäußerungen wendet sich die Lehrerin zunächst an die restlichen Schüler: der Jarek hat etwas gesagt/und das müssen wir mal überprüfen \ <116-117>. Damit ist einerseits eine Einstimmung auf die folgende Situation gegeben, andererseits aber wohl auch die Erwartung einer erhöhten Aufmerksamkeit bei allen formuliert. Somit scheint sich hier eher eine Podiumsdiskussion anzubahnen, auch wenn nicht deutlich wird, ob die Klasse direkt in diese Überprüfung einbezogen werden soll oder die Lehrerin mit wir nur auf Jarek und sich selbst als Gesprächspartner rekurriert. Hierdurch wird auch für Jarek die Situation wieder etwas offener: Es muss nicht mehr unbedingt „unsinnig" sein, was er vorgeschlagen hat. Es ist zumindest so weit bedenkenswert, dass es vor der ganzen Klasse besprochen werden soll, was durch komm mal her <117> nochmals hervorgehoben wird.

3 Stellt man ihnen z. B. Fragen der Art „Ich habe 2 und nehme 3 davon weg.", so antworten sie gewöhnlich mit „Das geht gar nicht!" oder mit „Null.".

Jarek wird dann vorne zunächst gebeten, an der Rechenkette „sieben minus null" zu zeigen <118,119>. Er erhält jedoch gar keine Gelegenheit, dies zu tun. Vielmehr soll er plötzlich nur (noch) Sieben durch lautes Zählen an der Kette <121,122> zeigen, was er dann auch tut <123-125>.

Aus Sicht des Interpreten schränkt die Lehrerin Jareks Möglichkeiten zur Darstellung seiner Überlegungen von Beginn an ein. Er wird nicht nur darauf verpflichtet, seine Lösung an der Rechenkette zu demonstrieren, er wird darüber hinaus auch in der Weise beeinflusst, dass er als erstes die Zahl Sieben an ihr zeigen soll. Es wird auf Podiumsebene von der Lehrerin offenbar nicht in Erwägung gezogen oder auch gar nicht für wünschenswert gehalten, dass Jarek eventuell zur Begründung seines Lösungsvorschlags in anderer Weise oder gar nicht mit der Rechenkette und/oder darüber hinaus an ihr nicht mit der Darstellung der Zahl Sieben beginnen kann. So ist z.B. die oben unter 3. wiedergegebene Interpretation noch mit den Mitteln einer Rechenkette darstellbar, indem man den Zwischenraum zwischen zwei Kugeln als Null interpretiert. Die unter 4. angegebene Deutung dagegen erscheint an ihr nicht darstellbar, da die Null gar nicht für irgendeine Entität der Rechenkette steht, sondern für das „Nicht-Dasein". Auch diese Festlegung in der Vorgehensweise stützt die Interpretation, dass die Lehrerin eher Standardaufgaben und -wege erwartet. Unter diesen Standarderwartungen scheint Jareks Lösung zum Scheitern verurteilt, und er ist aufgefordert, dieses Scheitern in der Podiumsdiskussion vorzuführen.

Jarek zählt die sieben schwarzen Kugeln von dem schwarzen Kettenende her ab und hält dabei die folgende achte Kugel in der Hand. Sodann sagt er minus null <124>, lässt die abgezählten sieben schwarzen Kugeln fallen, hebt die restlichen Kugeln hoch und bemerkt: ist dreizehn \ <125>.

Dieser Vorgang ist mit der obigen dritten Deutung relativ stimmig zu erklären: Er versteht den Zwischenraum zwischen den sieben schwarzen und restlichen 13 Kugeln als Null und zerlegt die Zahl 20 bzw. die ganze Kette. Mathematisch könnte man seine Äußerung als 20-7-0=13 rephrasieren, was einer Zerlegung von 20=13+7+0 entspräche. Aufgrund der strikten Vorgaben durch die Lehrerin bleiben dennoch Zweifel, ob diese Demonstration dem ursprünglichen Ansatz von Jarek entspricht.

Die Interpretation der Episode wird hier beendet. Die erzielte Deutung dieser Phase soll nun noch einmal im Licht der fünf Dimensionen der vorgestellten Modellierung des mathematischen Unterrichtsalltags kommentiert werden.

(1) Thematisierung eines mathematischen Inhalts: Mit Jareks Beitrag werden die Zerlegungsmöglichkeiten der hochgehaltenen 13 Perlen erweitert. Neben den im interaktionalen Gleichfluss hervorgebrachten additiven Zerlegungen kommen nun auch subtraktive Zerlegungen ins Spiel. Der dazu benötigte Minuend ist dabei nicht mehr in einfacher Weise sichtbar sondern stammt implizit aus der als bekannt unterstellten Kenntnis von der Anzahl der Perlen an der verwendeten Perlenkette. Im Hinblick auf den weiteren

Unterrichtsverlauf, der auf die Behandlung des Stellenwertsystems bei den Zahlen 10 bis 20 hinausläuft, wird Jareks Lösungsansatz später nicht mehr aufgegriffen.

(2) Rationalisierungspraxis: Man erkennt, dass Jareks Argumentation eine gewisse Explizitheit aufweist. Mit Hilfe des argumentationstheoretischen Ansatzes von Toulmin 1969 (s.a. Krummheuer 1995b) lassen sich derartige Argumentationen aufschlüsseln und vergleichen (s. hierzu Krummheuer & Brandt 2001). Hier nur soviel dazu: Jarek nennt sowohl die für seine Argumentation ausschlaggebenden voraussetzenden „Daten“ als auch die daraus seiner Meinung nach zu ziehende Konklusion: Er zählt von der vollständigen 20-Kette sieben schwarze Perlen ab und schließt so auf das von der Lehrerin vorgegebene Perlenkettenmuster von drei schwarzen und zehn weißen Perlen. Die Zulässigkeit dieses Schlusses führt er visuell an der Perlenkette vor, indem er zwischen zwei Perlen greift und umfasst.

(3) Interaktionsstruktur: In der Interpretation dieser Phase wurde eingehender darauf eingegangen, wie Jarek vorne auf dem Podium von der Lehrerin in eine gewisse Handlungsfolge zu drängen versucht wurde. Die dabei emergierende Interaktionsstruktur kann man als ein Interaktionsmuster verstehen, in der sich eine gewisse standardisierte Umgangsweise mit der Perlenkette widerspiegelt. Es ist gleichsam ein „Veranschaulichungsformat“ (Krummheuer 1992, 185-193), in dem die Handlungsschritte zum ratifizierten Umgang mit der Perlenkette hervorgebracht werden.

(4 und 5) Partizipationsform für tätig-werdende und nicht-tätig-werdende Schüler: Es lassen sich mit dem partizipationstheoretischen Ansatz von Goffman 1981 die Autonomiegrade von Äußerungen bestimmen. Es sollte auch ohne ausführliche Behandlung dieses Ansatzes erkennbar sein, dass Jareks Begründungen relativ autonom hervorgebracht erscheinen. Sie lassen auf eine mathematische Kompetenz schließen, die über die Fähigkeit zur additiven Zerlegung von Zahlen im Zahlraum bis 20 hinausgeht. Er hat hier bereits Handlungsautonomie erreicht und ist im eigentlichen Sinne in dieser Situation gar kein Lerner mehr. Ebenso sollte erkennbar sein, dass während dieser interaktionalen Verdichtung an die Zuhörer, wenn sie mitmachen wollen, höhere Aufmerksamkeitsanforderungen gestellt sind als während des anfänglichen interaktionalen Gleichflusses. Diese erhöhte Aufmerksamkeitsanforderung verbunden mit der erhöhten Explizitheit der Argumentation führt bei den nicht-tätig-werdenden Schüler gegebenenfalls zu einer Verbesserung ihrer Lernbedingungen. Zumindest zeigt sich im Fortgang des Unterrichtsgesprächs, dass sich mehrere offenbar hoch aufmerksam zuhörende Schüler zu Worte melden können und zu Jareks Darstellung fundiert Stellung nehmen.

4. Einige Bemerkungen zum Einsatz des Modells in der Lehrerinnenausbildung

Kenntnisse über den dargestellten Phänomenbereich des (fachlichen) Unterrichtsalltags halte ich für zukünftige Mathematiklehrerinnen in der Grundschule für nötig. Denn er ist es, in dem sie mit ihren konkreten Handlungen bestehen müssen und dazu beitragen einen Unterrichtsalltag mit zu erzeugen, der auf die mathematischen Lernprozesse der Schüler orientierend und konvergierend wirkt. Soeffner hat diesen Gedanken folgendermaßen zusammengefaßt: Was aber die aktuellen Handlungen und Entscheidungen angeht, so behält der kognitive Stil der Praxis das letzte Wort (1989, 43).

Mit „kognitiver Stil" meint er dabei den für das Bestehen und Mitwirken in einer Alltagssituation notwendigen Denkstil, der sich u.a. durch die Fähigkeit auszeichnet, unter Handlungsdruck Entscheidungen treffen zu können, die die Fortführung der Interaktion sichert bzw. in eine gewünschte Richtung lenkt (s.a. Krummheuer 1997, Kap. 3).

Ich begreife die vorgestellte Modellierung zum mathematischen Unterrichtsalltag als eine untere Grenze der notwendig zu berücksichtigenden Komplexität zum reflektierten Handeln im Unterricht. Sie ist gleichsam ein Minimalmodell unterrichtsalltäglicher Komplexität im Hinblick auf die Untersuchung der Frage der Optimierung von Lernermöglichungsbedingungen. Sie eröffnet die Möglichkeit, das Kompetenzspektrum für reflektiertes Unterrichtshandeln zu bestimmen, womit ich einerseits inhaltliche Anhaltspunkte für die universitäre Ausbildung im Rahmen der Lehramtsstudiengänge finde und womit ich andererseits Dimensionen zur Entwicklung und Erforschung von Unterrichtsinnovationen zu bestimmen vermag. Im folgenden gehe ich nur auf den ersten Punkt der Lehrerausbildung ein (zum zweiten Punkt s. Krummheuer 1997; Krummheuer & Brandt 2001).

Die fünf Dimensionen lassen sich alle mit Hilfe einer von uns entwickelten Interaktionsanalyse untersuchen. Sie basiert auf Elementen der Konversationsanalyse und ist für die fachspezifische, argumentationstheoretische und partizipationstheoretische Dimension unterrichtlicher Aushandlungsprozesse entsprechend ausdifferenziert und weiterentwickelt worden. Dieses Verfahren setzte ich u.a. in der Lehrerausbildung ein, um Studierende mit dieser Modellierung vertraut zu machen, d.h. ihre Interpretationskompetenz für unterrichtsalltägliche Prozesse in entsprechender Weise zu erhöhen (s.a. Krummheuer 1999).

In den Lehrveranstaltungen bereitet der Anspruch, sich in dieser Weise mit diesem Unterrichtsalltag zu beschäftigen, auch einige typische Probleme. Häufig werden theoretisch nicht aufeinander abgestimmte Konzepte vermengt. „Alltag" wird dann als so etwas wie normal, repräsentativ, durchschnittlich, unvorbereitet, gescheitert, „schmuddelig" usw. verstanden. Hierbei konfundieren dann zumeist normative und präskriptive Vorstellungen von

Mathematikunterricht mit den eher deskriptiven Analysevorstellungen einer phänomenologisch orientierten Soziologie des Alltags, der sich die wissenschaftlichen Analysen zum Unterrichtsalltag zumeist verpflichtet fühlen. Dieser Ansatz betont den funktionalen Aspekt von sozialer Interaktion, wie z.B. die regelhafte Hervorbringung von Kooperationsformen, deren Konstituenten den Beteiligten als nicht weiter fragwürdig erscheinen. Diese von Lehrer und Schüler in der konkreten Unterrichtssituation dann nicht weiter kritisierten und als nicht weiter hinterfragbar betrachteten Regularitäten stellen u.a. ihren Unterrichtsalltag dar. Er erscheint für sie wie eine vorgegebene „Objektivität" (Grathoff 1995; Soeffner 1989).

Für Studentinnen, die aus ihrer eigenen Schulzeit in der Regel über äußerst entwickelte und stabile Deutungsmuster zum Unterrichtsalltag verfügen, stellt sich in der universitären Ausbildungszeit dieser Alltag dann zumeist als eine solche unhinterfragbare Gegebenheit dar. Allem Anschein nach sind diese Muster vorwiegend durch die Erfahrungen mit dem interaktionalen Gleichfluss bestimmt; d.h. ihre Vorstellungen vom Unterrichtsalltag basieren auf den Erfahrungen zur Minimierung von Energie und Konflikten. Diese festgefahrene „Alltagspädagogik" (zu diesem Begriff s. Bruner 1990; Naujok 2000) unserer Studierenden gilt es zu relativieren und konstruktiv zu verändern.

> Die 12-13jährige Sozialisation in der Schule von gestern ist stärker und wirksamer als die aufgesetzten 4-5 Jahre Lehrerausbildung für die Schule der Zukunft. Im Konfliktfall regrediert ein Lehrer eher auf seine eigene, als Schüler erlittene Schulerfahrung als auf das Prüfungswissen seiner Lehrerausbildung (Bauersfeld 2000, 138).

Aus hochschuldidaktischer Sicht ist die detaillierte Beschäftigung mit den Strukturierungen dieses Alltags vor allen deswegen angezeigt, als man in der genaueren Rekonstruktion seiner interaktiven Entstehungsbedingungen einen Ansatzpunkt hat, diese scheinbare „Objektivität" bestehender Unterrichtsstrukturen in ihren Hervorbringungsprozessen zu analysieren und somit eine prinzipielle Veränderbarkeit aufzeigen zu können.

Die oben angesprochene Einsicht in das indirekte Lernen ist nun auch Ausgangspunkt meiner Überlegungen zur Gestaltung entsprechender universitärer Lehrveranstaltungen. Ich strebe eine gemeinsame Praxis des begründeten Interpretierens von Unterrichtssituationen an, in denen die fünf Dimensionen der Modellierung des Unterrichtsalltags Analyseschwerpunkte darstellen. Ein entsprechend methodisch geleitetes gemeinsames Interpretieren ermöglicht einen Zugang zu dieser Modellierung des Unterrichtsalltags, der nicht nur rezeptiv über ein Literaturstudium, sondern auch durch aktives Interpretieren erfolgen kann. Die Auswahl der Episoden sollte sich dabei nach der Möglichkeit einer relativ leichten Rekonstruierbarkeit gemäß dieser fünf Dimensionen richten. Da hierzu in der Regel auch eine detaillierte Transkription benötigt wird, sind die Möglichkeiten der Erzeugung derartiger Materialien durch studentischen Einsatz im Rahmen des Seminarbetriebs gewöhnlich unzureichend[4]. Im eigenen Fall wird deswegen auf Material zurückgegriffen, das in Forschungsprojekten hergestellt worden ist.

Die in mathematikdidaktischen Arbeiten häufig vorherrschende Beschränkung auf die Reflexion ausschließlich der 1. Dimension (Thematisierung eines mathematischen Inhalts) verdeutlicht die Unzulänglichkeit derartiger Ansätze, wirksam und theoretisch hinreichend aufgeklärt auf Prozesse des Mathematiktreibens im Unterrichtsalltag einzuwirken. Ebenso scheint es mir, dass auch allgemein schulpädagogische Forschungen in ihren vielfältigen Theoretisierungen des pädagogischen Verhältnisses zwischen Lehrer und Schüler vorwiegend Überlegungen zur 3. Dimension anbieten. In einer Kombination dieser schulpädagogischen und mathematikdidaktischen Theorien bleiben somit die 2., 4. und 5. Dimensionen weitgehend unberücksichtigt. Das für die universitäre Lehrerausbildung übliche fachdidaktische und schulpädagogische Kombinationspaket ist somit zur hinreichenden Durchdringung des Unterrichtsalltags theoretisch unterausgestattet.

In allen Lehrveranstaltungen, insbesondere in Seminaren zur Praktikumsvorbereitung, geht es mir übergreifend immer auch um eine Differenzierung der Wahrnehmung und eine Sensibilisierung für das Situationelle (s. o.) unterrichtlicher Prozesse. Im Hinblick auf interaktionale Verdichtungen sollen Möglichkeiten ihrer Herstellung wie auch die Brüchigkeit und Kurzlebigkeit derartiger Verständigungsprozesse erfahrbar werden. Es geht mir umfassend darum, die Interpretationskompetenz der Studentinnen für die Entscheidungsspielräume bei der Mitgestaltung des Unterrichtsalltags zu erhöhen.

5. Literatur

Bauersfeld, H.: Kommunikationsmuster im Mathematikunterricht. Eine Analyse am Beispiel der Handlungsverengung durch Antworterwartung. In: Bauersfeld, H. (Hrsg): Fallstudien und Analysen zum Mathematikunterricht, Hannover: 1978

Bauersfeld, H.: Radikaler Konstruktivismus, Interaktionismus und Mathematikunterricht. In: Begemann, E. (Hrsg): Lernen verstehen – Verstehen lernen, Frankfurt a.M. 2000

Brandt, B. & Krummheuer, G.: Das Prinzip der Komparation im Rahmen der Interpretativen Unterrichtsforschung in der Mathematikdidaktik. In: Journal für Mathematik-Didaktik 2000, 21 (3/4): 193-226

Bruner, J.: Child's talk. Learning to use language, Oxford: 1983

Bruner, J. :Acts of Meaning, Cambridge/London 1990

Bruner, J.: The culture of education. Cambridge 1996

Goffman, E.: Frame analysis. An essay on the organisation of experience, Cambridge 1974

Goffman, E.: Footing. In: ders. (Hrsg): Forms of talk, Philadelphia 1981

Grathoff, R.: Milieu und Lebenswelt, Frankfurt a.M., 1995

---

4 Für derartig detaillierte Transkriptionen muss man einen Bearbeitungsschlüssel von ca. 1 zu 40 zugrunde legen (Für die vollständige Transkription einer 45minütigen Unterrichtsstunde benötigt man also 30 Arbeitsstunden zur Transkription). Dies lässt sich im universitären Rahmen wohl nur über Drittmittelfinanzierungen verwirklichen.

Krummheuer, G.: Rahmenanalyse zum Unterricht einer achten Klasse über „Termumformungen". In: Bauersfeld, H.; Heymann, H. W.; Krummheuer, G.; Lorenz, J. H. & Reiss, V. (Hrsg): Analysen zum Unterrichtshandeln, Köln 1982
Krummheuer, G.: Das Arbeitsinterim im Mathematikunterricht. In: Bauersfeld, H.; Bussmann, H.; Krummeheuer, G.; Lorzenz, J. H. & Voigt, J. (Hrsg): Lernen und Lehren von Mathematik. Analysen zum Unterrichtshandeln II, Köln 1983
Krummheuer, G.: Lernen mit „Format". Elemente einer interaktionistischen Lerntheorie. Diskutiert an Beispielen mathematischen Unterrichts, Weinheim 1992
Krummheuer, G.: Der mathematische Anfangsunterricht. Anregungen für ein neues Verstehen früher mathematischer Lehr-Lern-Prozesse, Weinheim 1995 (a)
Krummheuer, G.: The ethnography of argumentation. In: Cobb, P. & Bauersfeld, H. (Hrsg): The emergence of mathematical meaning: interaction in classroom cultures, Hillsdale 1995 (b)
Krummheuer, G.: Narrativität und Lernen. Mikrosoziologische Studien zur sozialen Konstitution schulischen Lernens, Weinheim 1997
Krummheuer, G.: Die Analyse von Unterichtsepisoden im Rahmen von Grundschullehrerausbildung. In: Ohlhaver, F. & Wernet, A. (Hrsg.): Schulforschung – Fallanalyse – Lehrerbildung, Opladen 1999
Krummheuer, G. & Brandt, B.: Paraphrase und Traduktion. Partizipationstheoretische Elemente einer Interaktionstheorie des Mathematiklernens in der Grundschule, Weinheim 2001
Lave, W. & Wenger, E.: Situated learning. Legitimate peripheral participation, Cambridge 1991
Lenz, K.: Erving Goffman – Werk und Rezeption. In: Hettlage, R. & Lenz, K. (Hrsg): Erving Goffman – ein soziologischer Klassiker der zweiten Generation, Bern/Stuttgart 1991
Markowitz, J.: Verhalten im Systemkontext. Zum Begriff des sozialen Epigramms. Diskutiert am Beispiel des Schulunterrichts, Frankfurt a.M. 1986
Mehan, H.: Learning lessons, Cambridge 1979
Miller, M.: Kollektive Lernprozesse, Frankfurt a.M. 1986
Naujok, N.: Schülerkooperation im Rahmen von Wochenplanunterricht – Analyse von Unterrichtsausschnitten aus der Grundschule, Weinheim 2000
Schütz, A. & Luckmann, Th.: Strukturen der Lebenswelt, Frankfurt 1979
Soeffner, H.-G.: Auslegung des Alltags – Der Alltag der Auslegung, Frankfurt a.M. 1989
Terhart, E.: Unterrichtsmethode als Problem, Weinheim 1983
Toulmin, S. E.: The uses of argument, Cambridge 1969
Voigt, J.: Interaktionsmuster und Routinen im Mathematikunterricht, Weinheim 1984
Voigt, J.: Negotiation of mathematical meaning in classroom proccesses, Quebec 1992
Voigt, J.: Thematic patterns of interaction and sociomathematical norms. In: Cobb, P. & Bauersfeld, H. (Hrsg): The emergemce of mathematical meaning: interaction in classroom cultures, Hillsdale 1995

Anhang: Tranksriptionsregeln

1. Spalte
Hier ist die (fortlaufende) Zeilennumerierung vermerkt. Die Numerierung verweist auf die Zeilen im Original-Transkript. Während des Arbeitsprozesses hat sich mitunter eine Erweiterung der Numerierung ergeben, zB. ist 29.1 eine Ergänzung, die auf die neunundzwanzigste Zeile der Erstfassung folgt. Teilweise wurden auch Zeilen gestrichen, zB. wenn der Kommentar bzw. die Beschreibung der nonverbalen Aktivitäten Interpretationen enthielten. Dadurch ergeben sich Sprünge in der Zeilennumerierung.

2. Spalte
Hier sind die (geänderten) Namen der aktiv an der Interaktion Beteiligten verzeichnet, soweit diese den Videoaufzeichnungen zu entnehmen sind.

3. Spalte
Sie enthält

- die verbalen Äußerungen (Helvetica 7 pt normal) ohne Beachtung der Zeichensetzung; diese Äußerungen werden durch paraverbale Informationen, z.B. Betonung und Prosodie, ergänzt (s. u.). Nicht zweifelsfrei verständliche Äußerungen sind in Klammern gesetzt; gänzlich unverständliche Äußerungen sind durch (unverständlich) angegeben und
- die nonverbalen Aktivitäten der Beteiligten (Helvetica 7 pt kursiv). Das Ende einer derartigen Aktivität wird ggf. mit + angezeigt, z.B. zeigt Wayne während der fogenden Äußerung bis einschließlich siebzehn wiederholt auf die Kästchen des Arbeitsblattes:

452	Wayne	Guck mal \ hier ist doch auf die Kästchen *zeigend* zwölf dreizehn vierzehn
453		fünfzehn sechzehn siebzehn + und hier/in diese Kästchen immer zehn

Paralinguistische Sonderzeichen

Durch die folgenden Sonderzeichen werden die paraverbale Informationen gekennzeichnet:

.	Pause (max. 1 sec.)
..	Pause (max. 2 sec.)
...	Pause (max. 3 sec.)
\	Senken der Stimme
-	Stimme bleibt in der Schwebe
/	Heben der Stimme
denn	fett für starke Betonung
j a a	gesperrt für gedehnte Aussprache

Schließt eine Äußerung unmittelbar an die vorhergehende an, so wird dies mit # markiert, z.B.:

40	Sabrina	Aja \ Aja \ #
42	*Aja steht noch hinter der Lehrerin, die mit einem anderem Kind beschäftigt ist. Auf Sabrinas*	
43	*Rufen dreht sie sich um und kommt zum Tisch zurück.*	
44	Patrick	# (Sabrina) hier kommt nicht siebzehn raus \ radiert

Bei einer Redeüberschneidung der Äußerungen ähnelt die Schreibweise der von Partituren in der Musik; die parallel zu lesenden Zeilen sind vor den Namen durch spitze Klammern (“<“) gekennzeichnet, zB.:

454	< Efrem	und diese Kästchen immer auch drei vier fünf sechs
455	< Wayne	ja \ ja \ *klopft mit seinem Stift auf den*

Natascha Naujok

Formen von Schülerkooperation aus der Perspektive Interpretativer Unterrichtsforschung[5]

1. Einleitung

In dem vorliegenden Aufsatz sollen einige Grundlagen Interpretativer Unterrichtsforschung (s.a. Krummheuer/Naujok 1999) und eine Studie über Schülerkooperation (Naujok 2000) zusammengefasst werden. Die Kooperationsstudie kann als Beispiel für diese Forschungsrichtung gelten.

Die Untersuchung fokussiert Schülerkooperation in erster Linie in Hinblick auf fachliche oder methodische Lernpotenziale. „Kooperation" steht in diesem Zusammenhang für Interaktion, die auf eine fachliche Aufgabe bezogen ist, weniger für soziales Lernen (hierzu s. z.B. Krappmann/Oswald 1995). Solche aufgabenbezogene Schülerkooperation spielt in den zunehmend praktizierten geöffneten Unterrichtsformen in der Primarstufe eine tragende Rolle. Die Reformpädagogik Peter Petersens mit Wochenplan und jahrgangsübergreifenden Lerngruppen, auf die sich heute viele LehrerInnen und WissenschaftlerInnen beziehen, baut sogar darauf, dass sich die SchülerInnen untereinander helfen (Petersen 1927/1972). Typisch für neuere Unterrichtsformen ist, dass die Lehrperson eher in den Hintergrund tritt und die Interaktion bzw. Kooperation zwischen den SchülerInnen an Gewicht gewinnt (s.a. Huschke 1996, 169). Zwischen den SchülerInnen entsteht so ein erhöhter und veränderter Aushandlungsbedarf über Art und Inhalt des Kooperierens, also in Bezug darauf, wie sie kooperieren und wie sie die Aufgaben deuten.

---

5 Der Text geht auf einen Vortrag vom 29. Januar 2001 im Rahmen der „Kröllwitzer Kamingespräche" des Zentrums für Schulforschung und Fragen der Lehrerbildung an der Martin-Luther-Universität Halle-Wittenberg zurück.

In der Studie geht es um Schülerkooperationsprozesse im Sinne eines Ausschnitts aus schulischem Alltag (s. u.). Das Ziel besteht darin, die Aktivitäten der SchülerInnen in theoretische Begriffe zu fassen.[6]

Der folgende Text beginnt mit der Erläuterung einiger Grundannahmen Interpretativer Unterrichtsforschung (Teil 2). Im Anschluss daran wird die Kooperationsstudie gewissermaßen rückwärts verfolgt. In Teil 3 werden ausgewählte Ergebnisse präsentiert, bevor im vierten der Forschungsweg nachgezeichnet wird; das umfasst sowohl eine Erläuterung des methodischen Vorgehens als auch eine exemplarische Analyse dreier Unterrichtsausschnitte. Anmerkungen zum Status der Untersuchungsergebnisse schließen den Text ab (Teil 5).

2. Theoretische Positionen Interpretativer Unterrichtsforschung[7]

Interpretative Unterrichtsforschung ist in erster Linie soziologisch und weniger psychologisch oder pädagogisch orientiert. In ihr geht es im weitesten Sinne um die Erforschung der Frage, wie Alltag, und zwar schulischer Alltag und damit auch Lernbedingungen, interaktiv gestaltet wird. In dieser Formulierung kommt bereits die Position zum Ausdruck, dass Alltag in Interaktionen von den Beteiligten hervorgebracht wird.

Interpretative Unterrichtsforschung basiert auf einer Verbindung der theoretischen Ansätze von Konstruktivismus und Interaktionismus (s.a. Krummheuer 1992). Im Konstruktivismus existieren zwei Hauptströmungen: Die eine konzentriert sich auf das Individuum und auf Prozesse kognitiver Konstruktionen.[8] Sie ist psychologisch orientiert. Die zweite widmet sich dem, was in Interaktionen gemeinsam als geteilt geltende Bedeutungen hervorgebracht bzw. wie in Interaktionen Alltag konstruiert wird (s. z.B. Bauersfeld 1978; Mehan 1979; Erickson 1982; Krummheuer 1992). Hier wird der Konstruktivismus interaktionistisch gewendet. Da es sich beim Interaktionismus um einen genuin soziologischen Ansatz handelt (s. z.B. Mead 1968; Blumer 1973; Kron 1991, 129-154), erfährt die konstruktivistische Perspektive in dieser Verbindung eine soziologische Orientierung.

In dieser zweiten Strömung, der die Studie verpflichtet ist, werden Akte der Bedeutungszuschreibung primär interindividuell und weniger intraindivi-

6 Zur Methodologie kontextbezogener Theoriebildung im Rahmen von interpretativer Grundschulforschung s. den gleichnamigen Aufsatz von Brandt, Krummheuer und Naujok (2001).

7 Detailliertere Ausführungen finden sich in Krummheuer und Naujok (1999).

8 In dieser Strömung wird von kognitivem und radikalem Konstruktivismus gesprochen (s. z. B. von Glasersfeld 1995).

duell verortet. Es wird davon ausgegangen, dass das Individuum seine Interpretation der Wirklichkeit vornehmlich durch Erfahrungen in Interaktionssituationen vornimmt. In diesen findet es erstens bereits existierende Deutungen vor und kann sich zweitens an der situativen Bedeutungsaushandlung beteiligen (s. z.B. Bruner 1996; Cobb/Bauersfeld 1995). Lernen gilt in dieser Strömung als sozial konstituierter Zuwachs von Handlungsautonomie und Verantwortlichkeit (s. Bruner 1983; Markowitz 1986).

In der Interpretativen Unterrichtsforschung wird „Alltag“ ethnomethodologischer Tradition gemäß sowohl als methodische als auch als theoretische Kategorie behandelt. Das Interesse am Unterrichtsalltag ist hier ein mehrfaches:

- Alltag ist der Bereich, in dem wir handeln, auf den wir durch unser Handeln einwirken und – natürlich nur in Grenzen – auch gezielt einwirken können. Um etwaige Veränderungen von Unterricht initiieren zu können, braucht man eine empirisch gegründete theoretische Ausdifferenzierung unterrichtlichen Alltags. Der qualitativ-soziologische Ansatz verordnet keine Verbesserungsrezepte von außen, sondern versucht, in den zu rekonstruierenden alternativen Lesarten Möglichkeiten für Ansätze zu Verbesserungen sichtbar zu machen. Soeffner formuliert zu dem Potenzial, das in alternativen Deutungen steckt: „Das Mögliche ist Teil des Wirklichen, das Wirkliche erscheint von sich aus nicht nur im faktisch Vollzogenen, sondern auch in dessen Alternativen.“ (Soeffner1989, 22) Interpretative Unterrichtsforschung macht zunächst nichts anderes, als durch methodisch kontrollierte Analysen alternative Deutungen zu generieren (und deren theoretische Einbindung auszuarbeiten) und diese so zu veröffentlichen, dass sie aufgreifbar werden.
- Alltag wird in der Soziologie im Kontrast zu Wissenschaft konfiguriert und über einen spezifischen kognitiven Stil beschrieben (s. Schütz 1971, I, 264; Soeffner 1989, 11ff.). Grob gesagt geht es im Alltag darum, zu Gunsten von Handlungsfähigkeit Deutungszweifel zu minimieren, in der Wissenschaft dagegen darum, zu Gunsten von Erkenntnisgewinn Zweifel gerade entstehen zu lassen und ihnen dann nachzuforschen.
- Interaktionen im unterrichtlichen Alltag werden nicht bloß als Forschungskontexte etwa im Gegensatz zu Experimenten betrachtet; vielmehr sind der Alltag und seine interaktive Hervorbringung selbst Untersuchungsgegenstand. Zu diesem sozialen Geschehen des Unterrichts bieten Ethnomethodologie und Konversationsanalyse einen spezifischen empirischen Zugang. Gleichzeitig können diese theoretischen und forschungsmethodologischen Konzeptionalisierungen in Studien zur interaktiven Strukturierung von Gesprächen im Unterricht weiterentwickelt werden.

Aus streng konversationsanalytischer Perspektive ließe sich einwenden, dass es sich bei Unterricht gerade nicht um Alltagskommunikation, sondern um Kommunikation in einer Institution handle. In der Interpretativen Unterrichtsforschung wird der Alltagsbegriff jedoch sowohl soziologisch weiter gefasst als auch enger an die Lebenswelt der SchülerInnen gebunden: Es geht um ihren Alltag in unterschiedlichen Kontexten.

3. Ergebnisse der Studie „Schülerkooperation im Rahmen von Wochenplanunterricht"

Die Ergebnisse der Studie lassen sich in vier Gruppen gliedern:

- Fokussierte Beschreibungsdimensionen: Im Analyseprozess wurden eine Reihe von Kriterien zur Beschreibung der Unterrichtsausschnitte formuliert. Diese Kriterien standen nicht schon vor Beginn der Analysetätigkeit fest; vielmehr haben sie sich im Prozess des Analysierens und Vergleichens als bedeutsam herausgestellt.
- Kooperationshandlungen: Die Kooperationshandlungen sind als erste in der Arbeit entwickelte theoretische Begriffe zu betrachten. Es handelt sich dabei weniger um ganz neue Wortschöpfungen als um genauere Begriffsbestimmungen und die Herstellung von Bezügen zwischen diesen.
- Kooperationstypen: Die gebildeten Kooperationstypen sind theoretisch am stärksten durchstrukturiert. Sie können als Elemente einer Theorie zu Schülerkooperation betrachtet werden.
- Ergebnisse allgemeinerer Art: Die allgemeineren Ergebnisse sind in einer zusammenfassenden Rückschau formuliert worden, also auf den drei anderen Ergebnisgruppen aufbauend.

In den folgenden Abschnitten werden die Ergebnisse der hier skizzierten Gruppen in unterschiedlicher Ausführlichkeit präsentiert. Dabei werden die allgemeinen Ergebnisse, die erst am Ende des Forschungsprozesses formuliert worden sind, den anderen zur Orientierung vorangestellt.

3.1 Ergebnisse allgemeinerer Art

Für den untersuchten Wochenplanunterricht ergibt sich insgesamt, dass er ein Grunddilemma von an sozialen Werten orientierter Schule widerzuspiegeln scheint, nämlich die Zerrissenheit zwischen dem Kooperations- und dem Konkurrenzprinzip. Die beobachteten SchülerInnen scheinen ihre Interaktionen an beiden Prinzipien zu orientieren. Sie interagieren auf eine Art, die zeigt, dass die Übernahme von Verantwortung für MitschülerInnen als zum

Wochenplanunterricht gehörig gedeutet und ausgehandelt wird. Dennoch wird das Arbeiten in diesem Rahmen offenbar als Einzelarbeit betrachtet in dem Sinne, dass jedes Schulkind letztlich für sich selbst und am Ende für die Erstellung seiner Arbeitsergebnisse allein verantwortlich ist.

Bei den Kooperationen dominiert ein asymmetrischer Typus, der in der Studie „Helfen" genannt wird. Verschiedene SchülerInnen handeln in unterschiedlichen Situationen immer wieder aus, dass zwischen ihnen so etwas wie ein Anspruch auf Hilfe und eine Pflicht zu helfen besteht. Im Unterricht wird auch von den Lehrerinnen darauf hingewiesen, dass bei Schwierigkeiten zunächst andere SchülerInnen und erst dann die Lehrerinnen um Rat gefragt werden sollen. Die SchülerInnen handeln aber auch situationsspezifisch aus, ob sie zu helfen oder Hilfe anzunehmen bereit sind.

Das Interagieren der SchülerInnen basiert auf verschiedenen handlungsleitenden Vorstellungen bzw. Handlungsorientierungen. Zur Erklärung einer Reihe von Interaktionen ist es hilfreich, Bruners Konzept der Alltagspsychologie, speziell der Alltagspädagogik, heranzuziehen (s. Bruner 1990, 1996; Olson/Bruner 1996). Alltagspsychologie umfasst das Gesamt der Vorstellungen, welche sich der Mensch vom Funktionieren des Menschen macht. Alltagspädagogik lässt sich als ein Element davon begreifen und bezieht sich auf Vorstellungen davon, wie der Mensch lernt. In beiden Fällen handelt sich um kulturelle Deutungsinstrumente, die sowohl im Individuum als auch in der Gesellschaft zu verorten sind. Die SchülerInnen haben alltagspädagogische Vorstellungen davon, wie gelernt wird. Diese Vorstellungen sind eine Grundlage ihres Agierens und ermöglichen es ihnen unter anderem, lernproduktiv zu handeln. In der Studie wird das Konzept der Alltagspädagogik empirisch fundiert ausdifferenziert in Hinblick darauf, wie die Alltagspädagogiken der Beteiligten die interaktive Hervorbringung von Kooperationsbedingungen (und damit einen Teil des Unterrichtsalltags) prägen.

Die SchülerInnen orientieren sich längst nicht immer nur daran, was sie als lernförderlich zu deuten scheinen. Aus einigen Szenen lässt sich eine Doppelorientierung rekonstruieren, und zwar einerseits an einem Lern- und Autonomiezuwachs, andererseits an einer möglichst wenig aufwändigen Fertigstellung eines verlangten Arbeitsproduktes (s.a. Goos/Galbraith/Renshaw 1996). In der Schule geht es eben nicht nur um Lern- bzw. Autonomiezuwachs – dies anzunehmen wäre bildungsidealistisch –, sondern auch schlicht um Erfolg. Insofern erscheint es sinnvoll, den Begriff der Alltagspädagogik für unterrichtliche Kontexte zu erweitern, z.B. durch die Integration von Vorstellungen zur gesellschaftlichen Bedeutung von Schule als Selektionsinstitution.

Vom konstruktivistischen Standpunkt des Interaktionismus aus ist festzuhalten, dass die SchülerInnen ihre Lernbedingungen mitgestalten. In der Studie wird gezeigt, dass und wie sie sich mit ihren Vorstellungen vom Lernen und von günstigen und in der Gruppe akzeptierten Arbeitsweisen auch explizit auseinander setzen. Die Bereitschaft dazu und das Ausmaß derartiger Auseinandersetzungen sind in dem untersuchten Wochenplanunterricht relativ groß. Dies lässt sich auf die erweiterten Handlungsspielräume zurückführen, die die SchülerInnen hier zu gestalten haben. In der besonderen Gestaltungsmöglichkeit und -notwendigkeit dürfte also ein wesentliches Potenzial von Wochenplanunterricht liegen. Bisher scheint dies allerdings in erster Linie in Bezug auf Möglichkeiten des sozialen Lernens diskutiert zu werden.

3.2 Fokussierte Beschreibungsdimensionen

Die Beschreibung von Schülerkooperationen erfolgt anhand verschiedener Dimensionen. Diese Dimensionen sind als Kontinuen zu denken. Zu analysierende Kooperationsszenen werden durch eine Kombination von Verortungen entlang mehrerer Dimensionen (be-)greifbar gemacht.

- Themenfokussierung (Themenfokus und interaktive Fokussierungsstruktur): Der Themenfokus wird von den Beteiligten im Verlauf der Interaktion gemeinsam hergestellt. Kooperation kann sich auf verschiedene thematische Bereiche beziehen: auf Fachliches, auf äußere Arbeitsvoraussetzungen wie Arbeitsmaterialien und/oder auf Methodisches. Auch Persönliches kann mit einfließen; ist dies jedoch alleiniger Themenfokus, handelt es sich nicht mehr um Kooperation im definierten Sinne. Mit der interaktiven Fokussierungsstruktur wird das Verhältnis der Beteiligten in die thematische Beschreibungsdimension aufgenommen. Damit lassen sich zwei Fragen beantworten, nämlich erstens, ob die Beteiligten dasselbe oder Unterschiedliches fokussieren (übereinstimmend vs. differierend), und zweitens, was die einzelnen Beteiligten in der Ausgangssituation fokussiert haben (die Aufgabe bzw. das Vorankommen vom Beteiligten A oder von B). Dies trägt dem Phänomen Rechnung, dass sich der Themenfokus im Verlauf einer jeden Interaktion verschieben kann und dass gerade der Beginn einer Interaktion ein Konvergieren der Aufmerksamkeiten erfordert.
- Explizität des Kooperierens: Auf einem Kontinuum zwischen implizit und explizit wird beschrieben, ob bzw. wie weit die SchülerInnen ihr Kooperieren thematisieren.
- Aufgabenbezogene Beziehungsstruktur: Mit der aufgabenbezogenen Beziehungsstruktur wird die Beziehung zwischen den Interagierenden in Hinblick auf ihre jeweiligen Voraussetzungen zur Bearbeitung der Aufgaben zusammengefasst: Sind die Beteiligten gleich kompetent (symmetrische aufgabenbezogene Beziehungsstruktur) oder ist ein Kind dem anderen überlegen bzw. unterlegen (asymmetrische aufgabenbezogene Beziehungsstruktur)?
- Dauer: Die Dauer einer Kooperation kann von punktuell bis ausgedehnt sein. Es geht hier um einen Eindruck, der sowohl auf der temporalen Ausdehnung als auch auf der Anzahl und Länge der einzelnen Interaktionszüge basiert.

- Intensität: Intensiv (von gering bis stark) wird Kooperation genannt, auf die sich die Beteiligten über eine gewisse Dauer gemeinsam konzentrieren, ohne zwischendurch immer wieder abzuschweifen.
- Offenheit: Es kann für Dritte mehr oder weniger schwierig sein, sich in eine laufende Interaktion zu integrieren bzw. integriert zu werden.
- Autonomie- und Lernförderlichkeit: Eine Kooperation kann als mehr oder weniger förderlich bzw. hinderlich in Hinblick auf einen Autonomie- und Lernzuwachs interpretiert werden.

3.3 Kooperationshandlungen

Die Beschreibung von Kooperationsprozessen in Handlungsbegriffen weist eine relativ starke Nähe zu dem empirischen Material auf. Die SchülerInnen selbst thematisieren das Kooperieren, indem sie von verschiedenen Tätigkeiten sprechen. Die empirisch gewonnenen Handlungsbegriffe sind jedoch aus analytischer Perspektive differenzierter und zeichnen gleichzeitig Verwobenheiten von und Differenzen zwischen verschiedenen Aktivitäten nach. Es handelt sich um:

- Erklären
- Vorsagen
- Abgucken
- Vergleichen
- Zur-Verfügung-Stellen von Arbeitsmaterialien
- Erfragen und
- Metakooperieren, d.h. Kooperieren zum Thema Kooperieren.

Exemplarisch sei hier auf die Beziehung zwischen Abgucken und Vergleichen hingewiesen: Beim Abgucken hat ein Beteiligter A eine Aufgabe bereits schriftlich gelöst, die ein anderer Beteiligter B noch bearbeiten muss. Wenn B nun guckt, was bei A geschrieben steht, guckt er ab. Diese Kooperationshandlung wird von den beobachteten SchülerInnen in unterschiedlichen Kontexten unterschiedlich gedeutet und begründet. Bei der Kooperationshandlung des Vergleichens findet zwar auch eine Orientierung an den Ergebnissen des Interaktionspartners statt, hier ist die Ausgangssituation jedoch eine andere: Beide bzw. alle Beteiligte haben die entsprechende Aufgabe bereits gelöst. Es geht weniger um das Lösen einer Aufgabe und den Bearbeitungsprozess als um das Prüfen von bereits produzierten Lösungen. Abweichende Lösungen können in diesem Handlungsrahmen als Anlass für die Kooperationshandlung des Erklärens wirken.

3.4 Kooperationstypen

Die Kooperationstypen sind stärker theoretisch durchstrukturiert und entsprechend abstrakter. In ihnen ist auch die interaktionistische Dimension stärker ausgearbeitet. Es werden drei Kooperationstypen generiert: das „Nebeneinanderher-Arbeiten", das „Helfen" und das „Kollaborieren". Sie werden mit Hilfe dreier Beschreibungsdimensionen erklärbar: der Intensität der Interaktion, der aufgabenbezogenen Beziehungsstruktur und der interaktiven Fokussierungsstruktur.

	Intensität der Interaktion	aufgabenbezogene Beziehungsstruktur	interaktive Fokussierungsstruktur
Nebeneinanderher-Arbeiten	gering	unbedeutend entwickelt/ irrelevant	potenziell differierend: A → A' B → B'
Helfen	stark	asymmetrisch	übereinstimmend: A+B → A'
Kollaborieren	stark	symmetrisch	übereinstimmend: A +B → A'≅B'

A/B: Interagierende
A'/B': Aufgabe bzw. Vorankommen der jeweiligen Interagierenden
→: fokussiert auf
≅: sind etwa gleich

Das Nebeneinanderher-Arbeiten ist durch eher beiläufiges Interagieren mit geringer Intensität gekennzeichnet, wozu beispielsweise ein kurzer Informationsaustausch gezählt werden kann. Die aufgabenbezogene Beziehungsstruktur ist in diesem ersten Typ unbedeutend entwickelt. Die interaktive Fokussierungsstruktur sieht so aus, dass die Beteiligten A und B potenziell unterschiedliche Aufgaben fokussieren, nämlich jede/r ihre/seine eigene.

Das Nebeneinanderher-Arbeiten kann nur insofern als lernförderlich gelten, als im Kurzaustausch Informationen fließen können, die für die weitere Einzelarbeit notwendig sind. Gelernt wird dann aber weniger im Austausch als im Anschluss daran.

Das Helfen ist von intensiver Interaktion geprägt. Die aufgabenbezogene Beziehungsstruktur ist hier asymmetrisch: Einer ist dem anderen überlegen und nimmt eine Art Lehrer-Rolle ein. In der englisch-sprachigen Literatur wird in diesem Zusammenhang auch von „peer-tutoring" gesprochen (s. z.B. Goos/Galbraith/Renshaw 1996). Die interaktive Fokussierungsstruktur stimmt bei diesem Kooperationstyp überein: Die Beteiligten arbeiten gemeinsam an der Aufgabe bzw. dem Vorankommen von A.

Der Kooperationstyp Helfen besitzt aufgrund seiner stärkeren Intensität und der übereinstimmenden Fokussierungsstruktur ein größeres Potenzial an Lernförderlichkeit als das Nebeneinanderher-Arbeiten. Kooperationen dieses Typs Helfen können allerdings auch lernhinderlich wirken. Helfen darf also keinesfalls als Garant für Lernförderlichkeit der Kooperation betrachtet werden.

Das Kollaborieren ist wie das Helfen eine Interaktion mit starker Intensität. Im Gegensatz zum Helfen ist es jedoch durch Symmetrie der aufgabenbezogenen Beziehungsstruktur charakterisiert. Wie beim Helfen fokussieren die Beteiligten dasselbe; sie arbeiten jede/r für sich und beide gemeinsam an derselben Aufgabe. Dies wird besonders im gegenseitigen Erklären eigener Gedanken vollzogen.

Das Kollaborieren birgt von den drei Kooperationstypen das größte Potenzial an Lernförderlichkeit. Goos, Galbraith und Renshaw (1996) heben hervor, dass das Erklären beim Kollaborieren unter anderem dazu dient, selber Klarheit zu gewinnen.

Insgesamt hängen das Gelingen einer Kooperation und ihre potenzielle Lernförderlichkeit immer davon ab, inwieweit die SchülerInnen es schaffen, sich verständlich zu machen und die Gedanken des Gegenübers nachzuvollziehen. Neben den zur Charakterisierung der Kooperationstypen herangezogenen Beschreibungsdimensionen spielt dabei eine wesentliche Rolle, wie gut sie in der Lage sind, ihre fachlichen Überlegungen zu explizieren.

Zwei der vorgestellten Dimensionen könnten möglicherweise in Anlehnung an Krummheuer und Brandt (2001) weiter ausgebaut werden (s.a. Krummheuer im vorliegenden Band). Krummheuer und Brandt entwickeln ein Modell von mathematischem Unterrichtsalltag in der Grundschule, mit dem sie unterschiedliche Optimierungsgrade der sozialen Konstituenten des Lernens unterscheiden. Dieses Modell umfasst fünf Strukturierungsdimensionen, von denen eine mit der „aufgabenbezogenen Beziehungsstruktur" und eine weitere mit der „Intensität" korrespondiert. Unter dem Begriff „Interaktionsstruktur" unterscheiden die Autoren zwischen relativ klar verteilten Rollen auf der einen Seite und einer flexiblen Rollenverteilung auf der anderen Seite. In Entsprechung dazu sind die Rollen bei der „asymmetrischen aufgabenbezogenen Beziehungsstruktur" als relativ klar verteilt und bei der „symmetrischen aufgabenbezogenen Beziehungsstruktur" als flexibel beschreibbar.[9] Ein Zusammenhang besteht auch zwischen der Strukturierungsdimension, die Krummheuer und Brandt „Rationalisierungspraxis" nennen, und der Dimension, die hier „Intensität" heißt. Krummheuer und Brandt fassen unter „Rationalisierungspraxis" den Charakter der interaktiv hervorgebrachten Argumentationen: Diese variieren zwischen einem bloßen Aufstellen von Behauptungen bzw. einem bloßen Nennen von Schlüssen einerseits und relativ umfassenden kollektiven Argumentationen andererseits. Entsprechende Argumentationsanalysen könnten eine inhaltliche und strukturelle Ausdifferenzierung der entwickelten Dimension „Intensität" ermöglichen.

---

9 Flexibilität liegt beispielsweise vor, wenn die Rollen bei der Kooperationshandlung des Erklärens gewechselt werden.

4. Der Forschungsweg

Der Weg interpretativer Forschungsprojekte beginnt bei einer groben, aus Bezugstheorien abgeleiteten Fragestellung, die im Verlauf der Arbeit präzisiert wird. Am Anfang steht dann die theoriegeleitete Erhebung von Daten, welche im Anschluss daran analysiert und theoretisch aufgearbeitet werden.

Zunächst wird in diesem vierten Kapitel auf das erhobene Datenmaterial und seinen Status eingegangen. In dem darauf folgenden Abschnitt werden die methodischen Vorgehensweisen der Interaktionsanalyse und der Komparation geschildert. Der Analyseprozess wird dann an drei Unterrichtsausschnitten in Kurzform vorgeführt. Auf diese Weise soll nachvollziehbar werden, wie die im dritten Kapitel dargestellten Ergebnisse gewonnen worden sind.

4.1 Das Datenmaterial[10] und sein Status[11]

In zwei verschiedenen Lerngruppen wurde jeweils zwei Wochen lang fast der gesamte Unterricht mit mindestens zwei Kameras videografiert, es wurden Feldnotizen dazu angefertigt und die Arbeitspapiere der SchülerInnen gesammelt bzw. kopiert. Geleitet von den Feldnotizen und dem jeweiligen Forschungsinteresse wurden ausgewählte Videoaufzeichnungen transkribiert. Die so entstandenen Transkripte stellen das den Analysen zu Grunde gelegte Datenmaterial dar.

Die Entscheidung für diesen methodischen Weg ist an dem Ziel der Untersuchung orientiert, die Interpretationen, die die Beteiligten im Interaktionsprozess aushandeln, zu rekonstruieren. Interaktionen sind flüchtig und somit nicht unmittelbar zu analysieren. Sie müssen daher für die gewählte Analysemethode aufbereitet werden.

Videoaufzeichnungen repräsentieren verschiedene Realitätsebenen und erfordern bei konstantem Fokus während des Fixierungsprozesses kaum Selektionsentscheidungen. Allerdings handelt es sich dabei immer um perspektivische Fixierungen, die nicht mehr mit den Ereignissen gleichzusetzen sind. Für die Rekonstruktion von Aushandlungsprozessen benötigt man darüber hinaus Transkriptionen dieser Aufnahmen. Hierdurch entfernt man sich einen weiteren Schritt von den Ereignissen selbst. Damit auch der Prozess des Transkribierens kritischer Prüfung zugänglich wird, darf man also den repräsentativen Charakter der Transkripte nicht unterschlagen. Mit Lapadat und Lindsay gilt: "Acknowledging transcription as representational avoids the

10 Das Material wurde im Rahmen des von Götz Krummheuer geleiteten DFG-Projektes „Formate ‚kollektiven Argumentierens‘ im Mathematikunterricht der Grundschule“ erhoben. (Krummheuer/Brandt 2001).

11 Näheres hierzu ist ebenfalls in Naujok (2000) nachzulesen.

mistake of taking the written record as the event and opens the transcription process for examination of its trustworthiness as an interpretive act." (Lapadat/Lindsay 1999, 81) In der Verfremdung, die das Transkribieren bewirkt, wird mit Bauersfeld, Krummheuer und Voigt (1986, 8) ein methodisches Potenzial gesehen, das der Analyse zugute kommen kann: Vertraute Handlungsabläufe lassen sich so aus größerer Distanz betrachten; dies unterstützt den Wechsel vom kognitiven Stil des Alltags in den kognitiven Stil der Wissenschaft (s. Kapitel 2.).

4.2 Interaktionsanalyse

Die Interaktionsanalyse ist den Verfahren der rekonstruktiven sozialwissenschaftlichen Forschung (s. Bohnsack 1993) zuzuordnen. Ihre Grundzüge sind von Bauersfeld, Krummheuer und Voigt (1986) in Anlehnung an die ethnomethodologische Konversationsanalyse, jedoch speziell für inhaltsbezogene Interaktionsprozesse im Unterricht entwickelt worden. Das Verfahren zielt auf die subjektiven Situationsdefinitionen der Beteiligten und auf die interaktiv hervorgebrachten Bedeutungsaushandlungen. Mit der Interaktionsanalyse lässt sich rekonstruieren, wie die Beteiligten in einer Situation gegenseitig ihre Äußerungen interpretieren und was sie gemeinsam daraus machen.

Bei der Durchführung von Interaktionsanalysen sind einige Maximen zu einzuhalten: Ein Unterrichtsausschnitt wird demnach zunächst allgemein beschrieben und gegliedert, dann werden die Einzeläußerungen sequenziell, also einzeln und dem natürlichen temporären Verlauf der Interaktion entsprechend nacheinander, ausführlich interpretiert. Hierbei werden mehrere Deutungsmöglichkeiten nebeneinander gestellt. Anschließend werden Turn-by-Turn-Analysen durchgeführt, d.h. eine Äußerung wird im Licht der folgenden interpretiert. So lässt sich die Frage beantworten, was der zweite Interaktionspartner aus der Äußerung des ersten macht. Abschließend wird die plausibelste Interpretation für den gesamten Ausschnitt zusammengefasst (s.a. Krummheuer/Naujok 1999).

4.3 Komparation

Beim Vergleich von Interpretationen können Ungereimtheiten auftreten, die zu neuen Theorieausgriffen anregen. Die Komparation dient so zur Genese von Theorie-Elementen. Auf dieser Basis werden die Ergebnisse dichter und empirisch gehaltvoller. Der Komparation kommt aber nicht nur die Bedeutung eines einzelnen Analyseschrittes zu, vielmehr ist sie ein permanentes methodisches Prinzip (s. Glaser/Strauss 1967; Strauss/Corbin 1996; Bohnsack 1993; Kelle 1994; Brandt/Krummheuer 2000). So werden die entwikkelten theoretischen Produkte auch über Komparationen plausibilisiert und hinsichtlich ihrer Reichweite eingeschätzt. Sind die Begriffe bei der Analyse sehr unterschiedlicher Realitätsausschnitte anwendbar, so ist ihre Reichweite entsprechend groß.

Zur Komparation werden Szenen aus verschiedenen Kontexten herangezogen. Dies basiert auf der Annahme, dass man in verschiedenen Kontexten unterschiedliche Ausprägungen des Forschungsgegenstandes findet und so zu einer umfassenderen Analyse gelangen kann.

Die Unterrichtsausschnitte, die in der Kooperationsstudie analysiert werden, unterscheiden sich insbesondere in Hinblick auf die Klassenzusammensetzung und die Aufgabenbereiche: Bei den untersuchten Gruppen handelt es sich um eine erste Klasse und um eine die Jahrgänge 1 bis 3 integrierende Lerngruppe; in den ausgewählten Ausschnitten geht es um Themen aus allen fachlichen Bereichen.

4.4 Exemplarische Analyse dreier Unterrichtsausschnitte

Der Forschungsweg und die Genese der Ergebnisse werden im Folgenden anhand einer exemplarischen Analyse dreier Unterrichtsausschnitte nachgezeichnet.

Ausschnitt 1

Als Ausgangspunkt und gewissermaßen zur Einleitung seien drei Transkriptzeilen aus einer Szene der ersten Klasse angeführt. Einige SchülerInnen sollen anderen bei der Bearbeitung von Mathematikaufgaben helfen. Wayne hat nacheinander mit zwei Jungen gearbeitet und geht nun auf Wasily und Jarek zu:[12]

1	Wayne	äh / das darf man nicht so abgucken \
2	Jarek	na klar darf man das abgucken \
3	Wayne	**nein** \ du sollst ihm nur sagen wie das geht \

In diesem kurzen Gesprächsausschnitt geht es darum, wie der Auftrag der Lehrerin, anderen zu helfen, umgesetzt wird. Wayne tritt von außen an eine Kooperation des Typs „Helfen“ heran und initiiert die Kooperationshandlung des Metakooperierens, indem er versucht, Jarek beim Helfen zu helfen. Die Interaktionen überlagern sich hier. Wayne formuliert eine Art Regel, die das Abgucken untersagt. Er scheint die alltagspädagogische Vorstellung zu haben, dass Abgucken bzw. Abgucken-Lassen – zumindest in diesem Kontext – kein Helfen sei. Statt dessen solle man sagen, wie etwas gehe, also die Hand-

12 Eine Transkriptionslegende findet sich als Anhang zum Text. Für die gesamte Szene und ihre ausführliche Analyse s. Naujok (2000, 124-135).

lung ausführen, die in der Studie Erklären genannt wird. Wayne zielt auf das Lernpotenzial im Kooperationsprozess seiner Mitschüler und mittelbar auch auf ihre Alltagspädagogik. Jarek dagegen verbindet mit dem Auftrag zu helfen möglicherweise nicht unbedingt, dass Lernprozesse gefördert werden sollen, sondern in erster Linie, dass der andere irgendwie in die Lage versetzt werden muss, seinen Arbeitsbogen auszufüllen. Es ist außerdem denkbar, dass Jarek den Auftrag so schnell wie möglich erledigen möchte, um sich einer anderen Aktivität, z.B. dem Lösen seiner eigenen Aufgaben, zuwenden zu können.

Die von Wayne geforderte Handlung des Erklärens kann jedoch eine Förderung von Lernprozessen noch nicht garantieren. Dies wird in der folgenden Szene deutlich.

Ausschnitt 2

Der Ausschnitt stammt aus der jahrgangsübergreifend zusammengesetzten Lerngruppe. Die Drittklässlerinnen Sabrina, Esther und Aja sitzen mit Valeska und Patrick aus dem ersten Schuljahr an einem Gruppentisch. Sabrina hilft Patrick beim Rechnen seiner Aufgabe „12-8=". Der Szene ist ein fast lautloser Streit vorausgegangen, in dem die beiden sich auch körperlich angegriffen haben:[13]

1	Patrick	*weinerlich* ja ich **kann** dis n i c h
2	< Sabrina	zwölf minus sechs sind sechs \ sechs minus z w e i -
3	< Aja	Sabrina warum **hilfst** du ihm noch er hat dich doch gekratzt du brauchst ihm . gar nicht helfen \ dann **bereut** ers \
4	Sabrina	*winkt zu Aja* hm \ *zu Patrick* so \ sechs minus **zwei** sind – sechs minus eins sind **fünf**/.. was kommt **vor** fünf /
5	Patrick	hundert \
6	Sabrina	nein \
7	Esther	hundert \ ts \
8	Sabrina	Patrick ich helf dir jetzt **nich** wenn du (das) nicht **ordentlich** machst \ .. also \ .. fünf minus eins sind/
9	Patrick	(*unverständlich*)
10	Sabrina	fünf minus eins **sind**/
11	Patrick	(*unverständlich*) *weinerlich* (ich weiß nicht was) fünf minus eins (sind)
12	Sabrina	*schaut in die Luft* fünf minus **eins** sind –
13	*Patrick zuckt mit den Schultern und schaut vor sich hin. Sabrina wartet noch einen Moment.*	
14	Patrick	.. vier \
15	Sabrina	ja \ *deutet auf sein Heft* schreibs da (vorne hin) \

Auch aus dieser Szene lassen sich auf der Meta-Ebene Elemente von Alltagspädagogik rekonstruieren; die Schülerinnen thematisieren das Kooperieren, genauer: das Helfen. Grundsätzlich scheint ein Anspruch auf Hilfe zu bestehen – allerdings nicht voraussetzungslos. Zum einen entbindet ein tätlicher Streit von der Verpflichtung des Helfens, zum anderen muss derjenige,

---

13 Für die gesamte Szene und ihre ausführliche Analyse s. Naujok (2000, 53-65).

dem geholfen wird, sich auch bemühen und sich selbst aktiv an der Kooperation beteiligen. Von Aja wird darüber hinaus der Vorschlag unterbreitet, als erzieherische Maßnahme Hilfe zu verweigern.

Sabrina hilft Patrick trotz der Einwände von Aja. Ihre Bemühungen scheinen jedoch an Patrick vorbeizugehen. Sabrina vereinfacht ihm seine Aufgabe „12-8=", indem sie den Lösungsprozess in mehrere Schritte zerlegt. Zunächst wendet sie die Strategie des Halbierens an und setzt „12-8 = 12-6-2". Sie macht dies jedoch nicht explizit, sondern rechnet einfach den ersten Teilschritt, nämlich „12-6", laut sprechend vor. Als Zwischenergebnis erhält sie 6 und es bleiben noch 2 abzuziehen. Diesen Schritt möchte sie Patrick ausführen lassen. Patrick scheint jedoch überhaupt nicht nachvollziehen zu können, was Sabrina tut und weshalb er diese Rechnung ausführen soll, und weigert sich, indem er z.B. eine Antwort gibt, die sozusagen unter seinem Niveau ist („hundert", <5>[14]). Am Ende nennt er zwar das Ergebnis, sein Schulterzucken wirkt allerdings recht resigniert. Sabrina scheint dagegen damit zufrieden zu sein, dass er dieses Ergebnis in sein Helft schreibt. Die Aufgabenerfüllung ist hiermit gewährleistet.

Vor dem Hintergrund des ersten Ausschnittes lässt sich feststellen, dass Sabrina ansatzweise das tut, was Wayne von Jarek als Helfendem erwartet: Sie zeigt Patrick, „wie das geht" (Wayne, <3>). Allerdings macht sie ihre Rechnungen nicht ausreichend explizit. Mit ihrem kleinschrittigen Vorgehen erreicht sie zwar, dass Patrick schließlich dic korrekte Antwort gibt; dies funktioniert jedoch nur oberflächlich, und zwar auf Grundlage eines Handlungsmusters, das Bauersfeld (1978) als „Trichtermuster" bezeichnet. Dadurch dass Sabrina jeweils eine bestimmte Antwort erwartet, engt sie Patricks Handlungsmöglichkeiten sehr stark ein. Patrick weiß am Ende nicht, was er vermeintlich gerechnet hat.

Den beiden gelingt also nicht, was im Zusammenhang mit den Kooperationstypen (s. 3.4) als wesentlich herausgehoben wurde: die eigenen Gedanken verständlich zu formulieren und die Gedanken des Gegenübers nachzuvollziehen. Man möchte hier kaum noch von gemeinsamer Bedeutungsaushandlung sprechen.

Im Kontrast dazu wird die folgende Szene als ein Beispiel ausgesprochen variationsreichen Helfens interpretiert.

Ausschnitt 3

Die Szene wurde ebenfalls in der jahrgangsübergreifenden Lerngruppe aufgezeichnet. Ein Erstklässler liest einem anderen vor. Der Ausschnitt beginnt, nachdem Simson die ersten beiden Zeilen des folgenden Textes gelesen hat:[15]

---

14 In spitze Klammern gesetzte Zahlen verweisen auf Transkriptzeilen.

15 Für die gesamte Szene und ihre ausführliche Analyse s. Naujok (2000, 84-94).

KENNST DU DIESE
BLUME ?
WAS PASSIERT, WENN DU
PUSTEST ? ODER WENN
DER WIND WEHT ?
VIELE KLEINE SCHIRME
FLIEGEN LOS.
SIE FALLEN RUNTER:
MANCHE FALLEN AUF DIE
ERDE. DANN KANN EINE
NEUE BLUME DARAUS
WACHSEN.

1	Simson	was wie – w i e r d w i e n d / . u / . der Wiend /
2	Lenni	n e i n \
3	Simson	u – u – u -
4	Lenni	*zeigt* was ist dis /
5	Simson	uste tehst . uhnd r udehr Wi – dehr Wind w e i t w e h t v i e l – e k l e i n e h / Sa – s c h r ä s c h – r s c h – Schrimm – Schrimeh –
6	< Lenni	Schirme /
7	< Simson	Schirmeh / fl – f l e i – / gehn \
8	Lenni	nein \ .. f l l l -
9	Simson	flliegen / los / sie f a – l l e h n r ü h n t e h \ .. rünteh -
10	Lenni	r
11	Steven	*kommt an den Tisch und stellt sich neben Simson*
12	Simson	runtereh \ runter r \
13	Steven	run – **ter** \
14	Simson	runter \ .. mancheh/fällehn/
15	< Steven	**f a a**
16	< Lenni	dies hast du hier schonma
17	< Simson	fallehn \ . aus / die / (i e ritte) .. dann ka – ka – nn eineh / w a / wa / n a /
18	< Steven	*geht*
19	Lenni	denk dran \ das ist ein **eu** \
20	Simson	ne – neu – neue Bluhmeh / daraus w a c h s e h n \
21	Lenni	hmh / *blättert die Seite um*

Die Kooperation zwischen Lenni und Simson erinnert an ein Lehrer-Schüler-Verhältnis. Lenni, der schon gut lesen kann, hört sich Simson an und hilft ihm. Er greift an Stellen ein, die Simson Schwierigkeiten zu bereiten scheinen: wenn es zu wiederholten Lautierungsversuchen kommt, wenn Simson (unsicher) die Stimme hebt, falsche Laute den Sinn entstellen oder Simson in der Zeile verrutscht. Dagegen akzeptiert Lenni stockendes, addierendes und gedehntes Lesen und auch die Nennung des Normallauts statt der stellungsgemäßen Lautierung. Seine Hilfestellungen nehmen unterschiedliche Formen an:

- das ganze Wort sprechen (s. z.B. <6>)
- den unproblematischen Wortanfang sprechen (s. z.B. <8>)
- den fehlenden Endlaut ergänzen (s. z.B. <10>)
- ein spezifisches Wissen thematisieren (s. z.B. <4> u. <19>)

- auf der Kommentarebene Einspruch erheben (z.B. beim Zeilenverrutscher <2>) oder
- auf der Kommentarebene bestätigen (s. z.B. <21>).

In diesem (Vor-)Leseprozess scheint Lenni die Verantwortung für die Sinnentnahme zu übernehmen.

Simson setzt die Hilfestellungen, die er erhält, auf unterschiedliche Weise um, etwa durch

- Nachsprechen eines genannten Wortes (s. z.B. <7>) oder
- Wiederholen der Anlautung in Kombination mit Zu-Ende-Lesen (s. z.B. <9>).

Im Kontrast zu den ersten beiden Ausschnitten lässt sich festhalten, dass Simson und Lenni Bedingungen des Helfens überhaupt nicht thematisieren. Sie kooperieren, ohne diese Kooperation explizit zu machen, und in ihrem Interaktionsprozess kommen keine etwaig differenten Vorstellungen zum Tragen.

Wie in der vorangehenden Szene handelt es sich hier um den Kooperationstyp „Helfen". Lenni und Simson scheinen allerdings fruchtbarer zu kooperieren als Sabrina und Patrick. Lenni erkennt Simsons Schwierigkeiten und gibt in vielfältiger und flexibler Weise kleine Hilfestellungen. Simson schafft es, die Hilfestellungen umzusetzen, und macht im Vergleich zu Patrick den gesamten Arbeitsprozess über einen aktiveren Eindruck.

Die Komparation dieses Ausschnittes mit dem vorangehenden führt zu der Annahme, dass Lenni andere alltagspädagogische Vorstellungen als seine Mitschülerin hat. Mit seinen variationsreichen Hilfestellungen übernimmt er in besonderer Weise und in besonderem Maße Verantwortung für Simons Verstehens- und Lernprozess.

5. Zum Status der Ergebnisse

Unterricht ist ein Forschungsfeld, in dem die Situationsdefinitionen der Beteiligten permanent Veränderungen erfahren. Kelle (1994) führt aus, dass das Forschungsziel in solchen Feldern die Genese von Theorieelementen, z.B. von Typen, sein muss und dass diese auf dem logischen Schluss der Abduktion basiert. Dementsprechend ist die vorgestellte Untersuchung weder hypothetiko-deduktiv angelegt – d.h. sie geht nicht von einer a priori konstruierten Theorie aus, um diese zu verifizieren bzw. zu falsifizieren – noch werden Analysen induktiv zu Theorien verallgemeinert. Da der abduktive Schluss hypothetischen Charakter hat, sind auch auf diese Weise gewonnene Ergebnisse grundsätzlich hypothetischer Art; jedoch handelt es sich bei ihnen um methodisch valide erzeugte Hypothesen, die sich konsistent in einen allgemeineren theoretischen Bezugsrahmen integrieren.

Das Ziel der Studie bestand darin, Elemente einer Theorie zur sozialen Konstitution von Lernprozessen zu entwickeln. In der Regel wird der Begriff „Theorie" vorwiegend global und universalistisch konnotiert. Ein solch universalistischer und dekontextualisierter Geltungsanspruch wird für die Ergebnisse der vorgestellten Studie jedoch nicht erhoben. Das Interesse ist vielmehr darauf gerichtet, kontextbezogen theoretische Begriffe und Konzepte zu entwickeln, die in den Analysen des untersuchten Gegenstandsbereiches zur Anwendung kommen, weil sie zur erklärenden Interpretation geeignet sind. Das heißt: Es geht nicht um die Repräsentativität von Stichproben, sondern um die Repräsentanz von entwickelten Begriffen (s. Strauss/Corbin 1996; Krummheuer/Naujok 1999; Naujok 2000).

Die komparative Analyse von Unterrichtsausschnitten hat zu Ergebnissen geführt, wie sie im dritten Teil präsentiert wurden. Mit den vorgestellten Beispielen sollte illustriert werden, dass und wie beim Helfen alltagspädagogische Vorstellungen der SchülerInnen wirksam und weiter ausgebaut werden. Diese betreffen allgemein Prozesse des Lernens und Lehrens, wozu hier unter anderem die Einschätzung von Lernpotenzialen und von möglichen Kooperationszielen gezählt wird. Die empirisch gegründete Ausdifferenzierung der alltagspädagogischen Vorstellungen trägt wie die anderen in der Studie entwickelten Zusammenhänge und Begriffe dazu bei, Schülerkooperationsprozesse (im Rahmen von Wochenplanunterricht) besser beschreiben und erklären zu können.

6. Literatur

Bauersfeld, H.: Kommunikationsmuster im Mathematikunterricht. Eine Analyse am Beispiel der Handlungsverengung durch Antworterwartung. In: Bauersfeld, H.: Fallstudien und Analysen zum Mathematikunterricht, Hannover 1978, 158-178

Bauersfeld, H./Krummheuer, G./Voigt, J.: Interaktionsanalyse von Mathematikunterricht. Methodologische Annahmen und methodisches Verfahren, Unveröff. Arbeitspapier 1986

Blumer, H.: Der methodologische Standort des Symbolischen Interaktionismus. In: Alltagswissen, Interaktion und gesellschaftliche Wirklichkeit. Bd. 1: Symbolischer Interaktionismus und Ethnomethodologie. Hg. v. d. Arbeitsgruppe Bielefelder Soziologen, Reinbek bei Hamburg 1973, 80-146

Bohnsack, R.: Rekonstruktive Sozialforschung. Einführung in Methodologie und Praxis qualitativer Sozialforschung. 2. überarbeitete Auflage, Opladen 1993

Brandt, B./Krummheuer, G.: Das Prinzip der Komparation im Rahmen der Interpretativen Unterrichtsforschung in der Mathematikdidaktik. In: Journal für Mathematikdidaktik 21, 2000, H. 3/4, 193-226

Brandt, B./Krummheuer, G./Naujok, N.: Zur Methodologie kontextbezogener Theoriebildung im Rahmen von interpretativer Grundschulforschung. In: Aufschnaiter, S./Wenzel, M. (Hrsg.): Nutzung von Videodaten zur Untersuchung von Lehr-Lern-Prozessen. Aktuelle Methoden empirischer pädagogischer Forschung, Münster 2001, 17-40

Bruner, J.: Child's Talk. Learning to Use Language, Oxford 1983

Bruner, J.: Acts of Meaning, Cambridge/London 1990
Bruner, J.: The Culture of Education, Cambridge/London 1996
Cobb, P./Bauersfeld, H.: Introduction: The Coordination of Psychological and Sociological Perspectives in Mathematics Education. In: Cobb, P./Bauersfeld, H. (Hrsg): The Emergence of Mathematical Meaning. Interaction in Classroom Cultures. Hillsdale 1995, 1-16
Erickson, F.: Classroom Discourse as Improvisation: Relationships between Academic Task Structure and Social Participation Structure in Lessons. In: Wilkinson, L. (Hrsg.): Communicating in the Classroom, New York 1982, 153-181
Glaser, B./Strauss A.: The Discovery of Grounded Theory: Strategies for Qualitative Research, New York 1967
Goos, M./Galbraith, P./Renshaw, P.: When does Student Talk Become Collaborative Mathematical Discussion? In: Clarkson, T. (Hrsg.): Technology in Mathematics Education. Proceedings of the 19th Annual Conference of the Mathematics Education Research Group of Australia in Melbourne. Melbourne 1996, 237-244
Huschke, P.: Grundlagen des Wochenplanunterrichts. Von der Entdeckung der Langsamkeit, Weinheim/Basel 1996
Kelle, U.: Empirisch begründete Theoriebildung. Zur Logik und Methodologie interpretativer Sozialforschung, Weinheim 1994
Krappmann, L./Oswald H.: Alltag der Schulkinder. Beobachtungen und Analysen von Interaktionen und Sozialbeziehungen (= Kindheiten Bd. 5. Hg. v. Imbke Behnken/Jürgen Zinnecker), Weinheim/München 1995
Kron, F.: Grundwissen Pädagogik. 3., überarb. Auflage, Basel 1991
Krummheuer, G.: Lernen mit „Format". Elemente einer interaktionistischen Lerntheorie. Diskutiert an Beispielen mathematischen Unterrichts, Weinheim 1992
Krummheuer, G. (im vorliegenden Band): Eine Modellierung des mathematischen Unterrichtsalltags in der Grundschule
Krummheuer, G./Brandt, B.: Paraphrase und Traduktion. Partizipationstheoretische Elemente einer Interaktionstheorie des Mathematiklernens in der Grundschule, Weinheim/Basel 2001
Krummheuer, G./Naujok, N.: Grundlagen und Beispiele Interpretativer Unterrichtsforschung (= Qualitative Sozialforschung Bd. 7; hg. v. Bohnsack, R./Lüders, C./Reichertz, J.), Opladen 1999
Lapadat, J./Lindsay, A.: Transcription in Research and Practice: From Standardization of Technique to Interpretive Positionings. In: Qualitative Inquiry, 5/1, 1999, 64-86
Markowitz, J.: Verhalten im Systemkontext. Zum Begriff des sozialen Epigramms. Diskutiert am Beispiel des Schulunterrichts, Frankfurt a.M. 1986
Mead, G. H.: Geist, Identität und Gesellschaft, Frankfurt a.M. 1968 (amerikanische Erstauflage: 1934)
Mehan, H.: Learning Lessons, Cambridge 1979
Naujok, N.: Schülerkooperation im Rahmen von Wochenplanunterricht. Analyse von Unterrichtsausschnitten aus der Grundschule, Weinheim 2000
Olson, D./Bruner, J.: Folk Psychology and Folk Pedagogy. In: Olson, D./Torrance, N. (Hrsg.): The Handbook of Education and Human Development. New Models of Learning, Teaching and Schooling. Cambridge, 1996, 9-27
Petersen, P.: Der kleine Jena-Plan, 52./53. Auflage, Weinheim/Basel 1972
Schütz, A.: Gesammelte Aufsätze. 3 Bände, Den Haag 1971/1972
Soeffner, H.-G.: Auslegung des Alltags – Der Alltag der Auslegung. Zur wissenssoziologischen Konzeption einer sozialwissenschaftlichen Hermeneutik, Frankfurt a.M. 1989
Strauss, A./Corbin, J.: Grounded Theory. Grundlagen Qualitativer Sozialforschung. Aus dem Amerikanischen von Solveigh Niewiarra und Heiner Legewie, Weinheim 1996

Vollmer, N.: Hinderliche Kooperation in der Unterrichtspraxis und hilfreiche Störungen als theoretischer Anspruch. In: Beiträge zum Mathematikunterricht; hg. f. d. GDM v. Kurt Peter Müller, Hildesheim 1997, 214-217

Vollmer, N./Krummheuer, G.: Anfangen – Schreiben – Machen – Helfen. Zur Beziehung zwischen Arbeitsteilung und Aufgabenverständnis während einer Partnerarbeit im Mathematikunterricht. In: Journal für Mathematikdidaktik, 18, 1997, H. 2/3, 217-244

von Glasersfeld, E.: Radical Constructivism: A Way of Knowing and Learning. London/ Washington 1995

Anhang: Transkriptionslegende

Spalte 1:	auf die Tabellenzeilen bezogene Nummerierung, mit deren Hilfe im Rahmen der Analysen auf die entsprechenden Transkriptstellen verwiesen werden kann
Spalte 2:	Namen der (verbal oder/und nonverbal) agierenden Personen und Uhrzeiten (in der Regel im Minutenabstand)
Spalte 3:	Äußerungen und sonstige Handlungen

normal	normal (ohne besondere Auffälligkeiten) gesprochen
fett	betont gesprochen
g e s p e r r t	gedehnt gesprochen
(in Klammern)	nur schlecht zu hören
kursiv	„Regieanweisungen", Beschreibungen
(unverständlich)	Etwas akustisch Unverständliches wird gesagt.
<u>oder:</u>	Es ist akustisch unentscheidbar, ob die Äußerung so oder so lautet.
/, -, \	steigende, schwebende und fallende Intonation
., .., ...	kurze bis längere Pause, mitunter mit Zeitangaben versehen
<	Eine spitze Klammer vor aufeinander folgenden Namen bedeutet, dass die Personen überlappend agieren. Bei Überlappungen ist der Beginn der Gleichzeitigkeit gegebenenfalls durch ein Einrücken der entsprechenden Zeile gekennzeichnet.
?	unsichere Identifizierung

Peter Henkenborg

Interpretative Unterrichtsforschung in der Politischen Bildung
Ansätze, Stand und Perspektiven

I. Einleitung

In der Politikdidaktik ist seit Ende der achtziger Jahre die Rede von einer „empirischen Wende in der Fachdidaktik hin zu interpretativer Unterrichtsforschung" (Weißeno, Grammes 1993, 9) oder auch von der Entwicklung eines neuen „qualitativen Paradigma" (Ackermann 1996, 205). Ein Versuch, Ansätze, Stand und Perspektiven qualitativer Unterrichtsforschung in der politischen Bildung zu beschreiben, ist mit zwei Schwierigkeiten verbunden: Erstens liegt theoretisch keine ausgearbeitete Systematik dieses Feldes vor, es handelt sich immer noch um ein *Desiderat*; zweitens kann auch die Methodologie qualitativer Forschung nicht als „abgesichert" gelten.

In diesem Beitrag werde ich zunächst die Entwicklung qualitativer Forschungen in der Politikdidaktik skizzieren, zweitens die Ansätze qualitativer Forschung exemplarisch vorstellen und schließlich deren Ertrag und Perspektiven diskutieren.

II. Zur Entwicklung qualitativer Unterrichtsforschung in der Politikdidaktik: Von der Vermittlungswissenschaft zum qualitativen Paradigma

Die Politikdidaktik ist eine junge Wissenschaft, die erst in den siebziger Jahren begonnen hat, sich an den Universitäten zu etablieren. Politikdidaktik ist eine Sozialwissenschaft, die politisches Lehren und Lernen empirisch und normativ mit dem Erkenntnisinteresse untersucht, die Bedingungen für die Möglichkeit von Lernprozessen aufzuklären, die Demokratie-Lernen durch die Entwicklung politischer Mündigkeit fördern. Im Selbstverständnis der Politikdidaktik gibt es also eine enge Verknüpfung von normativer Theorie und empirischer Forschung, die allerdings selten wirklich hergestellt wurde. Ansätze empirischer Unterrichtsforschung hat es in der politischen Bildung bereits in den fünfziger Jahren gegeben. In einem Literaturbericht zur Unterrichtsforschung in der politischen Bildung unterscheidet Hilligen (1993) folgende Perioden der Unterrichtsforschung:

1) Die Anfänge in den fünfziger Jahren: Hierzu zählen neben seinen eigenen Untersuchungen besonders Forschungen von Ellwein, die die Notwendigkeit des Demokratie-Lernens in einem eigenständigen Fach begründen helfen.

2) Die Untersuchungen des Instituts für Sozialforschung in den sechziger Jahren: Quantitative Untersuchungen von Habermas, von Becker/Herkommer/Bergmann und von Teschner legen Brüche und Widersprüche zwischen dem Selbstverständnis einer demokratischen Gesellschaft einerseits und dem Wissen und den Einstellungen von Schülern und Lehrern andererseits offen. Hinzu kommen Untersuchungen zu Richtlinien und Schulbüchern. Solche Untersuchungen wurden von der sich als Vermittlungswissenschaft verstehenden Politikdidaktik zunächst allerdings nur rezipiert und adaptiert.

3) Die siebziger und achtziger Jahre: Hilligen kennzeichnet diese Phase dadurch, dass es, mit Ausnahme von Doschs Untersuchung zur Wirksamkeit unterschiedlicher Unterrichtsmethoden und von einzelnen lernpsychologisch orientierten Forschungen, keine größeren empirischen Untersuchungen zu den Ergebnissen des politischen Unterrichts gegeben hat.

4) Die neunziger Jahre: In diese Zeit fallen zunächst einzelne quantitativ orientierte Studien von Breit/Harms über die „Situation des Unterrichtsfaches Sozialkunde/Politik aus der Sicht der Lehrenden". Erst gegen Ende der achtziger Jahre entwickelt sich der Beginn einer qualitativ orientierten Forschungsrichtung, die im Sinne interpretativer Unterrichtsforschung versucht, die Deutungsmuster und Mentalitäten der am Unterricht Beteiligten, besonders der Schülerinnen und Schüler, zu thematisieren. Damit sind besonders die Ansätze gemeint, die unter dem Begriff „Lernerdidaktiken" die Perspektive der Schülerinnen und Schüler, deren spezifischen Zugriff auf Gegenstände und Methoden des Politikunterrichts untersuchen (Weißeno 1989).

Trotz solcher Ansätze empirischer Forschung ist die Ausdifferenzierung der Politikdidaktik als eigenständige Wissenschaftsdisziplin durch ein nachhaltiges Gründungsproblem gekennzeichnet: Obwohl Forderungen nach einer empirischen Begründung von Konzepten politischer Bildung stets zum theoretischen Selbstverständnis der Fachdidaktik gehörten, sind sie in der Praxis des Faches selten eingelöst worden. Natürlich betrifft dieses Gründungsproblem keineswegs die Politikdidaktik alleine, sondern es drückt die Tradition aus, in der die deutsche Didaktik insgesamt entstanden ist und sich entwickelt hat und in die die Politikdidaktik sich einordnet: „By nature, Didaktik in Germany has always been philosophical thinking, theorising, and construction of theoretical models" (Kansanen 1995, 98).

Bis in die achtziger Jahre wird die Politikdidaktik durch das Paradigma der Vermittlungswissenschaft geprägt. So sieht z.B. Bernhard Claußen die Aufgabe der Politikdidaktik in der „fachdidaktische(n) Transformation der Bezugswissenschaften unter pädagogischen Leitfragen" (Claußen zitiert nach

Weißeno 1993, 24). Politikdidaktik als Vermittlungswissenschaft heißt also: Die Aufgabe der Politikdidaktik liegt darin, ein fachdidaktisches Instrumentarium für die Auswahl, Reduktion, Begründung und Vermittlung von fachwissenschaftlichen Lerngegenständen zu entwickeln, um dadurch die Prinzipien, Ziele und Inhalte politischer Bildung in der Schule klären zu können. Die widersprüchliche Leistung dieses Selbstverständnisses der Politikdidaktik als Vermittlungswissenschaft liegt, für Weißeno, darin, dass es zwar die „Konsolidierung der Disziplin" ermöglicht, aber auch die „Vernachlässigung empirischer Grundlagenforschung" mit verursacht habe (ebd., 25).

Dieses traditionelle Paradigma der Politikdidaktik als Vermittlungswissenschaft wird mit Ende der 80er Jahre zunehmend brüchig. Unbestritten ist, dass Politikdidaktik darauf angewiesen bleibt, Ergebnisse der Bezugswissenschaften auf ihre Bedeutung für existentielles Lernen zu befragen.[1] Gleichzeitig wird aber immer deutlicher, dass das Selbstverständnis der Politikdidaktik als Vermittlungswissenschaft alleine nicht hinreichend ist. Grammes spricht sogar von einem „vorparadigmatischen Zustand" der Politikdidaktik, weil dieser noch jungen Wissenschaftsdisziplin eine „institutionalisierte Grundlagenforschung" und ein „gemeinsamer Forschungskonsens" fehle (1992, 81). Der sich abzeichnende Wandel von der Politikdidaktik als Vermittlungswissenschaft zum qualitativen Paradigma lässt sich insbesondere auf fünf Motive zurückführen.

1) Die Krise der großen Erzählungen und der Gesellschaftstheorien: Eine Ursache für die Entwicklung qualitativer Ansätze in der Politikdidaktik liegt sicher darin, dass Gesellschaftstheorien aufgrund der Krise soziologischer oder politologischer Gegenwartsdeutungen selbst Gegenstand eines Entzauberungsprozesses geworden sind und deshalb viel von ihrer alten Orientierungskraft für die pädagogische und damit auch fachdidaktische Theoriebildung eingebüßt haben. Das gilt gerade für die Politikdidaktik und ihre starke Abhängigkeit von ihren zentralen Bezugswissenschaften, der Politikwissenschaft und der Soziologie. Insgesamt ist heute die Dominanz gesellschaftswissenschaftlicher Theorien und die damit verbundene politische Aufladung pädagogischen Handelns im Unterrichtsalltag und in der Fachdidaktik der politischen Bildung wohl stark zurückgegangen.

2) Die Rezeption hermeneutischer Theorien: Die Entzauberung der alten Gesellschaftstheorien wird begleitet durch die Rezeption von neuen Theorie-

---

1 Wolfgang Hilligen diagnostiziert ein cultural lag (Differenz zwischen Alltagsbewusstsein und Stand der didaktischen Wissenschaft) in der politischen Bildung. Im Alltagsbewusstsein politischer Bildung sei, so Hilligen, der Bezug auf „übereinstimmende Zeitdiagnosen" verloren gegangen und damit auch der existentielle Bezug des Politikunterrichts. Nur noch selten werde verdeutlicht, dass Zeitdiagnosen einen „Fundus von politischen Aufgaben" transportieren. Politische Bildung verliere ihren Zukunftsbezug, weil versäumt werde, Zeitdiagnosen, als Element der Daseinserklärung und Daseinsbewältigung, zum Gegenstand der Mitteilung des Lernens zu machen (Hilligen 1996, 168ff).

konzepten, z.B. des symbolischen Interaktionismus, der Phänomenologie des Alltagswissens, der objektiven Hermeneutik oder der Ethnomethodologie und damit von hermeneutisch-rekonstruktiven Forschungsansätzen in den Sozialwissenschaften.

3) Paradigmenbildung und nachkonzeptionelle Phase: Die Entwicklung der Politikdidaktik als „normale Wissenschaft“ (Kuhn) hat sich in den sechziger und siebziger Jahren besonders dadurch vollzogen, dass in dieser Phase z.B. von Fischer, Hilligen, Schmiederer und Sutor politikdidaktische Konzeptionen entwickelt wurden, die die Grundfragen der Fachdidaktik in einem Theoriezusammenhang beantworten sollten. Im Gegensatz zu dieser theorieorientierten Phase der Paradigmenbildung befindet sich die Politikdidaktik derzeit eher in einer durch Pluralisierung und Aufsplitterung gekennzeichneten „nachkonzeptionellen Phase“ (Gagel), in der kaum theoretische Grundsatzdebatten über „Sinn und Zweck politischer Bildung“ geführt werden, was sich einerseits als „Zeichen wissenschaftlicher Normalität“ deuten lässt (Sander 2000, 40), andererseits aber auch als Defizit in der theoretisch-normativen Grundlegung politischer Bildung (Massing 1999, 25).

4) Ein problematisches Theorie-Praxis-Verhältnis: Der vierte Grund für die nachlassende Orientierungskraft sozialwissenschaftlicher Theorien liegt in einem problematischen Theorie-Praxis-Verhältnis: In einer Studie von Breit/Harms wird deutlich, dass Lehrer und Lehrerinnen einen „Theorieüberhang“ der Politikdidaktik kritisieren und eine stärkere Praxisorientierung fordern. Politikdidaktik gerät in eine Legitimationskrise, wenn Harms/Breit den neuralgischen Punkt des Theorie-Praxis-Verhältnisses so zusammenfassen: „Bei der Unterrichtsvorbereitung und -durchführung kommt der Fachdidaktik nur eine untergeordnete Bedeutung zu. Fachdidaktische Kompetenz zur Inhaltsauswahl und -strukturierung scheint entbehrlich zu sein. Richtlinien beantworten die Fragen nach dem Was, Warum und Wozu des Lehrens und Lernens. Zusätzliche Orientierungshilfen bieten die Fachkonferenz und das Schulbuch“ (1990, 63). Entscheidend ist nun, dass sich dieses Problem eines unzureichenden Theorie-Praxis-Verhältnisses unter den veränderten Bedingungen von Gesellschaft, Erziehung und Lernen verschärft und im Rahmen des traditionellen Paradigmas nur schwer bearbeitet werden kann.

5) Die neue Schuldiskussion: Einen zusätzlichen Schub erhält die Alltagswende der Fachdidaktik durch die Wiederentdeckung der Einzelschule als Ort und Zentrum für eine Reform von Schule und Unterricht besonders im Kontext der Bildungspolitik und der empirischen Schulforschung. Wenn Lehrerinnen und Lehrern professionalisierungstheoretisch in Zukunft die Aufgabe einer Selbsterneuerung von Schule und Unterricht zufällt, wird eine Unterrichtsforschung dringlich, die sich auch in der Fachdidaktik um eine Rekonstruktion der Deutungs- und Handlungsmuster der Akteure bemüht.

III. Ansätze qualitativer Forschung in der politischen Bildung

Qualitative Forschung umfasst in der Politikdidaktik zunächst solche Ansätze, die im Sinne interpretativer oder rekonstruktiver Sozialforschung Unterrichtsforschung zur politischen Bildung in der Schule mit qualitativen Daten durchführen, d.h. mit solchen Daten, die „Antworten auf offene Fragen" in Interviews, Akten, Tagebuchaufzeichnungen, (Unterrichts-)Protokollen, Videoaufzeichnungen, Stundenentwürfen, Schulbüchern, Erfahrungsberichten etc. enthalten.[2] Grundsätzlich verfolgen qualitative Forschungen in der politischen Bildung ein zentrales Ziel: Sie wollen den Blick auf eine Mikrostruktur von politischen Lernprozessen in der Schule dadurch eröffnen, dass sie den Unterrichtsalltag, die Alltagstheorien, Binnenperspektiven und Handlungen der Beteiligten untersuchen und zur Sprache bringen und dabei versuchen, die internen Prozesse und Antriebe aufzudecken, die das Schüler- und Lehrerhandeln steuern. Mit Grammes/Weißeno lässt sich dieser Grundsatz fachdidaktisch als „Switch von der Außenperspektive in die Binnenperspektive von Handlungen" und als ein wichtiges Merkmal der empirischen Wende der Politikdidaktik interpretieren (1993, 11).

Bislang haben sich in der Politikdidaktik drei qualitative Forschungsansätze zum alltäglichen Politikunterricht entwickelt: erstens Forschungen zu Lernertypen und Lernerdidaktiken (1. 0.), zweitens die interpretative Rekonstruktion von Unterricht (2.) und drittens Forschungen zum Professionswissen von Politiklehrern und -lehrerinnen. (3.). Meine Darstellung dieser Ansätze wird auf die jeweilige qualitative Forschungsperspektive und den theoretischen Bezug, auf die Methoden der Datenerhebung und Dateninterpretation und dann auf die Ergebnisse der Ansätze eingehen (Beschreibung von Unterrichtswirklichkeit, Theorie des Unterrichts, Verbesserung der Unterrichtspraxis und der Ausbildung).

1.0. Qualitative Analysen zu Deutungsmustern, Lernertypen und Lernerdidaktiken

Im Mittelpunkt der ersten Forschungslinie steht die Rekonstruktion der subjektiven Perspektiven von Schülerinnen und Schülern. In der Politikdidaktik haben insbesondere Georg Weißeno (1989) und Carla Schelle (1995) ver-

---

2 Die Entwicklung eines qualitativen Ansatzes ist in der Politikdidaktik seit Beginn der neunziger Jahre durch jährliche „Werkstattgespräche" des Arbeitskreises „Empirische Fachunterrichtsforschung" begleitet worden. Diese informelle Arbeitsgruppe von Politikdidaktikern verfolgt das Ziel, in regelmäßigen Workshops laufende empirische Forschungsarbeiten zu politischen Bildungsprozessen zusammenzuführen.

sucht, die Perspektiven von Schülerinnen und Schülern, deren spezifischen Zugriff auf die Gegenstände und Methoden des Politikunterrichts, kurz Lernertypen und Lernerdidaktiken, zu rekonstruieren.

1.1. Qualitative Forschungsperspektive und theoretischer Bezug

Ziel von Weißenos Studie „Lernertypen und Lernerdidaktiken im Politikunterricht. Ergebnisse einer fachdidaktisch motivierten Unterrichtsforschung" ist eine hermeneutisch-ideologiekritische Rekonstruktion von individuellen Alltagstheorien von Schülerinnen und Schülern über den Politikunterricht und die dahinter verborgenen Sinn- und Strukturzusammenhänge (1989, 8f.). In der Studie werden Abiturienten von vier Gymnasien aus Nordrhein-Westfalen am Ende ihrer Schullaufbahn nach ihren Vorstellungen über Didaktik und Methodik des Politikunterrichts befragt, die sie vor dem Hintergrund unterschiedlicher Erfahrungen und Auseinandersetzungen mit erlebtem Unterricht entwickelt haben. Daraus sollen Lernertypen und individuelle Alltagstheorien Lernender über den Politikunterricht (Lernerdidaktiken) rekonstruiert werden. Die theoretischen Hintergrundfolien für Weißenos Untersuchungen sind primär fachdidaktische Theoriezusammenhänge. So thematisiert er zu Beginn seiner Arbeit das Verhältnis von Jugend und Staat und das Theorie-Praxis-Verhältnis. Danach beschriebt er unterschiedliche fachdidaktische Konzepte, wobei er zwischen lernziel- bzw. stofforientierten Ansätzen einerseits und problem- bzw. schülerorientierten Ansätzen andererseits unterscheidet und sich zudem auf Ansätze kritischer Politikdidaktik bezieht. Schließlich setzt sich Weißeno mit empirischen Befunden zur Situation politischen Lernens in der Schule und mit Fragen politischer Sozialisationsforschung auseinander.

Während Weißeno Lernertypen und Lernerdidaktiken aus den Überlegungen von Schülerinnen und Schülern über den Unterricht entwickelt, konzentriert sich Schelle in ihrer Arbeit „Schülerdiskurse über Gesellschaft" zunächst auf die Auswertung von inhaltsorientierten Verabeitungsprozessen und Sichtweisen von Jugendlichen, die diese auf „der Grundlage gesellschaftspolitischer Thematisierungen in Gruppengesprächen weitgehend selbständig entwickeln" (1995, 20). In einem zweiten Schritt sollen dann die methodischen und didaktischen Kompetenzen von Schülerinnen und Schülern rekonstruiert werden. Im Unterschied zu Weißeno, für den fachdidaktische Theoriebezüge zentraler sind, orientiert Schelle ihr Theoriedesign stärker an theoretischen und methodischen Konzepten rekonstruktiver Sozialforschung, insbesondere an den Überlegungen von Bohnsack zur dokumentarischen Methode der Interpretation. Schelle entwickelt zwar auch eine fachdidaktisch orientierte Check-Liste zur Auswertung der Interviews, die sie allerdings nicht systematisch im Kontext fachdidaktischer Theorien entwickelt, begründet und verarbeitet.

1.2. Methoden der Datenerhebung und -interpretation

Weißeno hat außer einem Gruppeninterview vor allem 27 Einzelinterviews mit Schülerinnen und Schülern unterschiedlicher sozialer Herkunft (19 Schüler, acht Schülerinnen) geführt. Zu den Problembereichen, die dabei in freien, schwach vorstrukturierten, problemzentrierten Interviews abgefragt werden, gehören: Genese des Interesses an Politik, Einflüsse des Elternhauses und der peer-group, Interessengebiete im Fach Politik, Beurteilung der Lehrstile sowie fachdidaktische Konzepte, Methodik, Bewertung des Schulfaches Politik und Perzeption der Inhalte.

Die Auswertung der Interviews vollzieht sich auf zwei Ebenen: Erstens Nachvollziehen und Interpretation von drei ausgewählten Einzelinterviews um zu Lernertypen zu gelangen. Die Lernertypen werden zunächst anhand von drei ausgewählten Interviews nachgezeichnet. Zweitens sollen die bereits ermittelten didaktischen Gesichtspunkte auf der Grundlage aller Interviews akzentuiert werden (ebd., 133). Bei der Deutung der Interviews bezieht sich Weißeno auf die Methode der dokumentarischen Interpretation von Garfinkel (ebd., 115).

Schelles Untersuchung basiert überwiegend auf 16 Gruppeninterviews mit Hauptschülern und bezieht darüber hinaus Unterrichtseindrücke mit ein, die durch teilnehmende Beobachtung gewonnen wurden. Methodisch nachvollziehbar sind vor allem die Interpretationen der Interviews, die nach der Methode der dokumentarischen Interpretation explorativ und rekonstruktiv ausgedeutet werden, weniger die Ergebnisse der teilnehmenden Beobachtung. Kernstück der Arbeit bilden fünf Diskursbeschreibungen entlang der Focussierungsmetaphern Betroffenheit, eigene Meinung/Faszination, Kultur, Asyl/Geld/Steuern/Arbeitslosigkeit, Informationen/Heimat.

1.3. Ergebnisse

a) Beschreibungen des alltäglichen Politikunterrichts: Die Bedeutung der Untersuchungen von Weißeno und Schelle für die Beschreibung der Unterrichtswirklichkeit aus der Perspektive von Schülerinnen und Schülern ist evident. Das gilt zunächst für die Unterscheidung unterschiedlicher Lernertypen. Weißeno differenziert zwischen drei Lernertypen, die sich hinsichtlich unterschiedlicher Sozialistionsbedingungen und Lernerdidaktiken von einander abgrenzen lassen (vergl. Tab. 1). Schelle ergänzt Weißenos Lernertypen durch fünf weitere Lernertypen (vergl. Tab. 2).

Tab. 1: Lernertypen bei Weißeno

	Politischer Lernertyp	Soziologischer Lernertyp	Ökonomischer Lernertyp
Sozialisations-bedingungen	starke Hinwendung zum Elternhaus; politisiertes Elternhaus	Sozialisation im Kontext eines Netzwerkes: geringer Einfluss der Familie; Bedeutung von Schule, peer-group und eigener Meinungsbildung stärker	enge Beziehung zu den Eltern (oft aus kaufmännischen Berufen)
Lernerdidaktik	diskurs-, problem- und konfliktorientierter Fokus auf klassische Politik; auf Herrschafts- und Machtfragen, makrosoziologische Themen; Bereitschaft zu politischen Gesprächen; Anwendungsorientierung und praktischer Nutzen; kategoriale Orientierung	sozialpsychologische Grundeinstellung; hohe Bedeutung von Identitätsfragen und Persönlichkeitsentwicklung; offen gegenüber politischen Themen; anwendungsorientierter Unterricht; Ziel ist Urteils- und Handlungsfähigkeit im System	Stofforientierung; an Fakten interessiert; institutionenkundliche Themen und Wissen; rezeptives Lernen; eher politische als soziologische Themen; Distanz gegenüber Betroffenheit

Tab. 2: Lernertypen nach Schelle

kultureller Lernertyp	historischer Lernertyp	distanzierter Lernertyp	faszinierter Lernertyp	betroffener Lernertyp
thematische Verarbeitung wird durch sozio-kulturellen Hintergrund bestimmt	Orientierung an Geschichte	abwägende und sachbezogene Argumentation; Fähigkeit für offene Fragen (z.B.„da gibt's 'ne Menge Fragen, aber keine Antworten")	Verkürzung des historischen Zusammenhanges; Mangel an Empathie und Halbwissen, deutschlandzentrierte Sichtweisen; Wahrnehmung ist an Autoritäten, Sensationen und Superlativen ausgerichtet (z.B. Schüler und Schülerinnen, die beeindruckt sind von der Person Hitlers und seiner Idee „so ein großes Lager zu bauen")	z.B. tatsächlich Betroffene; zögernde, ablehnende, neutralisierende, selbstinitiierende Argumentationen

Ein zweiter Beitrag dieser Forschungen für die Beschreibung von Unterrichtswirklichkeit liegt darin, dass Weißeno und Schelle nachweisen, dass die unterschiedlichen Lernertypen durchaus gemeinsame Vorstellungen von einem guten Politikunterricht entwickeln, z.B. die Präferenz für einen aktuellen, kontroversen, problemorientierten und diskursiven Unterricht, der Emotionalität und Rationalität verbindet.

Dass Jugendliche mehr zu sagen haben, als sie im Unterricht sagen, ist ein dritter Ertrag insbesondere der Arbeit von Schelle: Im Unterschied zum Unterricht, so ihr Fazit, diskutieren die Jugendlichen in den Interviews inhaltsbezogen, sie verfügen über Wissensbestände und Informationen, sie argumentieren mit zentralen sozialen und politischen Kategorien und sie sind in der Lage, die eigenen Gedanken durch Beispiele, Fälle, Analogien und Gegenüberstelllungen zu erläutern. Eine Crux der Schule liegt darin, dass Schülerinnen und Schüler im Unterricht dümmer kreiert werden, als sie sind und dass sie gleichzeitig überfordert und unterfordert werden (z.B. unterschätzen Lehrer das Vorwissen von Schülern) (Schelle 1995, 330ff).

b) Theorie des Politikunterrichts: Während bei Schelle explizite Überlegungen zu einer Theorie des Unterrichts eher kurz und unsystematisch ausfallen, reflektiert Weißeno dieses Problem in der Zusammenfassung seiner Ergebnisse. Für eine fachdidaktische Theorie des Politikunterrichts ist z.B. eine politikdidaktische Konzeptionierung und Konkretisierung didaktischer Prinzipien wie Problem-, Wissenschafts-, Handlungsorientierung, exemplarisches Lernen oder Schülerorientierung wichtig. Weißeno bezieht sich in der Zusammenfassung seiner Untersuchungsergebnisse ausdrücklich auf solche fachdidaktischen Prinzipien. Lernerdidaktiken könnten für sich genommen zwar keine eigenständige Theorie erzeugen, doch können sie mit fachdidaktischer Theoriebildung vernetzt werden, wenn sie vor dem Hintergrund fachdidaktischer Prinzipien interpretiert werden. Lernerdidaktiken fungieren dann als „Beurteilungsgrundlage“ für die fachdidaktische Theoriebildung (1989, 364ff.) Beide Studien belegen, dass Lernerdidaktiken von Schülern zentrale Theorieelemente der Politikdidaktik beinhalten, z.B. die Orientierung an Schlüsselproblemen, die Diskussion von Wertentscheidungen und Methodenlernen, die Bedeutung eines offenen und diskursiven Unterrichts und Diskussionsklimas. Darüber hinaus helfen sie insbesondere, das Prinzip der Schülerorientierung, z.B. in Bezug auf Deutungsmuster, Interessen und Bedürfnisse von Schülerinnen und Schülern politikdidaktisch, konzeptionell und empirisch zu präzisieren.

c) Verbesserung von Unterricht und Ausbildung: In seiner Geschichte der politischen Bildung hat Walter Gagel Rolf Schmiederers Idee eines schülerorientierten Unterrichts aus den siebziger Jahren gewürdigt: Schmiederer rege dazu an, wenigstens zeitweise die Perspektive zu wechseln: weg von der Lehrerperspektive, hin zur Schülerperspektive. Er rege dazu an, sich in die Schüler hineinzudenken, ihre Interessen und Bedürfnisse überhaupt wahrzunehmen und zu überlegen, wie sie die Schule sehen. Insofern sei Schmiederers Konzeption ein Modell, es vermittelte dem Lehrer ein Bild, eine gedankliche Vorstellung von Unterricht. Dies könne als Regulativ wirken, als Aufforderung, den realen Unterricht diesem Bild anzunähern (Gagel 1994: 242). Diese Sichtweise von Schülerorientierung als einer „regulativen Idee“ (ebenda) lässt sich mit den Ergebnissen von Weißeno und Schelle produktiv weiterverfolgen. Die empirischen und konzeptionellen Ergebnisse der Untersuchungen zu Lernertypen und Lernerdidaktiken können Lehrenden, greifen sie die Ergebnisse auf, auch als „Lehrerdidaktiken“ dienen und dadurch sicherlich zur Optimierung von Unterricht im Sinne einer verbesserten Schülerorientierung beitragen.

Die Frage des Nutzens dieses Ansatzes qualitativer Forschung für die Lehrerausbildung wird von Schelle am Schluss ihrer Arbeit kurz aufgegriffen. Schelle schlägt dort vor, solche Interviews und ihre Interpretation als

„objektivierbare Arbeitsgrundlagen" zu verstehen, mit denen in der Lehrerausbildung fallorientiert gearbeitet werden könnte (Schelle 1995, 335).

2.0. Interpretative Unterrichtsanalysen in der Politikdidaktik

In der Politikdidaktik ist die interpretative Unterrichtsforschung ein Sammelbegriff, der Arbeiten verschiedener Richtungen und Ansätze umfasst. Der erste Ansatz zu einer rekonstruktiven Unterrichtsanalyse war das Videobuch von Gagel/Grammes/Unger (1992), in dem eine Unterrichtsstunde zum Thema Asyl in der 12. Klasse eines Gymnasiums dokumentiert und analysiert wird. Dieses Projekt soll Material liefern, mit dem es möglich wird:

- in Lehrerfortbildungskursen das Nachdenken über die eigene Praxis anzuregen,
- Studentinnen und Studenten eine Vorstellung über den Verlauf von Unterricht zu vermitteln,
- mit Referendaren Unterricht zu besprechen,
- an Beispielen die Realisierung von Theorieelementen zu verfolgen,
- das Unterrichten zu veranschaulichen (1992, 6f.).

Weitere Veröffentlichungen im Kontext interpretativer Unterrichtsforschung sind Grammes/Weißeno (1993), Bundeszentrale für politische Bildung (1997), Grammes (1998) Kuhn/Massing (1999) und Richter (2000). Im Kontext dieses Ansatzes sind in der Politikdidaktik bislang überwiegend Sammelbände zu einzelnen Unterrichtsstunden entstanden. Grammes' (1998) Entwurf einer „Kommunikativen Fachdidaktik" ist die einzige Monographie, die sich der interpretativen Unterrichtsforschung zurechnen lässt.

Angeregt worden sind interpretative Unterrichtsforschungen in der Politikdidaktik sicherlich durch Arbeiten aus der Pädagogik und der Mathematikdidaktik. Einen ersten Impuls zu einer interpretativen Unterrichtsforschung hat die Politikdidaktik durch Korings Untersuchung „Eine Theorie pädagogischen Handelns. Theoretische und empirisch-hermeneutische Untersuchungen zur Professionalisierung der Pädagogik" erhalten. Das zentrale Ziel einer empirisch-hermeneutischen Erziehungswissenschaft liegt für ihn in der Rekonstruktion der „Struktur pädagogischen Handelns und pädagogischer Situationen" durch „extensive Analyse und ausgewiesene qualitative Fallstudien"(1989, 335). Korings Fallrekonstruktion ist für die politische Bildung gerade deshalb interessant, weil er seine methodologischen Überlegungen zu einer empirisch-hermeneutischen Erziehungswissenschaft auf der Grundlage einer mehrschichtigen Interpretation und Analyse einer Sozialkundestunde entwickelt. Im Zentrum des empirischen Teils der Untersuchung von Koring steht ein Ausschnitt (3, 26 Minuten) aus einer Unterrichtsstunde (55 Min.) im Fach Sozialkunde in einer 9. Realschulklasse zum Thema „Entwicklungsländer – Entwicklungspolitik. Einführung in die Problematik der Unterentwicklung Brasiliens anhand des Comics ‚Marion unterwegs' ...".[3]

Ein zweiter Impuls für die politikdidaktische Unterrichtsforschung kommt aus der Mathematikdidaktik. Die verschiedenen Ansätze zu Interaktionsanalysen im Mathematikunterricht zeichnen sich besonders durch den Versuch aus, durch den Bezug auf unterschiedliche sozialwissenschaftliche Traditionen (symbolischer Interaktionismus, Ethnomethodologie, Phänomenologie) ein gemeinsames Begriffsinstrumentarium zur Analyse sozialer Interaktionen im Mathematikunterricht zu entwickeln. Die unterschiedlichen Begriffe werden in einer konstruktivistisch-interaktionistischen Grundthese aufeinander bezogen: „In der sozialen Interaktion des Mathematikunterrichts deuten Lehrer und Schüler Unterrichtsgegenstände und -prozesse auf der Grundlage verschiedener subjektiver Erfahrungsbereiche und in verschiedenen Rahmungen. Die Rahmungen werden durch Modulationen einander angepaßt, ohne dass sie sich decken müssen. Ein Arbeitsinterim wird somit im Verständigungsprozeß hergestellt. Sein Konfliktpotential wird durch Routinen entschärft. Die Routinen sind in der sozialen Interaktion durch Zugzwänge zu Interaktionsmustern verkettet" (Krummheuer/Voigt 1991, 16).

2.1. Qualitative Forschungsperspektive und theoretischer Bezug

Interpretative Unterrichtsforschung in der Politikdidaktik, das lässt sich exemplarisch an den Arbeiten von Grammes (1998), Kuhn/Massing (1999) und Richter (2000) zeigen, lässt sich als Versuch verstehen, eine Handlungstheorie des Pädagogischen oder Didaktischen durch Fallverstehen zu entwickeln. Dieser Kern interpretativer Unterrichtsforschung wird besonders deutlich von Grammes formuliert. Er will die „Problemstruktur fachdidaktischen Denkens exemplarisch an Fallbeispielen herausarbeiten" (1998, 102f.). Durch eine solche Kasuistik will Grammes „ein gemeinsames Gespräch über Unterricht verbessern, indem eine Referenz auf typische Stunden möglich wird" (ebd., 103). Seine theoretische Grundlage entwickelt Grammes in einer kommunikativen Theorie der Fachdidaktik, die von einer kommunikativen Konstituiertheit der Gegenstände im Lernfeld Gesellschaft (Politik, Ökonomie, Geschichte) ausgeht und deren Grundprinzip deshalb darin liegt, tote Sachverhalte in lebendige Gegenstände zurückzuverwandeln, was die professionelle methodische Kunst politischer Bildung auszeichnet. Durch eine rekonstruktive Interpretation von fünf Unterrichtsstunden will Grammes die fachdidaktische Bedeutung allgemeindidaktischer Prinzipien (z.B. Kategoriale Didaktik,

3 Die Stunde wurde 1979 im Didaktischen Zentrum der Universität Frankfurt aufgezeichnet und ging aus einer Unterrichtsvorbereitung hervor, die die unterrichtende Lehrerin gemeinsam mit einer Referendarin erarbeitet hatte.

Genetisches Lernen, Wissenschafts- und Handlungsorientierung) im Lernfeld Gesellschaft verdeutlichen.

In einem vergleichbaren kasuistischen Ansatz wollen Kuhn/Massing (1999) über die Analyse und Dokumentation einer Doppelstunde aus einer Unterrichtsreihe zur politischen Auseinandersetzung zum Paragraphen 218 sich mit der Frage auseinander setzen, was einen guten Politikunterricht kennzeichnet.

In dem von Dagmar Richter herausgegebenen Sammelband „Methoden der Unterrichtsinterpretation. Qualitative Analysen einer Unterrichtsstunde ‚Ritter- und Bauernkinder im Vergleich zu heutigen Mädchen und Jungen'" wird eine Unterrichtstunde, die in einer dritten Grundschulklasse im Rahmen einer Unterrichtseinheit (fünf Stunden) zum Thema „Mädchen und Jungen – früher und heute", gehalten wurde, von der Lehrerin selbst und von 12 Politikdidaktikern interpretiert. Die Stunde wird unter fachdidaktischen Problemstellungen analysiert, die inhaltlich allerdings sehr unterschiedlich gewählt werden und sich z.B. auf Fragen historisch-politischen Lernens, auf Professionalisierungsdefizite, auf den für Lernen notwendigen Deutungsspielraum, auf kategoriales Lernen, auf das Problem der Privatheit, auf Geschlechterfragen oder auf die Analyse des Unterrichtsmaterials beziehen (2000).

Die drei Beispiele verdeutlichen, dass es trotz aller Unterschiede wichtige Gemeinsamkeiten in Bezug auf Forschungsperspektive und theoretischen Bezug gibt: Ein wesentliches Merkmal der interpretativen Unterrichtsforschung ist ihre Fokussierung auf alltägliche Unterrichtsprozesse. Im Zentrum interpretativer Unterrichtsforschung in der Politikdidaktik steht dabei – wie in der Mathematikdidaktik – die Untersuchungsfrage, wie „eine Lerngruppe ihren Unterrichtsalltag herstellt"(Krummheuer/Naujok 1999, 19). Interpretative Unterrichtsforschung untersucht das „Wie der interaktiven Aushandlungsprozesse bzw. der interaktiven Handlungsprozesse", die Prozesse des „Sinn-Machens" im Unterricht, der interaktiven Hervorbringung von Bedeutungen, Handlungen, Handlungsmustern, jeweils unter den Bedingungen des Alltags um „Bedingungen der Veränderbarkeit von Unterricht zu identifizieren" (ebd., 25).

2.2. Methoden der Datenerhebung und -interpretation

Zunächst ist interessant, dass interpretative Unterrichtsanalysen von Politikstunden, die sich durch ein systematisch durchgehaltenes Theorie- und Methodendesign auszeichnen, aus der Pädagogik bzw. Soziologie kommen. Korings Interpretation der Stundensequenz greift theoretisch und methodisch auf Grundsätze der objektiven Hermeneutik zurück, „bei der es darum geht, aus mehreren Deutungen und Interpretationen (Lesarten) zu einem Gegenstand übergreifende Strukturen als die dem objektiven Sinngehalt am ehesten entsprechenden zu extrapolieren" (vergl. Schelle 1995, 14). Königs Analyse einer Analyse einer Unterrichtsstunde mit einer Zeitzeugin des Nationalsozialismus in einer 10. Klasse unter dem Titel „Pädagogisches Moralisieren nach Auschwitz" (1998) ist eine tiefenhermeneutische Rekonstruktion dieser Unterrichtsstunde.

Die interpretativen Analysen aus dem engeren Kreis der Politikdidaktik fallen disparater aus. Als Grundlage der Interpretation stehen zumeist Videoaufzeichnungen und Transkripte einzelner Unterrichtsstunden oder von Doppelstunden zur Verfügung. Gagel/Grammes/Unger ergänzen die Unterrichtsaufzeichnungen durch Datenmaterial, das sie mit der Methode des „Nachträglichen Lauten Denkens" gewonnen haben und in dem Lehrer und Schüler die Stunde einschätzen. Auch Kuhn/Massing (1999) ergänzen das reine Unterrichtsmaterial durch die Unterrichtsvorbereitungen und -analysen des Lehrers und durch Kommentare von Ausbildungsleitern, die die Doppelstunde beurteilen mussten. In gewisser Weise wird hier Korings Ansatz unterschiedlicher Archivschichten der Unterrichtsinterpretation (Archivschicht 1: Die Unterrichtswirklichkeit; Archivschicht 2: Studentische Interpretationen; Archivschicht 3: Die Akteure berichten; Archivschicht 4: Wissenschaftler interpretieren) wieder aufgegriffen.

Grammes entwickelt seine „Kommunikative Fachdidaktik" auf der empirischen Basis von fünf Referenzstunden, die bereits vorher veröffentlicht und dokumentiert wurden. Er selbst bezeichnet seine Analysen als „explorative Argumentationsanalysen, die weitergehenden methodischen Ansprüchen qualitativer Forschung (z.B. objektive Hermeneutik, linguistische Gesprächsanalyse) ... nicht genügen" (Grammes 1998, 104f.). Seine Analysen lassen sich vielleicht als ein nicht systematisches, dennoch materialsensibles Vorgehen im Rahmen von theoretischen Positionen und als assoziative Argumentation beschreiben. Kuhn/Massing (1999) stützen ihre Analysen überwiegend auf den Dreischritt von Verstehen, Auslegen, Anwenden einer politikdidaktischen Hermeneutik. Obwohl dieser hermeneutische Ansatz sich auch in Richters Sammelband öfter wiederfindet, ist diese Publikation interpretativer Unterrichtsforschung durch sehr unterschiedliche methodische Zugänge geprägt (Richter 2000).

Trotz solcher Heterogenität lassen sich in Bezug auf die Methoden der Datenerhebung und -interpretation im Anschluss an Henkenborg/Kuhn (1998b) dennoch Gemeinsamkeiten interpretativer Unterrichtsforschung in der Politikdidaktik feststellen:

a) Die theoretische Grundannahme, dass Lernen und Lehren konstruktive Aktivitäten sind, gehört zu den Leitideen der meisten Ansätze.

b) Politikdidaktiker/innen brauchen, um in kontrollierbarer Form interpretieren zu können, „mehr als nur flüchtige Daten". Sie brauchen „geronnene, fixierte, hin- und herwendbare, immer wieder in objektivierbarer Form vergegenwärtigbare Daten."

c) Die „Daten" des Politikdidaktikers/der Politikdidaktikerin sind – im weitesten Sinne – Texte (mündliche Äußerungen im Unterricht, Diskussionen, Klausuren, Interviews, Planungsentwürfe, Dokumente wie Tafelbilder, Sitzpläne usw.). Auch Beobachtungsprotokolle und Aufzeichnungen (Fotos, Tonbänder, Videos) zählen dazu. Für die in den Interpretationsprojekten verwendeten Materialien gilt, dass sie von den Politikdidaktikern (bzw. dem Lehrer) als Dokumente selbst produziert werden mussten (Video, Transkripte, Planung). Das Unterrichtsvideo sowie der Mitschnitt der Gruppendiskussion mussten vertextet werden. Damit beginnt die Auswertung der Daten genau genommen schon bei der Herstellung künstlicher „Dokumentationen". In diesem Herstellungsprozess vollzieht sich eine erste Interpretation.

d) In einem hermeneutisch verständigen Sinne „kontrolliert" interpretiert werden, können somit nur Texte. Die Politikdidaktik als Sozialwissenschaft ist eine „textbedürftige Wissenschaft."

e) Charakteristisch ist ein rekonstruktives Vorgehen der Auslegung und Analyse von beobachteten und verschriftlichten Unterrichtsprozessen. In der Politikdidaktik wird vielfach mit einem dreistufigen Interpretationsschema gearbeitet, das auf der Ebene der Beschreibung beginnt, dann Bedeutungen rekonstruiert und auf der dritten Ebene Interpretationen vornimmt. Kuhn spricht sogar von einer politikdidaktischen Hermeneutik als einem hermeneutischen Dreischritt von Verstehen (geistiges Nachkonstruieren fremder Handlungen), Auslegen (Interpretation in einem pädagogisch-didaktischen Zusammenhang) und Anwenden (Bewertung durch fachdidaktische Kriterien) (Kuhn 1999, 196ff.).

f) Wenn der Zusammenhang von sozialwissenschaftlicher und politikdidaktischer Hermeneutik thematisiert wird, stellt sich auch die Frage nach der Untersuchungseinheit. Die Mehrzahl der Teilnehmer/innen des Workshops arbeitet mit Sequenzanalysen sowie mit Analysen von Einzelstunden. Die Phasenstruktur von Unterricht legt es nahe, spezifische Sequenzen (Schlüsselszenen) herauszufiltern, um im Nachvollzug und Auslegen charakteristische Aspekte oder Probleme zu ermitteln.

g) Übereinstimmung besteht auch in der Erfahrung, dass sozialwissenschaftliche Hermeneutik ihren Gegenstand „verfremdet" durch künstliche „Dummheit und Langsamkeit". „Dummheit" liegt in unserem Zusammenhang im Versuch, alltäglichen Politikunterricht als etwas Fremdes, Neues wahrzunehmen, quasi einen ethnologischen Blickwinkel einzunehmen, „Langsamkeit" besteht darin, reflexive Schwellen einzubauen, um text-immanente Bedeutungen zu rekonstruieren, statt vorschnell Schubladen-Kategorisierungen vorzunehmen.

2.3. Ergebnisse

a) Beschreibungen des alltäglichen Politikunterrichts: Der Ertrag interpretativer Unterrichtsforschung für die Beschreibung des alltäglichen Politikunterrichts lässt sich unter drei Gesichtspunkten systematisieren. Ein erstes Problem, auf das interpretative Unterrichtsforschung aufmerksam macht, ist die Gefahr eines unpolitischen Politikunterrichts. Die Analysen etwa von Grammes/Weißeno (1993), Weißeno/Massing (1995), Kuhn/Massing (1999) zeigen, dass die Gefahr eines „unpolitischen Politikunterrichts" dann entsteht, wenn es Lehrerinnen und Lehrern im alltäglichen Politikunterricht schwerfällt, das Politische der Gegenstände und Themen des Politikunterrichts herauszuarbeiten.

Ein zweiter Beitrag interpretativer Unterrichtsforschung in der politischen Bildung liegt sicher in der kritischen Auseinandersetzung mit Tendenzen des Formalismus, Schematismus und didaktischem Konventionalismus im alltäglichen Politikunterricht. Grammes zeigt durch den Bezug auf Diskurstheorien von Habermas und Foucault, dass es im Unterricht zu unbeabsichtigten Diskursausschlüssen kommt: „Die Referenzstunden zeigen das strukturelle Risiko des Unterlaufens von Diskursivität in gesellschaftlich-politischen Lernprozessen. Herausgearbeitet wird eine Tendenz zu pädagogischem Fundamentalismus, eine strukturelle Tendenz zu Eindeutigkeit unter Verzicht auf Deutungsspielräume der Tradition, da die Mehrdeutigkeit unerträglich erscheint. Dem korrespondiert eine Verweigerung des Diskurses mit Andersdenkenden im Dienste der Effizienz von Lernprozessen paradoxerweise gerade dort, wo didaktisch und unterrichtspraktisch Dialog reklamiert wird." (Grammes 1998, 102). Eine Pointe seiner Untersuchungen liegt in der These, dass solche Diskursausschlüsse quer zu Unterscheidungen von sog. „affirmativen" und „emanzipatorischen" Intentionen liegen. Sie entstehen vielmehr aus einem Widerspruch zwischen progressiven Intentionen und konventionellem pädagogischem Handeln (vgl. auch Combe/Helsper 1994)[4].

In einer solchen Kritik des alltäglichen Politikunterrichts ist eine dritte Ertragsebene interpretativer Unterrichtsforschung angelegt, die darin besteht, auf Professionalisierungsdefizite von Lehrerinnen und Lehrern aufmerksam zu machen bzw. Formen gelingenden professionellen Deutungslernens zu identifizieren. Bereits Koring hat in seiner Arbeit wichtige Professionalisierungsdefizite bei Lehrerinnen und Lehrern herausgearbeitet, besonders deren „Schlagwortbedürfnis", die starke „Programmorientierung" (ebd., 319f), den

---

4 Ähnlich schreiben Combe/Helsper: „Auffällig ist nun in den rekonstruierten Fällen, in welch hohem Maße Unterrichtsabläufe und erzieherische Interaktionen von einem Modell kalkulierten zweckrationalen Handelns und Planens bestimmt sind. Für eine stärkere Betrachtung einer moralischen und ästhetisch-kreativen – hermeneutischen – Komponente scheint im Rahmen der sachlichen Kooperation des Unterrichts, angesichts eines vermeintlich vorausberechenbaren Plan-Solls, nur in seltenen Fällen Raum" (1994, 212).

Widerspruch zwischen liberalem Selbstverständnis und autoritärem Verhalten (ebd., 282) und die Tatsache, dass „die Schüler projektiv dümmer ´kreiert´(werden), als sie tatsächlich sind", weil in ihren Deutungen weitreichendere Impulse angelegt sind als in den Planungen der Lehrerin (ebd., 282ff). Den Kern des Professionalisierungsdefizits verankert er pädagogisch in einer fehlenden Aufmerksamkeit für die interaktive Struktur und Dynamik von Lernprozessen und in einem Deutungsdefizit gegenüber den Themenverarbeitungsprozessen von Schülerinnen und Schülern (ebd.).

Weitere Defizite liegen z.B. dann vor, wenn eine klare fachdidaktische Perspektive (z.B. durch Modulierung eines Problems oder Konflikts) als Rahmung des Unterrichts fehlt (Grammes 1998, 328), wenn Medien nicht als Katalysatoren einer kontroversen und multiperspektivischen Gegenstandssicht genutzt werden, sondern als eine „Art Evidenzbeweis für die Richtigkeit einer bestimmten Weltsicht" (ebd., 315), wenn der Lehrer nicht über Methoden zur Gestaltung explorativer Unterrichtsphasen verfügt (ebd., 325f). So entsteht das Bild eines unpolitischen Politikunterrichts, der bei „der Bestätigung von bereits zuvor Gewußtem" stagniert (ebd., 324) und in dem die Politiklehrer „den Gehalt der Themen und der Deutungen der Lernenden nicht ausschöpfen, sondern diesen entgegen den eigenen Intentionen entpolitisieren" (Grammes 1998, 299) und Schüler in die Rolle von „Kreuzworträtsellösern" und „didaktischen Rekonstrukteuren" drängen (ebd., 301).

Weitere Professionalisierungsprobleme entstehen schließlich, folgt man z.B. der tiefenhermeneutischen Rekonstruktion von König (1997; 1998) oder einer interaktionistischen Unterrichtsinterpretation (Henkenborg 2000), wenn der alltägliche Politikunterricht durch pädagogische Verkehrsformen dominiert wird, die durch Missachtung statt durch gelingende Anerkennungsbeziehungen gekennzeichnet sind. Die Missachtung der Anerkennungsbedürfnisse durch Belehrung, Moralisierung oder Überwältigung verhindert, dass der Unterricht zu einem tatsächlichen Versammlungsort von und zu einem ernsthaften Auseinandersetzungsort mit politischen Deutungsmustern von Schülern und Schülerinnen wird.

b) Theorie des Politikunterrichts: Die Frage, inwiefern die Ansätze interpretativer Unterrichtsforschung zu einer Theorie des Unterrichts beigetragen haben, ist nicht einfach zu beantworten. Bei Grammes sind die empirischen Unterrichtsanalysen sicher ein Beitrag zur Entwicklung einer eigenständigen fachdidaktischen Theorie, die als konstruktivistisch orientierte kommunikative Fachdidaktik bezeichnet werden kann. Walter Gagel misst der Arbeit von Grammes eine fast epochenkonstituierende Qualität zu, weil sie u.a. der Fachdidaktik durch die interpretative Unterrichtsforschung ein empirisches Fundament verleihe und eine didaktische Theorie des sozialwissenschaftlichen Lernbereiches konstituiere. (Gagel 1998, 519ff; vergleiche kritisch Detjen 1999, 130ff.). Die verschiedenen Sammelbände, die in der Politikdidaktik entstanden sind, haben sicherlich nicht zu einer vergleichbaren konsistenten Theorieentwicklung geführt, gleichwohl aber zu einer fachdidaktischen Theoriebildung beigetragen, z.B. zur Weiterentwicklung kategorialer Politikdidaktik, zu einer Theorie politikdidaktischer Professionalität von Lernen und Lehren und zu politikdidaktischen Theorien über die Entwicklung politischer Urteilsfähigkeit im Politikunterricht.

c) Verbesserung von Unterricht und Ausbildung: In den Beschreibungen des alltäglichen Politikunterrichts liegt sicherlich auch Potential, dass sich für eine Verbesserung des Unterrichts und als Material für die Lehrerausbildung nutzen lässt. Interpretative Unterrichtsanalysen übernehmen hier zunächst die Funktion der Kritik, durch die Lehrerinnen und Lehrer lernen können, „sich als reflektierende Praktiker in den Beispielen wiederzuerkennen ..., um ihr Theoretisieren zu verbessern." (Grammes 1998, 104). Grammes versucht darüber hinaus, seine Referenzstunden durch eine Alternativplanung zu einer Lehrkunstdidaktik weiterzuentwickeln, bei der die Struktur fachdidaktischen Denkens in positiven Musterbeispielen erkennbar sein soll (ebd., 804ff.).

Die Funktionen der interpretativen Unterrichtsforschung insbesondere für die erste Phase der Lehrerausbildung werden besonders in den Arbeiten von Gagel/Grammes/Unger (1992) und von Kuhn/Massing (1999) deutlich, die einerseits reichhaltiges Material für Ausbildungssituationen liefern und andererseits jeweils praktische Trainingsvorschläge für die Ausbildung von Politiklehrern enthalten.

3.0. Qualitative Analysen zum Professionswissen von Lehrerinnen und Lehrern

In Politikdidaktik sind die Alltagstheorien von Lehrerinnen und Lehrern bislang vernachlässigt worden.[5] Solche Alltagstheorien lassen sich als Professionswissen (professionelles Wissen) von Sozialkundelehrerinnen und -lehrern beschreiben. Die fachdidaktische Bedeutung dieses Professionswissens von Sozialkundelehrern und -lehrerinnen über den alltäglichen Sozialkundeunterricht liegt darin, dass sie eine eigene Kultur, d.h. ein eigenes praktisches Handlungswissen (strategic knowledge) über Planung und Durchführung des Unterrichts entwickelt haben (vgl. Henkenborg 1998c).

In der Politikdidaktik gibt es bislang besonders drei Ansätze, das Professionswissen von Lehrerinnen und Lehrern zu erschließen: Erstens qualitative Interviews mit Fachleitern (Weißeno 1998), zweitens Untersuchungen zur Politikwahrnehmung von Lehramtsstudentinnen und -studenten (Richter 1996) und schließlich in Anlehnung an Taxonomien des Lehrerwissens Untersuchungen zum Professionswissen von Lehrerinnen und Lehrern um „Kämpfe

5 Dazu Grammes: „Wie vor Ort im täglichen Politikunterricht immer schon ausgewählt ... begründet und bewertet ... wird, darüber wissen wir wenig". Durch die Missachtung der Alltagstheorien der Praktiker verschenke die Fachdidaktik in erheblichem Maße Wissensressourcen derjenigen, die im Politikunterricht alltäglich handeln (1990, 193).

um Anerkennung“ im alltäglichen Politikunterricht (Henkenborg 1998c). Der letzte Ansatz soll hier exemplarisch für dieses qualitative Forschungsfeld der Politikdidaktik vorgestellt werden, indem erste Vorstudien und ein aktuelles Forschungsprojekt skizziert werden.

3.1. Qualitative Forschungsperspektive, Theoriebezug und Methode

Wenn die Politikdidaktik, wie oben bereits erwähnt, eine Sozialwissenschaft ist, die politisches Lehren und Lernen empirisch und normativ mit dem Erkenntnisinteresse untersucht, die Bedingungen für die Möglichkeit von Lernprozessen aufzuklären, die Demokratie lernen durch die Entwicklung politischer Mündigkeit fördern, heißt eine ihrer entscheidenden Fragen: Worin liegen die Bedingungen der Möglichkeit von Demokratie lernen als Entwicklung politischer Mündigkeit? Im Anschluss an moderne Anerkennungstheorien (Honneth 1994) und an die interaktionistische Schultheorie (Brumlik/Holtappels 1993) lautet die Antwort: Damit „Demokratie lernen“ gelingen kann, setzt politische Bildung eine Kultur der Anerkennung voraus, die sich durch soziale Wertschätzung, emotionale Zuwendung und kognitive Achtung auszeichnet.

Ein wichtiger empirischer Ansatzpunkt für eine politikdidaktische Pragmatik des „Demokratie lernens“ als Kultur der Anerkennung ist das Professionswissen von Lehrerinnen und Lehrern über die Kultur(en) der Anerkennung im alltäglichen Politikunterricht. Die Leitfrage qualitativer Forschung ist daher, welches Professionswissen Lehrerinnen und Lehrer darüber besitzen, wie sich „Demokratie lernen“ als Kultur der Anerkennung in Schule und Unterricht verwirklichen lässt und welche Formen emotionaler Zuwendung, kognitiver Achtung und sozialer Wertschätzung den alltäglichen Politikunterricht empirisch bestimmen und normativ sinnvoll sind. So zeigen qualitative Interviews, dass Lehrerinnen und Lehrer ein intuitives Professionswissen über gelingende und misslingende Anerkennungskämpfe im Politikunterricht besitzen: z.B. über Formen emotionaler Zuwendung (z.B. echt sein; Ärger austragen; Kinder lieben, sonst kriegt man nichts hin), über Formen sozialer Wertschätzung (z.B. dass man sie so annimmt wie sie sind) und im zweiten Ankerbeispiel über Formen kognitiver Achtung (dass Kinder die Chance haben selber etwas einzubringen).

Empirische Grundlage des Projekts sind 20 Interviews mit Politiklehrerinnen und -lehrern aus Sachsen und Hessen, die nach unterschiedlichen Merkmalen (politische Generationen, Schultyp, Alter, Geschlecht) ausgewählt wurden. Die Interviews werden nach der Methode der qualitativen Inhaltsanalyse (Mayring 2000) ausgewertet.

3.2. Ergebnisse[6]

a) Beschreibung des alltäglichen Politikunterrichts: Zu den grundlegenden Unsicherheiten pädagogischer Tätigkeit gehört das Problem, welche Form das pädagogische Mandat von Lehrerinnen und Lehrern in der heutigen Gesellschaft professionalisierungstheoretisch annehmen muss, kann oder soll. Ganzheitlichen Ansätzen, die für eine Sozialpädagogisierung der Schule oder für die Schule als Erlebens- und Erfahrungsraum plädieren und das pädagogische Mandat in einem ganzheitlichen Professionsverständnis verankern, stehen in der Pädagogik pragmatische Ansätze gegenüber, die die Aufgabe der Schule auf Unterrichten und das pädagogische Mandat der Lehrer auf die Rolle des Lernhelfers oder Moderators begrenzen wollen (Terhart 1996; Henkenborg 1997a). In der fachdidaktischen Diskussion hat Hermann Giesecke die Rolle und Funktion von Politiklehrern beschrieben. Er sieht sie als erwachsene politische Bürger, die sich ihrer politischen Identität klarer sind als Schüler und Kollegen, als Repräsentanten der Schule, als Wissenschaftler bzw. als wissenschaftliche Experten für ihr Fach und als Berater (persönliche Berater, Bildungsberater und politische Berater). Wolfgang Sander fordert, mit Giesecke durchaus vergleichbar, dass Lehrer und Lehrerinnen einen „Teil der Welt repräsentieren" sollen, d.h. eine Bürgerrolle (Aufmerksamkeit für und Teilnahme an Politik), eine Bildungsidee (Schülern den Sinn des Lernens verdeutlichen können) und eine Erwachsenenrolle (Sander 1997, 12ff.). Die Interviews zeigen, dass sich die Grenzen pädagogischer Tätigkeit im alltäglichen Politikunterricht offenbar schwerer bestimmen lassen als die theoretische Abgrenzung zwischen dem Lehrer als ganzheitlichem Erzieher einerseits und dem Lehrer als Lernhelfer andererseits. Relativ unabhängig von solchen Abgrenzungen gibt es gute Gründe dafür, in der Fähigkeit und Bereitschaft von Lehrerinnen und Lehrern zur Solidarität mit ihren Schülern und Schülerinnen einen Kern pädagogischer Tätigkeit im Politikunterricht und damit auch der Erwachsenenrolle im Politikunterricht zu sehen. Das hängt eng mit der Dimension der emotionalen Zuwendung zusammen. Die Interviews enthalten nämlich ganz überwiegend Hinweise auf eine „minima paedagogica" emotionaler Zuwendung, ohne die pädagogische Tätigkeit im Politikunterricht offensichtlich nicht gelingen kann. Jedenfalls lassen sich in den Interviews (übereinstimmende) Aussagen finden, die sich z.B. mit den bei Rogers (1984) formulierten Prinzipien einer hilfreichen Beziehung verbinden lassen a) Authentizität und Transparenz (Verlässlichkeit und Echtheit, den eigenen „Schatten" akzeptieren, eigene Abgrenzung) b) Warmes akzeptieren und Schätzen des Anderen als eigenständiges Individuum (kein Bedürfnis nach Wertung) und c) Einfühlung als Fähigkeit, den Anderen und seine Welt mit seinen Augen zu sehen (Bedeutungen erkennen, Sensibilität weiterentwickeln, Bereitschaft auf andere einzugehen).

---

6 Die Darstellung der Ergebnisse bezieht sich auf Vorstudien zu dem aktuellen Projekt (vergl. Henkenborg 1998c; Henkenborg 1997).

Während entgegenkommende Formen emotionaler Zuwendung sehr deutlich werden, spielen Formen emotionaler Zuwendung im Sinne von „Grenzen" und „Individuation gegen" in den Interviews eine geringe Rolle.

Die Bildungsidee des Politikunterrichts lässt sich durch die Leitidee politischer Mündigkeit beschreiben. Nach Sander hat die Politikdidaktik inzwischen ein Paradigma herausgebildet, zu dessen geteilten Selbstverständlichkeiten auch die Leitidee der Mündigkeit gehört: Nur solche Formen normativer Grundlegung politischer Bildung sind legitim, die ihrerseits mit den normativen Gegebenheiten liberaldemokratischer Gesellschaften vereinbar sind und die Prinzipien einer offenen, pluralistischen, subjektbezogenen Erziehung in sich selber verkörpern. Tatsächlich finden sich in den Lehrerinterviews einerseits viele Hinweise dafür, dass diese Idee der Mündigkeit im alltäglichen Politikunterricht wirklich normal geworden ist, andererseits zeigt sich auch, dass die These vom Paradigma Mündigkeit in Bezug auf den alltäglichen Politikunterricht doch sehr allgemein formuliert ist. Zwar findet sich dieses Paradigma in Interviewaussagen von Lehrerinnen und Lehrern wieder, doch bilden sich innerhalb dieses Selbstverständnisses sehr unterschiedliche Lehrertypen aus, die jeweils sehr eigensinnige normative Alltagskonzepte verfolgen.

Der Typ „Tradition" etwa orientiert sich an einem ganzheitlichen Professionsverständnis und unterstellt, dass seine Kollegen an der Schule Nutzen und Ziele der Sozialkunde entlang der Rahmenpläne bestimmen, mit denen sie, wie er es nennt „groß geworden" sind: z.B. Erziehung zur Selbständigkeit, Mündigkeit, Kritikfähigkeit. Dieser Typ bezieht sich zwar auf Ziele, die sich mit dem Paradigma Mündigkeit verbinden lassen, gleichzeitig bezeichnet er diese Ziele jedoch als Schlagworte und räumt ein, dass er eine gemeinsame Diskussion über diese Ziele an der Schule – immerhin eine bundesweit beachtete hessische Reformschule – bislang nicht erlebt hat.

Der Typ „Moderator" orientiert sich an einer „Philosophie des Politikunterrichts", die sich durch eine komplexe Mischung unterschiedlicher Merkmale auszeichnet. Er verfolgt formale Ziele (eigenständige Urteilsbildung) ist diskursiv, methoden- und problemorientiert. Ein ganzheitliches Erziehungsverständnis lehnt der Typ Moderator nachdrücklich ab. Die Aufgabe des Lehrers als Moderator liegt darin, den Prozess der Urteilsbildung dadurch zu unterstützen, dass er eine kommunikative Lernatmosphäre herstellt und seinen Schülerinnen und Schülern geeignete Methoden und Materialien anbietet.

Der Typ „Interessen" orientiert sich theoretisch und auch unterrichtspraktisch stark an einem traditionellen, um Interessen und Engagement zentrierten Politikverständnis. Beim Typ „Wissensvermittler" steht die Wissensvermittlung im Zentrum des Unterrichts.

Interessant ist, dass z.B. der Typ Moderator und auch der Typ Tradition den Zusammenhang von Subjektbezogenheit und Gesellschaftsbezogenheit im Begriff der Mündigkeit auflösen und sich auf ein subjektives Verständnis von Mündigkeit konzentrieren. Alleine beim Typ Interessen lässt sich diese

Dimension rekonstruieren. Hinzu kommt, aber das kann ich hier nur andeuten, dass der Begriff der Mündigkeit:

- auf die Dimension der Autonomie verengt und die Dimension der Verantwortung und Bindung selten mit formuliert wird;
- Zielfragen im Planungshandeln nur eine untergeordnete Rolle einräumt (Implikationszusammenhang);
- die affektiv-habituelle Dimension ebenfalls nur eine geringe Rolle spielt.

Ebenfalls erscheint die Frage, was denn nun das Proprium des Faches ist, nicht nur als abgehobene Diskussion der wissenschaftlichen Fachdidaktik, sondern als reales Alltagsproblem, an dem sich Scheitern oder Gelingen des Politikunterrichts (mit)entscheidet. Die Erneuerung des Politikunterrichts ist nicht alleine eine Frage einer anderen Lernkultur, sondern auch eine Frage, ob es dem Fach gelingt, seinen Nutzen und sein inhaltliches Profil zu konkretisieren. Untersuchungen zum Professionswissen transportieren dadurch wichtige Hinweise für eine weitere Professionalisierung politischer Bildung, die eine Kultur der Anerkennung verwirklichen will.

b) Theorie des Politikunterrichts: Die Idee der Anerkennung kann in Bezug auf eine normativ-empirische Grundlegung der Politikdidaktik eine starke Funktion übernehmen: Sie kann, ausgehend von einer schwachen Anthropologie, sowohl die positiven Ermöglichungsbedingungen von Identität und damit die Entstehungsvoraussetzungen von Demokratie lernen als Entwicklung politischer Mündigkeit konkretisieren als auch die Verhinderungsbedingungen von Demokratie lernen identifizieren. Sie liefert dadurch Maßstäbe für guten und für schlechten Politikunterricht und damit Maßstäbe der Kritik von Schule und Politikunterricht. So kann eine integrative Theorie politischer Bildung entstehen, die schultheoretische, didaktische, methodische Theorieelemente sozialwissenschaftlich reflektiert miteinander verknüpft (Gagel 1999, 92f.).

c) Verbesserung des Unterrichts und der Ausbildung: Solche Interviewtexte liefern, das zeigen Seminarerfahrungen, instruktives Material für eine fallorientierte Lehreraus- und -weiterbildung, an dem sich einzelne Fragen entlang authentischer Einblicke in die Alltagstheorien von Lehrerinnen und Lehrern problemorientiert bearbeiten lassen. Solche Reflexionen können helfen, Unterschiede zwischen theoretischem und professionellem Wissen zu erkennen, die Praxis durch Theorie zu irritieren und unrealistische Erwartungen in die unmittelbare Anwendbarkeit von Theorie zu vermeiden.

IV. Ertrag und Perspektiven qualitativer Forschung in der politischen Bildung

In der Frage, wie der Ertrag der qualitativen Ansätze zu bewerten ist, urteilt die Politikdidaktik selbst überwiegend skeptisch. Hilligen bilanziert, dass die Unterrichtsforschung nicht sehr viele tragfähige Ergebnisse vorzuweisen habe (1993, 132). Eine Ausnahme bilden für Hilligen lediglich die Deutungsmusteranalysen in den neunziger Jahren. Ackermann bezeichnet den Ertrag der empirischen Forschung ebenfalls als „eher dürftig“ und sieht in ihnen eher die Bestätigung von bekannten Annahmen der Politikdidaktik denn neue Forschungsergebnisse. Zwar gebe es eine vermehrte Auseinandersetzung mit dem Schulunterricht, eine fachdidaktisch motivierte Unterrichtsforschung sei allerdings erst am Entstehen. Ähnlich skeptisch ist Sanders Einschätzung. Die empirischen Forschungen hätten „nicht zu neuen Ansätzen in der Entwicklung fachdidaktischer Konzeptionen“ geführt (1997, 32). Die bisherige Diskussion hat allerdings gezeigt, dass solche Einschätzungen dem heutigen Stand qualitativer Forschung in der Politikdidaktik nicht gerecht werden.

1. Einordnung des Theorie- und Methodendesigns der Politikdidaktik in den Kontext qualitativer Forschung

Vergleicht man die Ansätze qualitativer Forschung in der Politikdidaktik mit dem Spektrum qualitativer Forschung in den Sozialwissenschaften überhaupt, fällt zunächst die zeitliche Verspätung qualitativer Forschung in der Politikdidaktik auf. So ist die in den sechziger Jahren vollzogene empirische Wende in den Erziehungs- und Sozialwissenschaften bis in die achtziger Jahre fast ohne Einfluss auf die Politikdidaktik – die ansonsten die Entwicklung sozialwissenschaftlicher Theoriebildung immer eher nachvollzogen hat – geblieben (Weißeno 1993, 23). Das gilt für quantitative wie für qualitative Forschungsansätze. Zweitens fand die politische Bildung nur schleppend Anschluss an die Entwicklung der qualitativen Methodendiskussion. Während qualitative Ansätze sich in den Sozialwissenschaften zu Beginn der siebziger Jahre entwickeln, versucht die Politikdidaktik erst in den achtziger Jahren, also zehn Jahre später, an diese „vernachlässigte Traditionslinie“ (Weißeno; Grammes 1993, 10) anzuknüpfen.

Bezieht man die Ansätze qualitativer Forschung in der Politikdidaktik im Sinne von Flick (2000b, 13ff.) auf die drei grundlegenden qualitativen Forschungsrichtungen – Zugänge zu subjektiven Sichtweisen, Beschreibung von Prozessen der Herstellung sozialer Situationen und hermeneutische Analysen tiefer liegender Strukturen – ergibt sich ein komplexes Bild. Die Analysen zur qualitativen Forschungsperspektive und zu den Methoden der Datenerhebung und -interpretation zeigen, dass diese drei grundlegenden Ansätze qualitativer Forschung in der Politikdidaktik bislang sehr unterschiedlich rezipiert und angewandt wurden.

Bislang überwiegen Forschungen, die sich um Zugänge zu subjektiven Sichtweisen, um den Nachvollzug subjektiv gemeinten Sinns zentrieren. Die Rekonstruktion z.B. von Lernerdidaktiken und des Professionswissen von Lehrerinnen und Lehrern zielen im Kern auf die Rekonstruktion subjektiver Theorien und bevorzugten explorative Verfahren (teilnehmende Beobachtung, problemorientierte Einzel- oder Kleingruppeninterviews) .

Die zweite Forschungsperspektive der Beschreibung von Prozessen der Herstellung sozialer Situationen ist systematisch besonders von Schelle rezipiert und angewandt worden, deren Untersuchung auf Gruppendiskussionen als Methode der Datenerhebung und auf der Diskursanalyse als Methode der Dateninterpretation basiert. Die Ansätze interpretativer Unterrichtsforschung lassen sich, zumindest was die Methoden der Datenerhebung (Aufzeichnungen von Interaktionen, Sammlung von Dokumenten) betrifft, dieser Forschungsperspektive zuordnen. Eine gemeinsame theoretische Position oder eine geteilte fachdidaktische Methode der Interpretation hat dieser Ansatz nicht entwickelt. Andere Richtungen dieser Forschungsperspektive sind in der Politikdidaktik bislang nicht systematisch rezipiert und aufgenommen worden. Das gilt z.B. für theoretische Positionen wie Ethnomethodologie und Konstruktivismus, für Methoden der Datenerhebung wie die Ethnografie und für Methoden der Dateninterpretation, wie z.B. Konversationsanalyse und Gattungsanalyse.

Auch an die Methoden der dritten qualitativen Forschungsperspektive hat die Politikdidaktik bislang keinen oder nur wenig systematischen Anschluss gefunden. Die objektive Hermeneutik war zwar von Bedeutung für Korings Analyse einer Sozialkundestunde, die ja aber nicht in einem fachdidaktischen, sondern in einem pädagogischen Kontext entstanden ist. Vergleichbares gilt für die tiefenhermeneutischen Rekonstruktionen von Sozialkundestunden durch König (1997, 1998).

Weiter kann man festhalten, dass die qualitative Forschung in der Politikdidaktik einige Defizite aufweist, die qualitative Forschungen in den Sozialwissenschaften insgesamt betreffen (Krüger 2000):

- Erstens gibt es zu wenig inhaltlich und zeitlich kontinuierende Forschungslinien, die systematisch aufeinander Bezug nehmen und den Ertrag qualitativer Forschung dadurch verbessern: Auch in der Politikdidaktik gilt, dass „die ständige Neukonzipierung von Ansätzen und Forschungsprogrammen ... die Kumulation von Erfahrungen und Resultaten“ verhindert (Krüger 2000, 337).
- Zweitens fehlt es auch in der Politikdidaktik derzeit weitgehend an Sekundäranalysen von Material, das andere Forscher erhoben haben, z.B. in der Form qualitativer Replikationsstudie in denen Fragestellungen, Daten und Erhebungsinstrumente älterer Studien aufgegriffen werden oder in

der Form von Sekundäranalysen, in denen Daten in unterbestimmten Fragestellungen verglichen und systematisiert werden.

- Ein drittes Defizit liegt darin, dass es in der Politikdidaktik ebenfalls noch keine umfassenden Archivierungs- und Dokumentationssysteme gibt (ebd.).
- Viertens fehlen Forschungsdesigns, die qualitative und quantitative Methoden miteinander verbinden.

2.0. Bewertung der Ergebnisse

Die synoptische Zusammenfassung der Ergebnisse qualitativer Unterrichtsforschung in der Politikdidaktik zeigt, dass die negative Beurteilung, z.B. durch Sander, dem heutigen und tatsächlichen Ertrag qualitativer Forschung nicht gerecht wird.

Tab. 3: Ergebnisse qualitativer Forschung in der Politikdidaktik

	Forschungen zu Lernerdidaktiken	Interpretative Unterrichtsforschung	Professionswissen
Beschreibung des alltäglichen Politikunterrichts	Beschreibung von a) acht Lernertypen und b) Lernerdidaktiken	a) Kritik des unpolitischen Politikunterrichts b) Kritik von Formalismus, Programmorientierung und unbeabsichtigten Diskursausschlüssen im alltäglichen Politikunterricht c) (hermeneutische) Professionalisierungsdefizite	Beschreibung von misslingenden und gelingenden Anerkennungskämpfen
Theorie des Politikunterrichts	Theoriebildung zum Prinzip der Schülerorientierung	a) Kommunikative Fachdidaktik b) Weiterentwicklung kategorialer Didaktik c) Professionalität des Deutungslernens d) Urteilsbildung im Politikunterricht	Politische Bildung als Kultur der Anerkennung
Optimierung von Unterricht und Ausbildung	Konkretisierung von Schülerorientierung als regulativer Idee für den Unterrichtsalltag	a) Fallmaterial für die Lehrerausbildung, z.B. in der Form von Unterrichtsvideos, unterschiedlichen Archivschichten der Interpretation, Arbeitshinweisen b) Lehrkunstdidaktik	Fallorientiertes Interviewmaterial für die Lehrerausbildung

2.1. Beschreibung des alltäglichen Politikunterrichts

Auf der Ebene der Beschreibung von Unterrichtswirklichkeit erschöpfen sich die Ergebnisse der qualitativen Politikdidaktik keineswegs darin, dass am zufälligen Beispiel gezeigt wird, „was man vorher auch schon wusste oder jedenfalls wissen konnte“ (Sander 2000, 41). Erstens gewinnen, darauf hat Klafki in seiner Bewertung der Ergebnisse der empirischen Schulgüte-Forschung hingewiesen, „unsere Einschätzungen mindestens einen höheren Grad an Gewissheit" (1991, 35). Die Kritik gilt zweitens allenfalls, wenn man einen sehr pauschalen Aussichtspunkt für den Blick auf den alltäglichen Politikunterricht wählt[7]. Die qualitativen Forschungen eröffnen den Blick auf solche Mikro- und Makroprozesse des alltäglichen Politikunterrichts, die unterhalb dieser Ebene grundsätzlicher Schul- und Unterrichtskritik liegen, die aber gleichwohl das Gelingen oder Scheitern von politischen Bildungsprozessen entscheidend beeinflussen. So liefert die qualitative Forschung durchaus Beschreibungen des alltäglichen Politikunterrichts, in dem sich Unterschiede zwischen gutem und schlechtem Unterricht erkennen und genauer beschreiben lassen, als man es ohnehin schon wusste.

Berechtigt sind allerdings die kritischen Einwände gegen den immer noch begrenzten Fokus qualitativer Forschung. Qualitative Forschung in der Politikdidaktik (vgl. Grammes 2000):

- ist bislang stark auf traditionellen Unterricht fixiert und vernachlässigt neue Formen des Lernens (z.B. schüleraktive Methoden),
- entsteht häufig in „künstlichen" Unterrichtssituationen statt realen Unterricht darzustellen,
- konzentriert sich auf die rekonstruktive Interpretation von Einzelstunden statt politische Lernprozesse im Verlauf von Unterrichtseinheiten zu untersuchen,
- konzentriert sich bislang stark auf die Analyse von Unterricht und vernachlässigt die Dimension des Lehrens (Lehrerprofessionalität), des Lernens (Bildungsgänge),
- hat bislang noch keine Ansätze für Längsschnittstudien, Langzeitbeobachtungen oder zu einer sinnvollen Wirkungsforschung entwickelt.

2.2. Optimierung von Unterricht und Ausbildung

Unumstritten ist, dass im Kontext der qualitativen Unterrichtsforschung eine Fülle von Material insbesondere für die erste und zweite Phase der Lehrerausbildung entstanden ist, deren Einsatz und Evaluation sich sicher noch optimieren lässt. Fraglich ist sicher, ob die qualitative Forschung zur Verbesserung des alltäglichen Politikunterrichts beigetragen hat. Aber auch dieses Problem stellt sich generell als Frage empirischer Schul- und Unterrichtsforschung. So schreibt Klafki: „Wenn die Ergebnisse der einschlägigen Untersuchungen so wenig prinzipiell Neues über Merkmale bzw. Bedingungsfaktoren guter und schlechter ... Schulen zu Tage fördern ... dann stellt sich doch um so dringender die Frage: Woran liegt es, dass wir es trotz bereits vorhan-

7 So meint Sander, „dass der lehrerzentrierte Fachunterricht in 45 Minuten politische Lernprozesse bestenfalls in homöopathischen Dosen anstoßen kann" (Sander 2000, 42).

denen Wissens bisher nicht geschafft haben, den leider zahlreichen Schulen ... auf den Weg zu helfen, ihre Mängel abzuarbeiten, und sich auf den Pol der ‚guten' Schulen hin zu bewegen" (Klafki 1991, 35).

Das mag auch strukturelle Gründe haben, die z.B. in der Diskrepanz zwischen dem unterschiedlichen wissenschaftlichen Wissen einerseits und dem Handlungswissen der Praktiker andererseits liegen oder daran, dass „Forschungswissen ... noch keine handlungsrelevante Größe ist" (Weißeno 2000, 144). Ein Grund kann aber auch darin liegen, dass die politikdidaktische Forschung bislang nur unzureichend Anschluss an Prozesse innovativer Schulentwicklung gefunden hat.

c) Theorie des Politikunterrichts: Sicher hat qualitative Forschung in der Politikdidaktik zur Entwicklung einer Theorie des Politikunterrichts in der Politikdidaktik beigetragen. Die Grenzen solcher Ansätze werden allerdings exemplarisch in dem Sammelband von Richter (2000) sichtbar. Behrmann kritisiert zu Recht „unterschiedliche ja gegensätzliche Bewertungen der Stunde" und dass „keine Einigung über die Gewichtung und Operationalisierung der Qualitätsmerkmale von Unterricht" erkennbar ist (2000, 151f.). Deutlich wird hier, dass es der qualitativen Forschung bislang nicht ausreichend gelungen ist, Konturen des Fachprofils genauer zu bestimmen und konsensfähige und gewichtete Kriterien für die Analyse von Fachunterricht zu ermitteln. Die Frage ist, ob dieses (Zwischen-)Ergebnis lediglich die Kommunikationsprobleme einer (speziellen) „Interpretationsgemeinschaft" abbildet oder genereller als ein Indiz für die Situation politischer Bildung genommen werden kann. Ebensowenig ist es der Politikdidaktik im Vergleich zu den Ansätzen in der Mathematikdidaktik bislang gelungen, sich über ein gemeinsam geteiltes Instrumentarium interpretativer Unterrichtsforschung zu verständigen oder in sich konsistente „Schulen" auszubilden.

Insgesamt kann eine Bilanz der qualitativen Forschung in der Politikdidaktik nur ambivalent ausfallen: Einerseits hat die qualitative Forschung in der Politikdidaktik bislang häufig einen eher explorativen Charakter, die eine hypothesengenerierende Funktion erfüllt, d.h. dem Finden, Problem- und Fragestellungen gedient. Notwendig, so Grammes (2000), ist eine qualitative Forschung, die die Kasuistik in Richtung auf Systematik und Vergleich weiterentwickelt Andererseits hat sich der qualitative Forschungsansatz in der Politikdidaktik etabliert und konsolidiert und, wie es Flick für qualitative Forschungen in den Sozialwissenschaften überhaupt feststellt, „den Status einer paradigmatischen ‚normal sience' erreicht" (Flick 2000, 13).

Literatur

Ackermann, H.: Der Beitrag der qualitativen Unterrichtsforschung für die Politikdidaktik, In: SOWI, Sozialwissenschaftliche Informationen, Heft 3/1996, 205-212

Altrichter, H./Posch, P.: Lehrer erforschen ihren Unterricht. Eine Einführung in die Methoden der Aktionsforschung, Bad Heilbrunn 1990

Behrmann, G. C.: Unverzichtbare Voraussetzung für Fachunterrichtsforschung, in: Politische Bildung, H. 4/2000, S. 148-153

Bohnsack, R.: Rekonstruktive Sozialforschung. Einführung in Methodologie und Praxis qualitativer Forschung, 1991, 2. Aufl., Opladen 1993

Breit, G./Harms, H.: Zur Situation des Unterrichtsfaches Sozialkunde/Politik und der Didaktik des politischen Unterrichts aus der Sicht von Sozialkundelehrerinnen und -lehrern. Eine Bestandsaufnahme. In: Zur Theorie und Praxis der politischen Bildung, Bundeszentrale für politische Bildung, Bonn 1990, 13-167

Brumlik M./Holtappels, H. G.: Mead und die Handlungsperspektive schulischer Akteure – interaktionistische Beiträge zur Schultheorie, In: Tillmann, K.-J. (Hrsg.): Schultheorien, Hamburg 1993, S. 89ff

Bundeszentrale für politische Bildung (Hrsg.): Politische Urteilsbildung. Aufgaben und Wege für den Politikunterricht, Bonn 1997

Combe, A./Helsper, W.: Was geschieht im Klassenzimmer? Perspektiven einer hermeneutischen Schul- und Unterrichtsforschung. Zur Konzeptualisierung der Pädagogik als Handlungstheorie, Weinheim 1994

Detjen, J.: Kommunikative Fachdidaktik. In: Politische Bildung, 3/1999, S. 130-152

Flick, U. u.a. (Hrsg.): Qualitative Forschung. Ein Handbuch, Reinbeck bei Hamburg 2000

Flick, U. u.a.: Was ist qualitative Forschung? Einleitung und Überblick. In: dieselben (Hrsg.): Qualitative Forschung. Ein Handbuch, Reinbek bei Hamburg 2000b, S. 13-30

Gagel, W./Grammes, T./Ungerer, A. (Hrsg.): Politikdidaktik praktisch. Mehrperspektivische Unterrichtsanalysen. Ein Videobuch, Schwalbach 1992

Gagel, W.: Geschichte der politischen Bildung in der Bundesrepublik, Opladen 1994

Gagel, W.: Kommunikative Fachdidaktik. In: Gegenwartskunde, 4/1998, S. 519-526

Giesecke, H.: Rollen und Funktionen des Politiklehrers. In: Ackermann, P.: Politiklehrer-Ausbildung. Analyse und Dokumentation, Bonn 1978, S. 129-143

Gagel, W.: Theorien und Konzepte. In: Mickel, W. W. (Hrsg.): Handbuch zur politischen Bildung, Bonn 1999, S. 82-95

Grammes, T./Kuhn, H.-W.: Unpolitischer Politikunterricht? In: Gegenwartskunde 4/88, 491-499

Grammes, T.: Was heißt grundlagenorientierte Forschung in der Fachdidaktik? Oder: Einladung zu einer Exkursion. In: Breit, G./Massing, P. (Hrsg.): Grundfragen und Praxisprobleme der politischen Bildung, Bonn 1992, S. 77-89

Grammes, T./Weißeno, G. (Hrsg.): Sozialkundestunden. Politikdidaktische Auswertungen von Unterrichtsprotokollen, Opladen 1993

Grammes, T.: Kommunikative Fachdidaktik. Politik. Geschichte. Recht. Wirtschaft, Opladen 1998

Grammes, T.: Bilanz und Perspektiven der schulbezogenen Politikdidaktik. Eine Wissenschaft ohne Gegenstand, Hamburg 2000 (unveröffentlichtes Manuskript)

Harms, H./Breit, G.: Zur Situation des Unterrichtsfaches Sozialkunde/Politik und der Didaktik des politischen Unterrichts aus der Sicht von Sozialkundelehrerinnen und -lehrern. Eine Bestandsaufnahme. In: Bundeszentrale für politische Bildung (Hrsg.): Zur Theorie und Praxis der politischen Bildung, Bonn 1990, S. 13-168

Henkenborg, P.: Die Selbsterneuerung der Schule als Herausforderung: Politische Bildung als Kultur der Anerkennung. In: Politische Bildung, H. 3/1997, S. 60-89

Henkenborg, P./Kuhn, H.-W. (Hrsg.): Der alltägliche Politikunterricht. Beispiele qualitativer Unterrichtsforschung zur politischen Bildung in der Schule, Opladen 1998a
Henkenborg, P./Kuhn, H.-W.: Grundfragen qualitativer Unterrichtsforschung in der politischen Bildung. Theoretische und methodische Aspekte. In: dieselben: (Hrsg.): Der alltägliche Politikunterricht. Beispiele qualitativer Unterrichtsforschung zur politischen Bildung in der Schule, Opladen 1998b
Henkenborg, P.: Politische Bildung als Kultur der Anerkennung: Zum Professionswissen von Politiklehrern und -lehrerinnen. In: Henkenborg, P./Kuhn, H.-W. (Hrsg.): Der alltägliche Politikunterricht. Beispiele qualitativer Unterrichtsforschung zur politischen Bildung in der Schule, Opladen 1998, S.169-201
Hilligen, W.: Literaturbericht zur Unterrichtsforschung im Politikunterricht. In: SOWI, Sozialwissenschaftliche Informationen, 22.Jg., Heft 2/1993, 125-134
Hilligen, W.: Politische Bildung im cultural lag II. In: Weidinger, D. (Hrsg.) Politische Bildung in der Bundesrepublik. Zum dreißigjährigen Bestehen der Deutschen Vereinigung für politische Bildung, Opladen 1996, S. 168-174
Hitzler, R./Honer, A. (Hrsg.): Sozialwissenschaftliche Hermeneutik. Eine Einführung, Opladen 1997
Honneth, A.: Kampf um Anerkennung. Zur moralischen Grammatik sozialer Konflikte. Frankfurt am Main1994
Hopf, C.: Soziologie und qualitative Sozialforschung. In: Hopf, C./Weingarten, E. (Hrsg.): Qualitative Sozialforschung, Stuttgart 1979, S. 11-40
König, H.-D.: Unfreiwillige Vorurteilsproduktion im politischen Unterricht. In: GWK 1/1997, S. 73-82
Kansanen, P.: Discussions on some educational issues VI. In: Research Report 145. Department of Teacher Education, University of Helsinki 1995, S. 97-118
Klafki, W.: Perspektiven einer humanen und demokratischen Schule. In: Hessisches Institut für Bildungsplanung und Schulentwicklung (Hrsg.): Schulqualität und Schulvielfalt. Das Saarbrücker Schulsymposium ´88, Wiesbaden, Konstanz 1991, S. 31-42
König, H.-D.: Pädagogisches Moralisieren nach Auschwitz. Tiefenhermeneutische Rekonstruktion der in einer Sozialkundestunde mit einer Zeitzeugin zutage tretenden Professionalisierungsdefizite. In: Henkenborg, P./Kuhn, H.-W. (Hrsg.): Der alltägliche Politikunterricht. Beispiele qualitativer Unterrichtsforschung zur politischen Bildung in der Schule, Opladen 1998, S. 135-150
Koring, B.: Eine Theorie pädagogischen Handelns. Theoretische und empirsch-hermeneutische Untersuchungen zur Professionalität der Pädagogik, Weinheim 1989
Krummheuer, G./Voigt, J.: Interaktionsanalysen von Mathematikunterricht. Ein Überblick über einige Bielefelder Arbeiten. In: Maier, H./Voigt, J. (Hrsg.): Interpretative Unterrichtsforschung, Köln 1991, S.13-32
Kuhn, H.-W./Massing, P. (Hrsg.): Politikunterricht. Kategorial und handlungsorientiert, Schwalbach 1999
Krumheuer, G./Naujok, N.: Grundlagen und Beispiele interpretativer Unterrichtsforschung, Opladen 1999
Krüger, H.: Stichwort: Qualitative Forschung in der Erziehungswissenschaft, in: Zeitschrift für Erziehungswissenschaft, 3/2000, S. 323-342
Massing, P./Weißeno, G. (Hrsg.): Politik als Kern der politischen Bildung. Wege zur Überwindung unpolitischen Politikunterrichts, Opladen 1995
Massing, P./Weißeno, G. (Hrsg.): Politische Urteilsbildung. Aufgabe und Wege für den Politikunterricht, Bundeszentrale für politische Bildung, Schriftenreihe Bd. 344, Bonn 1997
Massing, P./Weißeno, G. (Hrsg.): Politik als Kern der politischen Bildung. Wege zur Überwindung unpolitischen Politikunterrichts, Opladen 1995

Massing, P.: Theoretische und normative Grundlagen politischer Bildung. In: Bundeszentrale für politische Bildung (Hrsg.): Politische Erwachsenenbildung, Bonn 1999, S. 21-60

Mayring, P.: Qualitative Inhaltsanalyse. Grundlagen und Techniken, Weinheim und Basel 2000

Richter, D.: Politikwahrnehmung bei Studierenden. In: Reinhardt, S./Richter, D./

Scherer, K.-J.: Politik und Biographie, Schwalbach 1996

Richter, D.: Methoden der Unterrichtsinterpretation. Qualitative Analysen einer Sachunterrichtsstunde im Vergleich, Weinheim 2000

Rogers, C. R.: Entwicklung der Persönlichkeit. Psychotherapie aus der Sicht eines Therapeuten. Stuttgart 1984

Sander, W.: Theorie der politischen Bildung: Geschichte – didaktische Konzeptionen – aktuelle Tendenzen und Probleme. In: ders. (Hrsg.): Handbuch politische Bildung, Schwalbach/Ts. 1997, S. 5-45

Sander, W.: Krise des Lehrens, Krise der Lehrer – Zur Rolle der Politiklehrer heute. In: Kursiv H. 1/1997, S. 12-17

Sander, W.: Politikdidaktik – eine „normale Wissenschaft" vor den Herausforderungen der Modernisierung. In: Kursiv 2/2000, S. 40-43

Schelle, C.: Schülerdiskurse über Gesellschaft. „Wenn du ein Ausländer wärst". Untersuchung zur Neuorientierung schulisch politischer Bildungsprozesse, Schwalbach/Ts. 1995

Terhart, E.: Interpetative Unterrichtsforschung, Stuttgart 1978

Terhart, E.: Lehrerprofessionalität, in: Rolf, H.-G.: Zukunftsfelder von Unterricht, Weinheim 1995, S. 225-266

Weißeno, G.: Lernertypen und Lernerdidaktiken im Politikunterricht. Ergebnisse einer fachdidaktisch motivierten Unterrichtsforschung, Frankfurt/M. 1989

Weißeno, G.: Zur Tradition empirischer Unterrichtsforschung. In: Grammes, T./ Weißeno, G. (Hrsg.): Sozialkundestunden. Politikdidaktische Auswertungen von Unterrichtsprotokollen, Opladen 1993, S. 15-33

Weißeno, G.: Politikdidaktik aus der Perspektive von Fachleitern. Ein Beitrag zum Austausch von Profession und Wissenschaft. In: Henkenborg, P./Kuhn, H.-W. (Hrsg.): Der alltägliche Politikunterricht. Beispiele qualitativer Unterrichtsforschung zur politischen Bildung in der Schule, Opladen 1998, S. 201-216

Weißeno, G.: Erwartungen an eine empirisch arbeitende Fachdidaktik. In: Politische Bildung, H. 4/2000, S. 142-147

Hannelore Faulstich-Wieland/Katharina Willems

Unterrichtsstrukturen im Vergleich: Deutsch und Physik

Welche Merkmale der Unterrichtsgestaltung zeichnen einen „guten" Unterricht aus? Werden diese Merkmale von allen Schülerinnen und Schülern gleich wahrgenommen? Lassen sie sich auf alle Fächer übertragen? Die Rede von den zwei Unterrichtskulturen stößt immer noch auf breite Zustimmung. Es entspricht offenbar unseren alltäglichen Erfahrungen, dass sich Menschen, die eher mit sprachlichen Dingen beschäftigt sind von jenen deutlich unterscheiden, die eher an naturwissenschaftlichen Fragen arbeiten. Im schulischen Kontext gehören zwar beide Bereiche zu den „Hauptfächern" bzw. zumindest zu den Gebieten, die nicht komplett „abgewählt" werden können. Trotzdem zeigen sich Unterschiede in der Akzeptanz bei den Schülerinnen und Schülern. Diese werden besonders deutlich, wenn man als konkrete Fächer Deutsch und Physik betrachtet. Sie betreffen zum einen das insgesamt größere Interesse an Deutsch als an Physik, zum anderen die darüber hinaus bestehende Differenzierung zwischen den Geschlechtern, nach der Mädchen stärker an Deutsch, Jungen stärker an Physik interessiert sind.

Wir wollen im folgenden diese Differenzen genauer betrachten und nach möglichen Ursachen fragen. Während es für Physik eine Reihe von Untersuchungen gibt, die auch bereits Hinweise auf entsprechende Zusammenhänge geben (vgl. insbesondere die Arbeitsgruppe um Albert Ziegler: Ziegler u.a. 1997, 1998, 1999), finden sich vergleichbare Studien für den sprachlichen Bereich kaum. Für den Physikunterricht lässt sich sagen, dass dem domänenspezifischen Selbstkonzept eine große Bedeutung zukommt. Eltern, die der Meinung sind, Physik sei eher ein Jungenfach, unterstützen mit dieser Einstellung die Jungen, während sie die Mädchen hemmen – Ziegler u.a. sprechen von einem Enhancement-Effekt für die Jungen und einem Golem-Effekt für die Mädchen (Ziegler u.a. 1999). Lehrkräfte selber sehen kaum schulische Möglichkeiten, den Geschlechterdifferenzen entgegen zu wirken. Gleichzeitig sind aber etwa ein Drittel von ihnen nach wie vor der Auffassung, Jungen seien begabter in Physik (Ziegler u.a. 1998). Auch sie vertreten stereotype Vorstellungen z.B. davon, welche Studienfächer für Mädchen bzw. Jungen geeigneter seien. Für Mädchen sind dies Grundschullehramt und sprachliche Fächer, für Jungen sind es naturwissenschaftliche Fächer (ebd.). Man kann deshalb annehmen, dass im schulischen Sozialisationsprozess selbst Bedingungen zu finden sind, welche die unterschiedlichen Präferenzen und Wertschätzungen beider Fächer fördern. Wir vermuten, dass Unterrichts- und Feedbackstrukturen solche Bedingungen darstellen.

Dies soll im Folgenden anhand von Ergebnissen aus einem noch laufenden Forschungsprojekt zur „Sozialen Konstruktion von Geschlecht in schulischen Interaktionen in der Sekundarstufe I" geprüft werden. In einem ersten Schritt wird dieses Projekt kurz vorgestellt. In einem zweiten Schritt werden Daten zur Einstellung von Schülerinnen und Schülern zu den beiden Fächern Deutsch und Physik präsentiert, die Hinweise auf beide Formen von Unterschieden – die zwischen der unterschiedlichen Beliebtheit der beiden Fächer und die zwischen der zusätzlichen Differenz zwischen den Geschlechtern – geben. Drittens wollen wir den Unterricht in beiden Fächern genauer ansehen. Dazu wird je eine Unterrichtsstunde genauer analysiert und in den Kontext des insgesamt beobachteten Unterrichts gestellt. Feststellbar ist dabei, dass die erkennbare Struktur des Unterrichtsverlaufs höchst unterschiedlich ist. Die Bedeutung von Strukturen für die Beteiligung von Schülerinnen und Schülern – und damit für die Ausbildung von Interessen, Fähigkeiten und Selbstkonzepten – einerseits, und für eine Leistungsförderung der Schülerinnen und Schüler andererseits, wird heraus gestellt und damit eine Interpretation der Ergebnisse vorgelegt. Unterstrichen werden diese Ergebnisse durch eine detailliertere Analyse von Feedbackinteraktionen der Lehrkräfte mit Jungen und Mädchen in beiden Fächern, die einen Beitrag zur Erklärung der unterschiedlichen Fächerpräferenzen von Schülerinnen und Schülern leisten.

Kurze Information zum Forschungsprojekt

Es handelt sich dabei um eine von der DFG finanzierte, im März 1998 begonnene, auf insgesamt vier Jahre angelegte Längsschnittstudie[8]. In dem Projekt sollen mit Hilfe ethnographischer Ansätze Konstruktionsprozesse von Geschlecht in schulischen Interaktionen erforscht werden. Die übergreifende Fragestellung des Projektes lautet, wie Lehrkräfte und Jugendliche in der Adoleszenz in unterschiedlich zusammengesetzten Schulklassen durch Inter-

8 Sie wird von Hannelore Faulstich-Wieland als Projektleiterin und den wissenschaftlichen Mitarbeiterinnen Damaris Güting, Nicola Gast-von der Haar, Katharina Willems (ab 2000) und Martina Weber (ab 2001) sowie den studentischen MitarbeiterInnen Holger Dudzus, Oliver Peters und Tordis Pohl (in der Zeit 1998/1999), Silke Ebsen, Katharina Willems, Verena Warncke (1999/2000), Julia Gröne, Angelika Harms und Julia Neumann (beide 2000/2001), Manfred Nusseck (2000, 2001), Stefan Kayser (2001), Vasca Scheppelmann (seit 2000) und Christiane Otto (seit 2001) im Projektteam durchgeführt.

aktionen in verschiedenen Schulfächern Geschlecht als soziale Kategorie konstruieren und welche Interaktionen zur „Neutralisation" beitragen. In die Analyse einbezogen werden sollen sowohl die Interaktionen der Schülerinnen und Schüler untereinander – die Hinterbühne -, die Interaktionen mit den Lehrkräften – die Vorderbühne – wie auch die Rahmenbedingungen der Interaktionen, bestimmt als unterschiedliche Schulfächer einerseits, als unterschiedliche Gruppenzusammensetzung andererseits.

Empirische Basis des Projektes ist die begleitende Untersuchung von drei Schulklassen in einem Gymnasium einer westdeutschen Metropole:

- Einer sich in der ersten Feldphase im Schuljahr 1998/1999 im achten Jahrgang befindenden Klasse mit einem quantitativ gesehen dominanten Jungenanteil (Dreiviertel Jungen zu einem Viertel Mädchen) – diese Klasse wurde bis zum 10. Jahrgang begleitet (Klasse A).
- Einer siebten Klasse mit einem quantitativ dominierenden Mädchenanteil (Zweidrittel Mädchen zu einem Drittel Jungen) – diese Klasse wurde bis zum 9. Jahrgang begleitet (Klasse B).
- Einer siebten Klasse mit einem ausgewogenen Mädchen- und Jungenanteil – die SchülerInnen dieser Klasse sollten zeitlich ebenfalls bis zum 9. Jahrgang begleitet werden (Klasse C). Klasse C wurde allerdings aufgrund von Klassenzusammenlegungen in der zweiten Feldphase auf zwei verschiedene Klassen verteilt, so dass ein Teil weiterhin in Klasse C ist (nun 60% Mädchen zu 40% Jungen), während ein anderer Teil in Klasse D (ausgewogene Geschlechterquantitäten) geht. Klasse C wurde ebenfalls bis zum 9. Jahrgang begleitet.

Ergänzend zu den teilnehmenden Beobachtungen dieser drei Klassen wurden in den Jahren 1999, 2000 und 2001 jeweils kurz vor Ende des Schulhalbjahres standardisierte Befragungen in allen Klassen der beiden beteiligten Jahrgänge durchgeführt. Dabei ging es um Fragen zu den Interessen an verschiedenen Schulfächern, zum Selbstkonzept, zum Klassenklima, zu Einstellungen hinsichtlich von Gleichberechtigung usw.

Die Schule liegt in einem „gut-bürgerlichen" Einzugsgebiet. Das Kollegium ist sehr engagiert in Schulentwicklungsprozessen ebenso wie in geschlechterbezogenen Aktivitäten.

Einstellungen der Schülerinnen und Schüler zu Deutsch und Physik

In den standardisierten Befragungen wurden die Schülerinnen und Schüler in offenen Fragen gebeten, die Schulfächer zu nennen, die sie am interessantesten und am nützlichsten finden, sowie welches ihre momentanen Lieblingsfächer bzw. unbeliebtesten Fächer sind. Dabei zeigt sich einerseits, dass Deutsch bei den Schülerinnen deutlich beliebter ist als bei den Schülern: Für doppelt so viele Schülerinnen ist es das Lieblingsfach, weit mehr Schülerinnen halten es für ein interessantes Fach, der Anteil von 6%, für den es das unbeliebteste Fach ist, reduziert sich auf die Hälfte. Andererseits geht der Prozentsatz der Jungen, die Deutsch für das unbeliebteste Fach halten, deutlich zurück, während die Beliebtheit bei etwa 5% gleich bleibt.

Physik rangiert bei den Schülerinnen weit hinten in der Gunst: Es nimmt den ersten Rang der unbeliebtesten Fächer ein, der Anteil der Nennungen verdoppelt sich sogar. Bei den Schülern allerdings ist ebenfalls eine starke Abkehr zu erkennen: Halten in der ersten Erhebung – in der nur etwa die Hälfte der Befragten bereits Erfahrung mit Physik hat – 20% das Fach für das interessanteste, sinkt dieser Anteil rapide auf 3% ab und steigt dann leicht wieder auf 7%. Auch als Lieblingsfach fällt es von 8 Prozentpunkten auf 2 Prozentpunkte, steigt dann wieder auf 6%. Ebenso wie bei den Schülerinnen ist es in der 2. Erhebung mit 15 Prozent Nennungen das unbeliebteste Fach, für nützlich hält es in der 3. Erhebung kein Schüler mehr.

Des weiteren wurden die Schülerinnen und Schüler mit dem in der TIMS-Studie verwendeten Instrumentarium (vgl. Baumert u.a. 1997) nach ihrem Sach- und Fachinteresse an Deutsch, Biologie, Mathematik und Physik (nur in der zweiten Erhebung) sowie nach ihrem „Selbstkonzept der Begabung" in diesen Fächern gefragt.

Wir finden ein zum Teil sogar signifikant höheres Interesse an Deutsch bei den Schülerinnen sowie ein höheres Selbstkonzept der Begabung. In Physik dagegen liegen die Verhältnisse genau umgekehrt: Hier haben die Schüler sowohl ein höheres Interesse wie ein signifikant höheres Selbstkonzept der Begabung. Allerdings muss man im Vergleich der beiden Fächer auch konstatieren, dass beide Geschlechter ein geringeres Interesse an Physik als an Deutsch haben. Jungen trauen sich in Physik genauso viel zu wie in Deutsch, während Mädchen sich in Deutsch deutlich mehr zutrauen als in Physik.

Wie läuft der Unterricht ab?

Methodisch sollen für die folgende Auswertung zunächst zwei ethnographische Unterrichtsprotokolle, eines aus dem Deutschunterricht, ein anderes aus dem Physikunterricht, einer genaueren Analyse unterzogen und in einer Zusammenfassung der chronologische Stundenablauf nachgezeichnet werden. Anschließend benennen wir die erkennbaren Unterrichtsphasen beider Stunden. In einem abschließenden Schritt stellen wir beide Stunden unter dem besonderen Fokus der Merkmale, die das Erkennen einer Unterrichtsstruktur fördern bzw. hemmen, in den Kontext weiterer im Verlauf des Forschungsprojektes protokollierter Deutsch- bzw. Physikstunden.

Beide Protokolle, die im folgenden genauer analysiert werden, stammen aus der Klasse A. In dieser Klasse fehlen regelmäßig sehr viele Schülerinnen und Schüler, so dass die Klassenkonferenz beschlossen hat, in jeder Stunde Anwesenheitskontrollen durchführen zu lassen. Jede Lehrerin, jeder Lehrer soll infolgedessen in jeder Stunde die nicht anwesenden Schülerinnen und Schüler ins Klassenbuch eintragen.

Deutsch

Nach der offensichtlich freundlichen Begrüßung der Klasse (Zeile 1-2) widmet sich die Lehrerin der geforderten Anwesenheitskontrolle. Da das Klassenbuch nicht vorliegt und der Schüler, der das Klassenbuchamt innehat, ebenfalls fehlt, bittet die Lehrerin Siegfried, es (wohl aus dem Lehrerzimmer) zu holen (Zeile 2-6). In der Zwischenzeit beginnt sie, Verbesserungen – die als Hausausgabe zu machen waren – zu kontrollieren, indem sie zu den einzelnen Schülerinnen und Schülern hingeht. Die Kontrolle ist eher freundlich und ohne Sanktionen (Zeile 11). Nach einer Weile kommt Siegfried ohne das Klassenbuch zurück. Es entsteht ein Gespräch zwischen der Lehrerin und der Klasse über den möglichen Verbleib des Klassenbuches. Dieser kann nicht geklärt werden und ein weiterer Schüler startet einen Versuch, das Buch zu besorgen. Die Lehrerin nutzt die Zeit, um alle Hausaufgaben zu überprüfen. Das Klassenbuch taucht allerdings nicht auf, die Anwesenheitsfrage bleibt damit ungeprüft (Zeilen 14-28).

Die Lehrerin eröffnet dann ein Unterrichtsgespräch über eine andere Hausaufgabe, nämlich den Beginn einer Erörterung zum Thema „Alkohol auf Klassenfahrten". Es stellt sich heraus, dass diese Aufgabe wohl ursprünglich nicht zu der heutigen Stunde gemacht werden sollte, die eine Vertretung für eine eigentlich ausfallende Geschichtsstunde ist. Per Telefonkette hätten die Schülerinnen und Schüler über die Vertretung – und damit die Notwendigkeit, die Aufgabe zu machen – informiert werden sollen, was aber nur bei einigen funktioniert hat. Die Lehrerin äußert sich entsprechend frustriert, wobei offen bleibt, ob ihre sarkastische Bemerkung den Schülerinnen und Schülern gilt oder dem Vertretungsproblem generell (Zeilen 33-46).

Vilma meldet sich dann, um ihre Aufzeichnungen vorzulesen, was von der Lehrerin als Rückkehr zum eigentlichen Deutschunterricht aufgegriffen wird. Zuvor allerdings soll Vilma einen Rückbezug zur vorherigen Deutschstunde herstellen – dies als Hilfe für die vielen abwesend gewesenen Schülerinnen und Schüler. Dieser Absentismus ist explizites Thema gewesen ebenso wie die schlecht ausgefallene Klausur (Zeile 47-56). Letztere Tatsache greift die Lehrerin als Begründung auf, warum sie das Thema Erörterung noch einmal behandeln will (Zeilen 57-64). Sie gibt eine Definition von Erörterung und kommt dann auf Vilmas ursprüngliches Angebot, ihre Aufzeichnungen vorzulesen, zurück (Zeilen 65-69). Verschiedene Schülerinnen und Schüler lesen ihre aufgeschriebenen Einleitungen vor, die Lehrerin kommentiert deren Qualität und gibt Hinweise, was gut oder weniger gut war (Zeilen 70-96).

Die Lehrerin setzt dann ihren Unterricht fort, indem sie auffordert, eine Sammlung von pro- und contra-Argumenten zu dem Thema der Erörterung anzulegen. Dies könne auch in Partnerarbeit geschehen (Zeilen 97-102). Nachdem sie erkennt, dass einige Jugendliche bereits mit dieser Aufgabe fertig sind, stellt sie den Arbeitsauftrag, die Argumentsammlung auszuformulieren und damit die Erörterung fortzusetzen. Dieser Auftrag solle in der Stunde begonnen werden und dann als Hausaufgabe beendet werden (Zeilen 103-111). Diese Form der Binnendifferenzierung bekommen offenbar nicht alle Schülerinnen und Schüler mit, so dass die Lehrerin sowohl einige disziplinierend ermahnt, wie auch noch einmal einen kurzen Vortrag zum Wesen der Erörterung und damit zugleich zur Klarstellung der Hausaufgaben hält (Zeilen 112-136).

Vergewissert man sich noch einmal die Struktur des Ablaufs dieser Stunde, so kann man im wesentlichen vier Phasen unterscheiden:

- Hausaufgabenkontrolle – zugleich Überbrückung der Zeit, die für die Suche nach dem Klassenbuch benötigt wird (Zeilen 1-29);
- Besprechung des Themas Erörterung mit dem Schwerpunkt Einleitung der Erörterung (Zeilen 30-96);
- Übergang zur Fortsetzung von Erörterungen – didaktisch als Einzel- und Partnerarbeit (Zeilen 97-128);
- Abschließender Lehrerinnenvortrag und Stellen der Hausaufgabe (Zeilen 128-137).

Diese relativ klare Struktur finden wir im allgemeinen in den Deutschstunden. Alle beobachteten Lehrkräfte legten auch Wert darauf, Erklärungen und Begründungen für Urteile und Erkenntnisse anzuführen. Sie selber gaben den Schülerinnen und Schülern Kriterien, Regelhefte u.ä. an die Hand, formulierten klare Anweisungen, wie Hefte und Ordner zu führen seien, wie Hausaufgaben auszusehen haben usw. Bei der Besprechung von Texten wurden zunächst unbekannte Wörter geklärt, sodann der Aufbau bzw. der Inhalt der Geschichten besprochen.

Der beobachtete Deutschunterricht ermöglicht den Schülerinnen und Schülern u.E. dem Unterricht zu folgen und – bei einiger Aufmerksamkeit – auch immer zu wissen, worauf es ankommt. Sie erhalten Feedback von den Lehrkräften für ihre Antworten, die Anforderungen an die Beteiligung und die Erledigung der Arbeiten sind sehr eindeutig. Einerseits machen die Lehrkräfte sehr klar, was sie unter der Arbeit mit einem Text verstehen, andererseits eröffnen sie den Schülerinnen und Schülern durchaus Freiräume für Ideen und Kreativität.

Physik

Der Lehrer eröffnet die Physikstunde mit der Überprüfung der An- bzw. Abwesenheit. Um die fehlenden SchülerInnen im Klassenbuch eintragen zu können, wird dieses benötigt, ist jedoch nicht vorhanden. Der für das Klassenbuchamt zuständige Schüler ist abwesend, so dass eine andere Person sich auf die Suche danach macht (Zeilen 2-5).

In der Zwischenzeit beginnt der Lehrer mit einem Rückbezug auf den Unterrichtsinhalt der letzten Stunde, der in einem SchülerInnenexperiment erarbeitet wurde: die Zusammensetzung und Funktion eines Elektromotors. Hierfür fragt er zunächst nach den zentralen Bestandteilen des Motors, dann nach der Funktion und verweist abschließend darauf, dass er Fragen und ergänzende Informationen zum Motor über die gemachte Hausaufgabe als geklärt bzw. bekannt voraussetzt (Zeilen 6-20).

Nachdem das Klassenbuch unauffindbar scheint, widmet sich der Lehrer anhand der Klassenliste erneut der Überprüfung der An- bzw. Abwesenheit. Dabei entsteht für kurze Zeit Verwirrung aufgrund eines Zählfehlers, der durch eine Schülerin aufgelöst wird (Zeilen 20-27).

Der Lehrer führt dann in das neue Unterrichtsthema „Induktion" ein, indem er den Begriff aus dem Lateinischen herleiten lässt. Anschließend kündigt er an, dass er nun in einer Lehrervorführung auf vorheriges Wissen zurückgreifen wolle (Zeilen 28-33). Der Zusammenhang „Strom erzeugt Bewegung" wird zunächst theoretisch erklärt, und durch Beiträge von zwei Jungen erarbeitet, dass Spannung in Minivolt gemessen werden kann (Zeilen 33-39). In einem ersten Schritt wird nun der Versuch vorgeführt und dabei mündlich festgehalten, was beobachtet werden konnte: „Strom wird erzeugt". Der Lehrer verweist während der Versuchsvorführung darauf, dass eigentlich nur die vorne sitzenden SchülerInnen den Zeigerausschlag sehen konnten (Zeilen 40-46). In einem weiteren Schritt wird dann erfragt, wie der Strom verstärkt werden könnte. Mehrere SchülerInnen rufen daraufhin Antworten in den Raum. Der Lehrer greift eine Antwort auf („viele Leiter") und setzt diese in seinem Versuchsaufbau auf zwei verschiedene Arten praktisch um (Zeilen 44-53). Abschließend fasst er noch einmal mündlich zusammen, was bei dem SchülerInnenexperiment der letzten Stunde zum Elektromotor beobachtet werden konnte (Strom erzeugt Bewegung) und was nun bei dieser Vorführung passierte (Bewegung erzeugt Strom) (Zeilen 53-56). Ein Schüler fragt daraufhin explizit nach, wie denn der Strom nun erzeugt würde. Der Lehrer würdigt die Frage explizit als „gute Frage", geht aber nicht weiter darauf ein und schreibt zunächst einen Merksatz zu der Lehrervorführung an die Tafel (Zeilen 56-61).

Danach eröffnet er anhand einer aufgelegten Folie nun ein neues (Unter-)Thema (Richtung der Elektronenbewegung). Ein Schüler soll seine Antwort auf die Frage nach der Fließrichtung der Elektronen begründen, er versucht dieses dann auch. Der Lehrer zeigt sich jedoch mit seiner Begründung nicht zufrieden und verweist auf die erwünschte Begründung durch eine den SchülerInnen bereits bekannte Regel. Zudem macht er deutlich, dass die SchülerInnen diese bereits auswendig kennen sollten, um sie jetzt nicht erst nachschlagen zu müssen. (Zeilen 63-71). Die Regel wird jedoch schnell genannt und der Lehrer wendet sie für seine nachfolgende Erklärung der Fließrichtung an. Anhand der Folienzeichnung erläutert er nun auch, wo bei dem aufgezeichneten Modell Spannung entsteht (Zeilen 71-75). Der Lehrer kommentiert seine eigene Erklärung nun mit den Worten „So einfach ist das [...]" und schreibt einen Merksatz dazu an die Tafel. Im Anschluss daran erklärt er, selber keine Lust mehr zum Schreiben zu haben und verweist darauf, dass die SchülerInnen „alles" auch in Büchern nachlesen könnten (Zeilen 75-83). Die SchülerInnen sollen nun den Merksatz anwenden und die Bewegungsrichtung der Elektronen angeben. Ein Schüler meldet sich und antwortet sehr leise, aber richtig. Der Lehrer lässt ihn die Antwort lauter wiederholen. Auf den Inhalt der Antwort geht er nicht weiter ein (Zeilen 83-90). Der Lehrer stellt als Hausaufgabe im Physikbuch zu lesen und dazugehörige Fragen zu beantworten (Zeilen 91-92).

Man kann den Ablauf des Unterrichts in sechs Phasen einteilen:

- Überprüfung der Anwesenheit, Suche nach dem Klassenbuch (Zeilen 1-5);
- Rückbezug auf das in der letzten Stunde erarbeitete Vorwissen zum Thema „Elektromotor" (Zeilen 6-19);
- erneute Überprüfung der Anwesenheit, nun ohne Klassenbuch (Zeilen 20-27);
- Einführung in das neue Thema „Induktion" und Verknüpfung mit dem Thema „Elektromotor" anhand einer Lehrervorführung, Merksatz dazu (Zeilen 28-63);
- neues (Unter-)Thema „Elektronenbewegung" anhand einer Folienzeichnung, Merksatz dazu (Zeilen 63-90);
- Stellen der Hausaufgaben (Zeilen 91-92).

Dabei gibt es aber zwei Lesarten über die Bedeutung der einzelnen Phasen: Eine Lesart würde den Rückbezug auf die letzte Stunde als inhaltlichen Einstieg ins Thema begreifen. Dieser erführe jedoch durch die erneute Anwesenheitskontrolle eine Unterbrechung, nach der unklar bleibt, ob der Einstieg ins Thema „Induktion" nun die Fortsetzung des bisherigen Inhaltes ist oder etwas neues. Eine zweite Lesart würde davon ausgehen, dass die Wiederholung des in der letzten Stunde erarbeiteten Vorwissens zum Thema „Elektromotor" als Überbrückung der Zeit dient, die für die Suche nach dem Klassenbuch benötigt wird. Der eigentliche Einstieg in den Unterricht wäre dann erst das Thema „Induktion". In beiden Fällen scheint es uns jedoch schwierig, die Struktur des Unterrichts klar zu erkennen.

Dieses Protokoll ist – wie schon das für die Deutschstunde gewählte – durchaus exemplarisch für die beobachteten Stunden: Im Physikunterricht weisen sie häufig eine wenig eindeutige Struktur auf. So beinhaltet der Gesprächsaufbau an vielen Stellen keine systematischen Erklärungen. Erläutert wird von den Lehrern entweder nur, was passiert bzw. was zu einem Experiment gehört oder es fehlen Erklärungen ganz und gar – wenn z.B. (besonders durcheinander gehende) Aussagen von Schülerinnen und Schülern nur mit „falsch" oder „nein" kommentiert werden, ohne festzuhalten, was richtig sei bzw. warum die Antwort falsch sei. Auch Anweisungen für Experimente bleiben oft eher unklar, Erläuterungen beziehen sich in der Regel primär darauf, was passiert, selten oder nie darauf, wieso es passiert – also auf die Funktionsweise. Nur selten haben Lehrkräfte eine Überprüfung dessen vorgenommen, was von den Schülerinnen und Schüler verstanden wurde und was nicht, auch Gesprächsangebote, Inhalte gemeinsam zu diskutieren, konnten kaum beobachtet werden. Die Verantwortung für den Wissenserwerb wurde jedoch des öfteren auf die einzelnen Schüler und Schülerinnen übertragen.

Die Protokolle der Physikstunden vermitteln den Eindruck, dass selten durch die Lehrer eine Atmosphäre hergestellt wird, die der bei SchülerInnenexperimenten notwendig entstehenden Unruhe entgegenwirkt und so eine Beteiligung aller Schüler und Schülerinnen sicherstellt. Gerade in Unterrichtsfächern, die Schülerinnen und Schüler zu eigenen Aktivitäten wie Gruppenarbeit bzw. Experimenten anhalten, wäre dieses jedoch ein wichtiger Faktor.

Im Ablauf des Unterrichtsgeschehens gehen durch die Art der Gesprächsführung der Lehrkräfte sowie durch die weiteren beschriebenen Aspekte Strukturen, die dem Unterricht möglicherweise zugrunde liegen, weitgehend unter bzw. sind für die Schüler und Schülerinnen nicht ohne weiteres erkennbar.

Bedeutung von Unterrichtsstrukturen für die Ausbildung von Interessen, Lern- und Leistungsförderung

Es gibt wenig Untersuchungen, die sich explizit mit Strukturen des Unterrichts beschäftigen. Drei Untersuchungen jedoch (Todt 2000; Schweitzer 2001; Köller/ Trautwein 2001) scheinen uns für die Frage nach der Bedeutung von Unterrichtsstrukturen für die Ausbildung von Interessen brauchbar, auch wenn sie diesen Aspekt nicht in den Mittelpunkt stellen. So berichtet Eberhard Todt (2000) über eine Untersuchung von Schülerinnen und Schülern der Sekundarstufe I, in der diese gefragt wurden, welche Bedingungen sie selbst als wichtig für Interessiertheit an Unterricht einschätzen. Besonders wichtig ist den Schülerinnen und Schülern, dass die Lehrkraft den Stoff gut erklärt (Gesamt 98%), dass sie gerechte Noten gibt (Gesamt 97%) und dass der Lehrer/ die Lehrerin Geduld hat, wenn ein Schüler/eine Schülerin etwas nicht verstanden hat (Gesamt 96%). Weiterhin wurden als wichtig herausgestellt, dass der Unterricht abwechslungsreich gestaltet wird (Gesamt 93%)

und die Schüler und Schülerinnen die Gelegenheit haben, ihre Meinung offen zu äußern (Gesamt 92%). Mit 91% wurde zudem als wichtig genannt, dass sich die Schülerinnen und Schüler im Unterricht so geben können, wie sie sind und nicht ausgelacht werden, wenn sie einmal etwas nicht wissen. Während bei allen anderen genannten Faktoren die Einschätzungen der Schülerinnen und Schüler eng beieinander lagen, zeigen sich hierbei die deutlichsten Geschlechterunterschiede: von den Mädchen (95%) wird diese Bedingung als deutlich wichtiger erachtet als von den Jungen (86%).

Die von den Schülerinnen und Schülern genannten Aspekte verweisen auf unterschiedliche Arten der Gestaltung unterrichtlicher Abläufe. Einige dieser Aspekte werden in zwei weiteren Texten in methodisch-didaktischer Hinsicht auch als Merkmale für die Qualität einer Unterrichtsstunde benannt (Grommelt 1991; Todt/ Schreiber 1998): verschiedene Präsentationsqualitäten (sprachlicher Art, „step-by-step"-Präsentation, unterschiedliche Präsentationstechniken), Methodenvariation, Wahrnehmung und Beantwortung von SchülerInnenfragen sowie Erklärungen anhand von Beispielen. Die AutorInnen beider Texte nennen zudem als zentralen Punkt die Strukturiertheit des Dargebotenen. Diese Struktur stellt u.E. die wichtigste Komponente dar, da die oben angeführten Aspekte nur dann zum Tragen kommen, wenn eine klare Struktur der Stunde erkennbar ist.

Jochen Schweitzer nennt in seinem Resümee bezüglich der Fragestellung, welche Merkmale das Lernen fördern, ähnliche Punkte (Schweitzer 2001, 135f.):

- „ein positives, motivierendes Schulklima, ein engagiertes und effizientes Schulmanagement mit pädagogischen Leitideen,
- ein kooperatives, konsensorientiertes und innovatives Lehrerkollegium,
- ein klar strukturierter, anspruchsvoller und transparenter Unterrichtsstil,
- ein effektives Zeitmanagement, das auch Emotionen und Humor zulässt,
- eine fachlich und didaktisch kompetente Unterrichtsführung,
- ein soziales, positives Arbeitsklima, das selbständiges Lernen fördert,
- eine die Lernfortschritte sichernde und motivierende Feed-back-Kultur,
- eine inhaltlich angemessene, abwechslungsreiche Unterrichtsmethode".

Auch hier taucht also die Strukturiertheit des Dargebotenen als wichtiges Merkmal auf.

Neben der Interessens- und Lernförderung scheint die Struktur von Unterricht auf einer weiteren Ebene bedeutsam: Olaf Köller und Ulrich Trautwein haben im Rahmen ihrer Evaluation von fünf Gesamtschulen mit TIMSS-Instrumentarien Schülerinnen und Schüler nach der Einschätzung des (Mathematik-) Unterrichts gefragt. Die größten Unterschiede fanden sich dabei zwischen den Vergleichsstichproben und der Schule, in der besonders gute Leistungen gefunden wurden in folgenden Merkmalen: „Dabei handelt es sich um die *Klarheit und Strukturiertheit des Unterrichts,* die vorhandene *Regelklarheit*, das Ausmaß an *Unterrichtsstörungen* und um die sogenannte

Individuelle Bezugsnormorientierung der Lehrkräfte“ (Köller/Trautwein 2001, 182). Weiter heißt es: „An der Schule B wird der Mathematikunterricht insgesamt als klarer und strukturierter wahrgenommen, es werden weniger Störungen berichtet und Konsequenzen von regelwidrigem Verhalten werden als klar definiert betrachtet“ (ebd., 183).

Die Relevanz von Unterrichtsstruktur greift auf verschiedenen Ebenen. So erleichtern etwa netzartige Beziehungen und hierarchische Ordnungen der Themen zueinander den SchülerInnen die Ausbildung kognitiver Strukturen und erkennbare Sequenzierungen der Unterrichtsinhalte, also Darbietungen des Unterrichtsstoffes in linearer Abfolge, fördern Inferenzbildungen. Die Analyse unseres Materials hat gezeigt, dass entscheidend eine erkennbare chronologische Struktur ist.

Führt man sich noch einmal die beiden vorgestellten Unterrichtsstunden vor Augen, dann finden wir in ihnen eine bemerkenswert unterschiedliche Realisierung der genannten Merkmale wie insbesondere der Gliederung der Stunden:

- Erklärungen des Stoffes finden wir eher im Deutschunterricht – die Lehrerin gibt noch einmal eine Definition von Erörterung, sie erläutert am Schluss der Stunde, worauf es ihr ankam. Anders im Physikunterricht: der Lehrer demonstriert etwas, was nach seinen eigenen Aussagen nur die vorne Sitzenden sehen können.
- Die Möglichkeit, die Meinung offen äußern zu können und die Erwartung, dass die Lehrkraft bereitwillig auf Fragen eingeht, zeigt sich ebenfalls eher in der Deutsch- als in der Physikstunde: Die Lehrerin gibt Feedback zu den Vorträgen der Jugendlichen, der Lehrer macht mit seiner Aussage „So einfach ist das“ es denjenigen, die den Stoff nicht verstanden haben, durchaus schwer, nachzufragen.
- Schließlich zeigt sich insgesamt, dass die Gliederung der Stunden – deren Erkennbarkeit auch eine Voraussetzung für abwechslungsreichen Unterricht ist – im Deutschunterricht wesentlich deutlicher und nachvollziehbar ist als im Physikunterricht. Die anfängliche Anwesenheitskontrolle stellt dafür ein zentrales Moment dar: Während in der Physikstunde für die Schülerinnen und Schüler nicht klar erkennbar ist, wann der „eigentliche“ Unterricht beginnt, weil der Rückbezug auf die vorherige Stunde mit der Suche nach dem Klassenbuch interferiert, nutzt die Lehrerin im Deutschunterricht diese Zeit zur individuellen Kontrolle der Hausaufgaben und beginnt den gemeinsamen Unterricht erst danach, und zwar ebenfalls mit einem Rückbezug auf die vorherige Stunde.

Offensichtlich spielen erkennbare Unterrichtsstrukturen für die betrachteten Punkte Interessensausbildung, Lern- sowie Leistungsförderung eine entscheidende Rolle. Diese Punkte sind zudem auch untereinander eng verflochten: So haben fachspezifische Begabungsselbstkonzepte sowohl auf das Interesse der Schülerinnen und Schüler am Fach als auch auf ihre Leistungen und ihr Lernverhalten Einfluss (Köller u.a. 1999). Die von uns analysierten unterschiedlichen Unterrichtsstrukturen in Deutsch und Physik könnten also eine Erklärung dafür bieten, dass das Interesse der Schülerinnen und Schülern an Physik insgesamt geringer ist als an Deutsch.

Interaktionsstrukturen im Unterricht: Feedback an Mädchen und Jungen

Offen bleibt bisher die Frage, wie es bei gleichen Bedingungen zu so unterschiedlichen Interessensausbildungen beider Geschlechter kommt. Zu vermuten ist hierbei, dass von den Mädchen und Jungen unterschiedliche Merkmale als förderlich für die Ausbildung von Interessen, positivem Lernverhalten und Leistungen empfunden werden. In einigen Bereichen ist bereits darauf verwiesen worden. So stellt Horstkemper (1987) fest, dass für Mädchen ein positives Feedback durch die Lehrkräfte sowie eine gute Beziehung zu diesen entscheidender für die Herausbildung eines positiven Selbstbildes ist als dieses bei den Jungen erkennbar wäre. Auch bei Todt (2000) zeigen sich bei der Bedeutung des Feedbacks („dass ich mich im Unterricht so geben kann, wie ich bin, und nicht ausgelacht werde, wenn ich einmal etwas nicht weiß") die größten Unterschiede zwischen den Mädchen (95%) und den Jungen (86%). Deutlich wird hierbei, dass dem – fachlichen wie auch persönlichen – Feedback der Lehrkräfte an die Schüler und Schülerinnen eine wichtige Rolle zukommt. Auch Schweitzer formuliert als lernförderliche Merkmale „ein soziales, positives Arbeitsklima, das selbständiges Lernen fördert" sowie „eine die Lernfortschritte sichernde und motivierende Feed-back-Kultur" (Schweitzer 2001, 135f.).

In Hinblick auf diese Merkmale waren in den von uns protokollierten Unterrichtsstunden auch Unterschiede in den Interaktionen der Lehrkraft mit den Jungen bzw. mit den Mädchen erkennbar, so dass sich die Bedingungen für Mädchen und Jungen nicht immer identisch darstellten. Wir werden im Folgenden das Merkmal „Feedbackverhalten der Lehrkräfte" anhand einiger Beispiele aus dem Physik- und Deutschunterricht genauer in den Blick nehmen. Dabei betrachten wir nunmehr die drei beobachteten Klassen gesondert, weil die Feedbackstrukturen bei den Physiklehrern unterschiedlich waren.

Im Physikunterricht der Klasse A reagiert der Lehrer auf die Antworten der Schülerinnen und Schüler überwiegend mit Kommentierungen wie „genau", „ja", Wiederholung der Antwort, mit „falsch", „nein" oder mit Äußerungen, die keinen direkten Bezug zur Antwort haben. Explizites Lob taucht selten auf, findet sich aber einmal sehr deutlich gegenüber den Schülerinnen: Als eine Mädchengruppe einen Flaschenzug zusammengebaut hat, kommt der Lehrer zu ihnen und lobt: „Habt Ihr schön gemacht, ist in Ordnung"

(Ap90908v)[9]. Ebenfalls finden wir zweimal abwertende Reaktionen auf eine Schülerin bzw. einen Schüler:

Bei der Berechnung des Drehmomentes fragt der Lehrer eine Schülerin, die mit „2,25" antwortet. Der Lehrer schreibt diesen Wert an die Tafel und kommentiert: „Ich habe 2,25 Kartoffeln!?" Viele lachen und er schreibt dann die Einheit Newtonmeter hinter die 2,25 (Ap91103d).

In der gleichen Stunde geht es um die Klärung des Begriffs Leistung im Verhältnis zu Arbeit. Der Lehrer erläutert: „Das ist ein Begriff aus der Schule. Das ist aber nicht wie in der Schule; in der Physik ist die Leistung genau definiert und genau messbar." Am Ende der Stunde sagt er dann „in höchster Ironie: ‚Wenn man jetzt fragt: ‚Was leistet Henning?', dann kann ich dazu nicht viel sagen!'„ (ebd.). In dieser Klasse zeigen sich bei den Feedbackinteraktionen der Lehrkraft mit den Schülerinnen bzw. mit den Schülern im wesentlichen also keine erkennbaren Unterschiede.

In der Klasse B finden sich eine ganze Reihe von ermahnenden und zurechtweisenden Äußerungen des Lehrers. Wenngleich sich die Hauptauseinandersetzungen des Lehrers auf drei Schülerinnen konzentrieren, so sind doch nahezu alle Schülerinnen der Klasse ein- oder mehrmals involviert. Exemplarisch soll hier eine kurzer Ausschnitt genannt werden: Kerstin, Marianne, Mareike und noch einige andere ermahnt der Lehrer zunächst mit „Ja wollt ihr denn hier gar nichts mitkriegen. Ich verlange nicht nur, dass ihr hier sitzt. Ihr sollt das auch mitmachen und das mitschreiben." Kurze Zeit später werden Marianne, Nina und Inga kritisiert: „Ihr seid sehr aktiv. Wenn das nun noch für Physik wäre, wäre es noch besser." (Bp91208d).

Auch Lob wird vom Lehrer gegenüber den Schülerinnen eher in paradoxer Weise angebracht. So erklärt er der Protokollantin, dass er „so ausführlich bei ‚den Mädchen hinten' mitgeholfen hätte, damit er in der nächsten Stunde auf ‚wenigstens ein Ergebnis Bezug nehmen kann', indem die Mädchen dann vortragen sollen" (Bp91201k Video). Auf eine richtige Antwort von Inga sagt er: „Na, das ist ja wenigstens mal richtig" (Bp91201d). Da vorher ein Schüler eine falsche Antwort gegeben hatte, kann sich das „wenigstens" auf die Antwort selbst beziehen, die Schülerin könnte es aber auch als Bezugnahme auf ihre sonstigen Antworten verstehen.

Auch die Schüler werden vom Lehrer ermahnt, allerdings deutlich seltener und nach unserem Eindruck auch in einem milderen Ton. So läuft eine Ermahnung von Olin z.B. folgendermaßen ab:

„L[10]: ‚Ich beobachte Dich nun schon die ganze Zeit. Du bist mit allem möglichen beschäftigt, nur nicht mit Unterricht'.

---

9 Die Protokollbezeichnungen sind folgendermaßen verschlüsselt: Der erste Buchstabe steht für die Klasse (A, B, C), der zweite für das Fach (p = Physik, d = Deutsch usw.). Die Ziffern sind das Beobachtungsdatum in der Reihenfolge: Jahr (nur 8 für 1998, 9 für 1999, 0 für 2000, Monat (zweistellig), Tag (zweistellig). Der letzte Buchstabe bezeichnet die Protokollantin durch die Initiale des Vornamens.

Olin sagt überzeugt: ‚Ich pass' ganz toll auf!'
L: ‚Nein, sonst hätte ich das nicht gesagt. Ich habe das schon die ganze Zeit beobachtet'" (Bp91208d).

Schließlich finden wir – anders als gegenüber den Schülerinnen – kein gleichermaßen paradoxes Lob. Eher lässt sich eine Reaktion als bewundernde Form von Lob ansehen:

„L: Wer hat denn überhaupt die Luft gemessen?
Joe: Die Luft misst man ja immer. Wenn man, sobald sie [...] in der Luft hängen, also.
L: Ja, würdest du sagen, dass jetzt die Luft leitet [...] leitet sie oder leitet sie nicht?
Joe: Kommt drauf an, wenn, [..] wenn's zum Beispiel Gewitter gibt würde ich mal sagen, Luft leitet, oder wenn einen Blitz trifft. Aber ansonsten würde ich sagen [...]
L: Ein richtiger Pointenkiller, ne, du hast meine Pointe gekillt. Also, Luft leitet normalerweise nicht. Bei 4,5 Volt-Batterien leitet Luft auch nicht. Wenn du jetzt 220 Volt hast, und einen gewissen Abstand, leitet Luft auch nicht. Aber, wenn du jetzt 40 000 Volt oder 200 000 Volt oder bei Gewitter mehrere Millionen Volt an Spannung da sind, dann wird auch die Luft leitend" (Bp90910v).

Wenngleich es schwierig ist, verallgemeinernde Aussagen zu treffen, fällt in dieser Klasse doch eine gewisse Unterschiedlichkeit im Umgang des Lehrers mit Schülerinnen bzw. mit Schülern auf: Die Interaktionen mit den Schülerinnen lassen sich als ein Zirkel von gezeigtem Desinteresse, Zurechtweisung und verstärktem Desinteresse verstehen. Die Interaktionen mit den Schülern knüpfen dagegen eher an unterrichtsbezogenen Aspekten an und können so Desinteresse entgegen wirken.

Das Feedback des Physiklehrers der Klasse C auf Antworten der Schülerinnen und Schüler beschränkt sich im allgemeinen auf Bestätigungen durch „ja" oder auf Ablehnung durch „nein". In zwei Fällen allerdings finden wir massive Kritik an Beiträgen von Schülerinnen:

„Monja geht nach vorn und zeichnet das Lot falsch ein.
L: (in einer Melodie) uiuiuiuiuiuiu. Die anderen schauen sich das bitte an. Tu mal einen Schritt zurück. Was hat sie versucht? Eine Linie an einen Kreis zu zeichnen. Diese Linie wollten wir nicht haben.

(Er erklärt nicht warum)" (Cp91109s).

„Luisa liest nun von ihrer Arbeit: ‚Man hält das Lineal vor die Augen ... (führt aus).

10 L steht in den Protokollstellen für Lehrkraft.

L.: Also ich fang mal an zu kritteln. Nicht um Dich jetzt persönlich zu treffen. Nur um das allgemein zu besprechen. – ‚Das Lineal vor die Augen', das ist zu ungenau."(Cp91207d).

Gegenüber Schülern findet sich einmal eine Reaktion auf das Nichtwissen, die auch hier deutlich milder ausfällt, als die Reaktionen den Mädchen gegenüber:

„L: Wie nennt man eine Gerade, die vom Mittelpunkt ausgeht?
L. ruft nun Sascha auf. Sascha hat sich nicht gemeldet.
Sascha: Ne, weiß ich nicht.
L, etwas ungehalten: Doch, weißt Du schon.
Sascha: Ja, hab ich vergessen.
L: Einen Radius" (Cp91207d).

Wenngleich diese aufgezeigten Formen des persönlichen und fachlichen Feedbacks keineswegs von allen Physiklehrkräften eingesetzt werden, lassen sie sich jedoch überhaupt nur in den Physikprotokollen finden, in den Protokollen aus dem Deutschunterricht hingegen nicht.

Zwischen den Lehrkräften des Faches Deutsch finden wir keine besonderen individuellen Unterschiede in den interaktionellen Praktiken. Auch ist kein unterschiedlicher Umgang mit beiden Geschlechtern erkennbar. Bei allen Lehrkräften gibt es deutliche Ermahnungen an die Adresse von Schülerinnen wie von Schülern – in der Regel durch Nennung des jeweiligen Namens, einige Male auch in lauter und zurechtweisender Form. Es geht dabei immer um Nebengespräche oder Unaufmerksamkeit. Die Unterrichtsarbeit selbst gestaltet sich vor allem durch klare Anweisungen und auf den jeweiligen Inhalt bezogene Nachfragen. Lob wird sehr häufig erteilt, im allgemeinen mit Aussagen wie „sehr schön", „hast du gut begründet", „Klasse", „ich bin beeindruckt" usw. Kritik erfolgt in keinem Fall als persönliche Kritik, sondern wird in allgemeinere Formulierungen gebracht, die fachliche Genauigkeit fördern, zugleich aber immer Interpretationsspielräume ermöglichen. Die folgenden Beispiele zeigen dieses:

„Siegfried: ‚Er kann mit Problemen nicht umgehen.' Lehrerin: ‚Das kann ja sein, dass das richtig ist, aber wir wollen ja jetzt erst mal gucken, wie wir darauf kommen. Susanne hat gesagt, er kommt häufig zu spät. Das können wir entnehmen. Was noch?'" (Ad90928d).

„L: Blaurasiert. Was ist denn das für ein Wort? Ich hab es auch nicht im Wörterbuch gefunden....
Kurt: Vielleicht hat er es selber erfunden. Sie kennen doch das Wort ‚ich mach heut mal blau'. Und wenn man blau macht, dann ist man die ganze Zeit faul und dann denkt er sich, ja ich will heut noch ins Straßenlokal gehen und dann rasiert er sich so wischi-waschi. Das ist blaurasiert, weil er blau machen wollte. Er ist ja auch reich, er kann sich das leisten.

L: Dies ist jetzt der Kellner, Gott sei dank kann man das jetzt schnell verwerfen. Das ist der Kellner, der ist blaurasiert“ (Bd90909h).

„L (wieder zu Koray): ‚Ich habe mich nicht richtig zurechtgefunden in der Vorstellung, obwohl ich das Buch kenne.‘ Dennis: ‚Ich wußte sofort, welche Stelle er meint!‘ L: ‚Ich meine bei der Zusammenfassung des Romans. In die Einleitung muss unbedingt wann, wo die Geschichte stattfindet. Man kann eventuell Namen an die Tafel schreiben, wenn sie wichtig sind. Auch Orte. Die Textstelle sollte höchstens 1 ½ Seiten sein, es geht nur um den Eindruck. Man sollte lieber darüber erzählen. Und man sollte in die Vorlesestelle einführen‘“ (Cd91109s).

In Hinblick auf die Feedback-Interaktionspraktiken lassen sich also Unterschiede zwischen Deutsch- und Physiklehrkräften beobachten. Der zentrale Unterschied zwischen beiden Fächern liegt u.E. darin, wie kritisiert wird. Im Physikunterricht ist die Kritik auch mit den inhaltlichen Antworten vor allem der Schülerinnen verbunden – exemplarisch wurde hierfür „diese Linie wollen wir nicht“ genannt. Zudem formulieren die Physiklehrkräfte deutlich häufiger Feedback auch in ironischer Form und als persönliche Kritik, zudem sind bei den Feedbacks an Mädchen und Jungen durchaus unterschiedliche Strukturen erkennbar. Explizites Lob konnten wir im Physikunterricht selten beobachten.

Im Deutschunterricht beschränkt sich die persönliche Kritik auf disziplinarische Störungen. Die inhaltlichen Beiträge der Schülerinnen und Schüler werden sehr ernsthaft aufgegriffen und wohlwollend auf ihre Brauchbarkeit hin bearbeitet. Explizites Lob wurde hier häufig beobachtet. Unterschiede der Feedbacks an Jungen und Mädchen sind hier nicht erkennbar.

Wenn wir, in Übereinstimmung mit den genannten Beobachtungen von Horstkemper (1987) und Todt (2000) davon ausgehen, dass Feedback als ein Merkmal von Interaktionsstrukturen im Unterricht für Schülerinnen und Schüler eine unterschiedliche Rolle spielen, könnte in der jeweiligen Gestaltung der Feedbacks eine Erklärung für die Herausbildung unterschiedlicher Fächerpräferenzen beider Geschlechtergruppen gesehen werden.

Zusammenfassung

Die Strukturiertheit bzw. Unstrukturiertheit von Unterricht scheint von den Mädchen stärker als fördernder bzw. hemmender Faktor für die Ausbildung von Interessen und Leistung wahrgenommen zu werden als von den Jungen. Die exemplarische Analyse der beiden Stunden hat gezeigt, dass im Physikunterricht eine klare Struktur deutlich schwerer auszumachen ist als in Deutsch. Ein Zusammenhang zwischen den strukturierten Abläufen im Deutschunterricht und dem höheren Selbstkonzept der Begabung sowie dem höheren Interesse an Deutsch bei den Schülerinnen und das umgekehrt höhere

Interesse wie auch das höhere Begabungsselbstkonzept bei den Jungen im weniger erkennbar strukturierten Physikunterricht scheinen diese Vermutung zu bestätigen. Die anschließende Analyse der Feedbackstrukturen beider Fächer unterstreicht die vermutete Wirkung der Unterrichts- und Interaktionsstrukturen auf die Ausbildung von Fächerpräferenzen und trägt zudem zur Aufhellung von Geschlechterkonstruktionen im schulischen Sozialisationsprozess bei.

Mit der exemplarischen Analyse der beiden Stunden und der detaillierteren Analyse der Feedbackstrukturen wollten wir zeigen, dass die Art der Unterrichtsgestaltung selbst Einfluss nimmt auf Lern- und Leistungsförderung sowie auf die Herausbildung von Interessen am Fach, und damit auch am Inhalt der Fächer. Wenn das so ist – und wenn möglicherweise auch das Selbstkonzept der Begabung über die Förderung von Interessen beeinflusst werden kann – dann lohnt es sich, die Struktur der Unterrichtsstunden genauer in den Blick zu nehmen und an ihr zu arbeiten.

Literatur

Baumert, J./Lehmann, R. u.a.: TIMSS – Mathematisch-naturwissenschaftlicher Unterricht im internationalen Vergleich, Opladen 1997

Grommelt, U.: Zusammenhänge zwischen kognitiven Schülermerkmalen, Unterrichtscharakteristika und Schülerleistungen. Dissertation, Heidelberg 1991

Horstkemper, M.: Schule, Geschlecht und Selbstvertrauen. Eine Längsschnittstudie über Mädchensozialisation in der Schule, Weinheim/München 1987

Köller, O./Klemmert, H./Möller, J./Baumert, J.: Leistungsbeurteilungen und Fähigkeitsselbstkonzepte: Eine längsschnittliche Überprüfung des Modells des Internal/ External Frame of Reference. In: Zeitschrift für Pädagogische Psychologie 13 1999 H. 3, S. 128-134

Köller, O./Trautwein, U.: Evaluation mit TIMSS-Instrumenten. Untersuchungen in der 8. Jahrgangsstufe an fünf Gesamtschulen. In: Die Deutsche Schule 93, 2001, H. 2, S. 167-185

Schweitzer, J.: Mit der Reform des Unterrichts jetzt beginnen! TIMSS, LAU, PISA etc. verlangen konsequentes Handeln. In: Die Deutsche Schule 93, 2001, H. 2, S. 135-138

Todt, E.: Geschlechtsspezifische Interessen – Entwicklung und Möglichkeiten der Modifikation. In: Empirische Pädagogik 14 (3) 2000, S. 215-254

Todt, E./Schreiber, S.: Development of Interests. In: Hoffmann, L./Krapp, A./Renninger, K. A./Baumert, J. (Hg.): Interest and Learning. Proceedings of the Seeon Conference on Interest and Gender, IPN Kiel 1998, S. 25-40

Ziegler, A./Broome, P./Heller, K. A.: Golem und Enhancement: Elternkognitionen und das schulische Leistungshandeln in Physik. In: Zeitschrift für Pädagogische Psychologie 13 (1999) H. 3, S. 135-147

Ziegler, A./Kuhn, C./Heller, K. A.: Implizite Theorien von gymnasialen Mathematik- und Physiklehrkräften zu geschlechtsspezifischer Begabung und Motivation. In: Psychologische Beiträge 40 (1998), S. 271-287

Anhang: Protokolle der beiden analysierten Stunden

Protokoll einer Deutschstunde in der 10. Klasse im November 2000 (Klasse A)

Während dieser Stunde haben sowohl Vasca Scheppelmann wie Katharina Willems beobachtet. Sie haben besonderes Augenmerk auf jeweils vier Schülerinnen bzw. Schüler gelegt (Personenfokussierung), nämlich auf Joachim, Sandro, Henning und Siegfried (Katharina Willems) bzw. auf Claudia, Kurt, Sigrun und Vilma (Vasca Scheppelmann). Protokollstellen, die sich auf Hinterbühnenaktivitäten dieser acht Personen sowie auf die Beschreibung ihrer Kleidung u.ä. beziehen, sind im folgenden gestrichen worden. Wieder gegeben wird der Ablauf der Stunde, dabei sind die kursiven Teile aus dem Protokoll von Vasca Scheppelmann, die anderen aus dem von Katharina Willems.

1: Wir betreten mit der Lehrerin gemeinsam die Klasse. Sie begrüßt die SchülerInnen mit einem
2: lauten „Guten Morgen", diese antworten laut im Chor. Ein Schüler, der wohl sonst das
3: Klassenbuch führt, ist heute nicht da, deshalb bittet die Lehrerin Siegfried es zu holen.
4: Siegfried protestiert erst mit den Worten: „Warum ich? Ich hatte letztes Jahr Klassenbuch
5: und Klassenschlüssel!". Die Lehrerin: „Bitte, nur solange ... nicht da ist.". Siegfried
6: steht daraufhin auf und geht runter, um es zu holen. Die Lehrerin geht derweil herum und
7: kontrolliert die Hausaufgaben.
8: *Kurt wischt währenddessen noch die Tafel, er hat anscheinend Tafeldienst.*
9: Sigrun hat die Verbesserung gemacht, Frau Ferreira prüft dies mit einem Blick in ihr Heft.
10: Als Frau Ferreira an Claudias Tisch vorbeikommt sagt diese: „Ich hab nichts, ich hatte
11: aber sowieso nur zwei Kommas falsch." „Kommata", verbessert Frau Ferreira und geht weiter.
12: Claudia diskutiert daraufhin mit Sylvia und Vilma, wie die Mehrzahl von Komma heißt –
13: anscheinend erschien ihr die Verbesserung als falsch.
14: Als Siegfried nach einigen Minuten wiederkommt, hat er kein Klassenbuch in der Hand.
15: Henning sieht das sofort und guckt Siegfried fragend an. Der antwortet ihm, wobei er mit
16: den Schultern zuckt: „Ist nicht da!". Er geht daraufhin zur Lehrerin, die ihn noch nicht
17: bemerkt hatte, und sagt ihr, dass kein Klassenbuch da sei. Die Lehrerin versteht erst
18: nicht, was er will. Als sie dann doch versteht, wendet sie sich an die Klasse und fragt,
19: ob jemand das Klassenbuch gesehen habe. Einige Schülerinnen meinen, dass sie das
20: Klassenbuch doch heute schon gesehen haben und es taucht die Vermutung auf, dass die
21: Französischlehrerin es mitgenommen haben könnte. Das hält Frau F. für unwahrscheinlich.
22: Siegfried hat bisher neben ihr gewartet, er setzt sich jetzt wieder auf seinen Platz. Kurt
23: bietet sich nun an und fragt, ob er mal unten nach dem Klassenbuch sehen soll. Frau Ferreira
24: zögert, stimmt dann aber zu. Siegfried guckt etwas genervt zu Henning und sagt dann in den
25: Raum: „Das habe ich doch gerade gemacht!". Er sagt das jedoch so leise, dass Kurt es wohl
26: nicht mitbekommt. Die Lehrerin sagt dazu auch nichts. Siegfried wendet sich jetzt zu
27: Henning, die beiden lachen über irgendetwas, die Lehrerin wendet sich wieder der
28: Hausaufgaben-Kontrolle zu. Das Klassenbuchthema scheint damit erledigt.
29: [...]
30: Die SchülerInnen sollten als Hausaufgabe einen Einleitungssatz für eine Erörterung zum
31: Thema „Alkohol auf Klassenfahrten" schreiben. Einige haben auch pro- und contra-Argumente
32: aneinandergereiht bzw. aufgezählt.
33: *Die Lehrerin möchte nun die Beiträge der SchülerInnen ... hören. Kurt sagt entschuldigend,*
34: dass er gestern angerufen worden sei, dass Geschichte ausfallen würde.
35: Diese Antwort kann ich zunächst nicht einordnen. Der nachfolgenden Diskussion entnehme ich
36: dann jedoch, dass der Geschichtslehrer krank ist, die SchülerInnen aber trotzdem in die
37: Schule kommen sollten, um eine von Frau Ferreira gestellte Aufgabe zu bearbeiten.
38: Diesbezüglich wurde anscheinend eine Telefonkette gestartet, bei der die Informationen

39: *verfälscht weitergegeben wurden. Sigrun erzählt, dass sie nicht da gewesen sei, als die*
40: *Telefonkette sie erreicht habe und vermutet, dass ihre Mutter die Nachricht falsch*
41: *verstanden habe und so die Information, dass die Stunde ausfiele, weitergegeben habe.*
42: *Claudia führt aus: „Ja, ich wurde auch gestern Abend um halb zwölf angerufen, dass*
43: *Geschichte ausfallen würde. Die Aufgabe hab' ich dann um halb zwölf nicht mehr gemacht."*
44: *Frau Ferreira kommentiert das Resultat der verfälschten Telefonkette, bzw. die Tatsache,*
45: *dass nun nur wenige SchülerInnen die Aufgabe gemacht haben, mit der sarkastischen*
46: *Bemerkung: „Schule macht mir manchmal so richtig Spaß – das motiviert richtig!"*
47: *Vilma meldet sich, Frau Ferreira guckt sie fragend an, worauf diese verhalten sagt: „Ich*
48: *wollte anfangen vorzulesen."*
49: *„Gute Idee", erwidert Frau Ferreira und leitet somit wieder zu der eigentlichen Aufgabe*
50: *über. Sie bittet Vilma erst einmal zu berichten, was sie gestern in der Deutschstunde*
51: *gemacht hätten, da dort ja so viele gefehlt hätten.*
52: *Vilma erzählt, dass sie gestern zu Beginn zunächst darauf gewartet hätten, dass noch*
53: *SchülerInnen kämen, da die Klasse so leer gewesen sei – zu Beginn seien nur 12*
54: *SchülerInnen anwesend gewesen. Anschließend hätten sie darüber geredet, warum es in der*
55: *Klasse so ein großes Problem mit den Fehlzeiten gäbe. Dann habe Frau Ferreira mitgeteilt,*
56: *dass die Deutscharbeit unter dem Strich ausgefallen sei.*
57: *Hier klinkt sich Frau Ferreira in die Ausführung ein und erläutert noch einmal kurz, dass*
58: *die Deutscharbeit so schlecht ausgefallen sei, dass sie nicht gewertet würde.*
59: *Die SchülerInnen wissen dies schon, daher löst die Tatsache keinerlei Reaktionen bei ihnen*
60: *aus. Die Lehrerin sagt, dass sie aus der schlechten Klausur geschlossen habe, dass das*
61: *Thema Erörterung anscheinend noch nicht genug durchgenommen geworden sei. Sie habe sich*
62: *auch auf Aussagen der SchülerInnen gestützt, dass sie sich in der neunten Klasse schon*
63: *einmal damit auseinandergesetzt hätten. Aber das sei ja alles nicht so schlimm, nun würden*
64: *sie sich erneut dem Thema widmen und die Arbeit dann wiederholen.*
65: *Sie definiert erneut, was eine Erörterung ist und bittet dann Vilma ihre Einleitung*
66: *vorzulesen. Vilma liest mit lauter Stimme ihre Einleitung vor. Sie endet mit dem Satz: „Es*
67: *geht also um die Frage, ob es erlaubt ist Alkohol auf Klassenfahrten zu trinken." „Oder*
68: *nicht", hängt Frau Ferreira hintendran. Der Vollständigkeit halber, würde sie dies noch*
69: *mit dazu sagen.*
70: Mehrere SchülerInnen lesen vor. Dann kommt Henning dran, der sich nicht gemeldet hat, er
71: liest einen sehr kurzen Satz, mit dem er meines Erachtens die Aufgabe jedoch voll erfüllt
72: hat. Die Lehrerin fragt nach: „Das war's?", Henning: „Ja!". Die Lehrerin dazu: „Gut, ja,
73: in der Kürze liegt die Würze, manchmal.". Henning grinst dazu, er sagt zu Siegfried
74: gewandt: „Jo!". Der grinst auch. Dann schaut Henning zu Sandro und Magdy, die grinsen ihn
75: auch an.
76: Die Lehrerin ruft danach einige Mädchen auf, die sich nicht gemeldet haben und nicht lesen
77: wollen. Vilma sagt als Antwort, als sie drankommt: „Nee!". Die Lehrerin wiederholt: „Vilma
78: hat Nee!". Dann ruft sie Sylvia auf. Die will auch nicht und sagt, dass sie das nicht so
79: gut gemacht habe. Die Lehrerin kommentiert das nicht weiter. Sylvia kommt dran, sie will
80: auch erst nicht, liest dann aber doch. Die Lehrerin ruft als sie fertig gelesen hat aus:
81: „Toll!". Dann bespricht sie ausführlich die gut gelungenen Seiten an Sylvias Satz.
82: Siegfried meldet sich dann und will lesen. Er liest einen relativ langen Teil vor, in dem
83: er argumentiert, dass Alkohol nicht erlaubt sein sollte, weil einmal zwei Schüler auf
84: einer Klassenreise an Alkoholkonsum gestorben seien. Die Lehrerin kommentiert seinen Text
85: erst einmal nicht weiter, sie fragt aber nach, ob er davon mal gehört habe oder wie er
86: darauf komme. Siegfried antwortet ganz ruhig und sachlich: „Ja.". Lehrerin: „Liest du
87: BILD?", Siegfried: „Nein.". Lehrerin: „Wann hast du dann davon gehört?", Siegfried: „Als
88: ich noch klein war.", Lehrerin wiederholt: „Als du noch klein warst, ach so. Ja, also, es

89: klingt etwas reißerisch.". Gemeinsam überlegen sie dann in der Klasse, wie noch eine
90: BILD-Überschrift zum Thema Alkohol auf Klassenreisen lauten könnte. Die Lehrerin gibt
91: dabei vor: „Also, ich kann mir das ganz gut vorstellen. ‚Zwei Schüler auf Klassenreise tot
92: gesoffen'". Dann nimmt sie einen neuen Aspekt dazu: „Zwei Schüler auf Klassenreise tot
93: gesoffen und Lehrer in der Zeit in der Kneipe!". Die SchülerInnen greifen diesen
94: Skandalaspekt auf und erfinden weitere Titel, in denen gesagt wird, was die Lehrkräfte in
95: dem Moment alles gemacht haben könnten. Sie wirken plötzlich sehr engagiert, die Klasse
96: ist jetzt unruhig, weil viele zu ihren NachbarInnen murmeln.
97: Nun gibt Frau Ferreira einen neuen Arbeitsauftrag, der, so weit ich es verstanden habe,
98: eigentlich auch schon Teil der Ersatzaufgabe für den ausgefallenen Geschichtsunterricht
99: gewesen war, den aber anscheinend niemand gemacht hat. Die SchülerInnen sollen Pro- und
100: Contra-Argumente für oder gegen den Genuss von Alkohol auf Klassenfahrten sammeln. Die
101: Lehrerin überlässt es den SchülerInnen auch in Partnerarbeit zu arbeiten.
102: [...] ...
103: Frau Ferreira geht herum und guckt, wie die SchülerInnen arbeiten. Sie sieht anscheinend,
104: dass einige schon über andere Themen reden und gibt daher einen weiteren Arbeitsauftrag.
105: Diejenigen, die meinen mit der Argumentensammlung fertig zu sein, sollen diese nun für
106: eine ausformulierte Erörterung benutzen. Sie verweist auf das Deutschbuch, in dem noch
107: einmal genau angegeben sei, wie man eine Erörterung schreiben könne.
108: Entweder (A) immer abwechselnd zu einem Argument beide Seiten oder (B) erst
109: alle pro-, dann alle contra-Argumente. Diesen Teil sollen sie heute im Unterricht
110: beginnen, dann zuhause fertig stellen und morgen in der Deutschstunde den Schlussteil
111: ergänzen.[...]
112: Siegfried und Henning fangen erst nach einigen Minuten an, als die Lehrerin ihnen über die
113: Schulter guckt... Siegfried fragt nach: „Wie sollen wir das jetzt machen?". Die Lehrerin
114: erläutert noch einmal, was sie vorher bereits gesagt hatte. Die Lehrerin bleibt vor ihrem
115: Tisch stehen, Siegfried steht plötzlich auf und geht zu Vilma an den Tisch, warum habe ich
116: nicht verstanden, er macht dort auch nichts besonderes, sie grinst ihn nur an. Die
117: Lehrerin kommentiert das nicht, sie wartet ab, bis er sich wieder hinsetzt und sieht ihn
118: dabei eher strafend an. Sie erläutert für die ganze Klasse noch einmal die Aufgabe, als es
119: ziemlich unruhig wird, kritisiert sie: „Es ist nicht akzeptabel, dass ich noch einmal für
120: alle sage, was zu tun ist, und ihr dann nicht zuhört!". Ich hatte nicht verstanden, dass
121: sie gezielt Siegfried und Henning damit meinte, Siegfried fühlt sich jedoch offenbar
122: angesprochen und verteidigt sich, allerdings nur sich: „Ich habe zugehört!". Die Lehrerin
123: wendet sich jetzt direkt an ihn: „Ich habe vorhin aber schon einmal erläutert und ihr habt
124: dann hier gefragt, was ihr tun sollt." Dazu sagt Siegfried nichts mehr, Henning hatte
125: sowieso nicht direkt auf die Kritik reagiert.
126: Claudia beugt sich zu Sylvia und ruft leise ihren Namen. Sylvia ist in ein Gespräch mit
127: Vilma vertieft und reagiert nicht. [...] Daraufhin beschließt Claudia anscheinend ihre Frage
128: an die Lehrerin zu stellen und meldet sich. Frau Ferreira sieht dies, geht jedoch nicht zu
129: Claudia hin, sondern wendet sich an die Klasse und versucht erneut klarzustellen, was das
130: Wesen einer Erörterung ist. Sie erwähnt zudem, dass sie die SchülerInnen nicht überfordern
131: wolle und das sie den Rest des Hauptteils der Erörterung als Hausaufgabe machen sollten,
132: wenn sie nicht fertig werden würden. Für den Schlussteil mit Resümee und der Darstellung
133: der eigenen Meinung, hätten sie dann morgen zu Beginn der Stunde noch Zeit. Da es bei
134: diesen Ausführungen nicht gerade ruhig in der Klasse ist, beklagt Frau Ferreira am Ende
135: mit lauter, vorwurfsvoller Stimme, dass sie es nicht akzeptabel fände, dass die
136: SchülerInnen nicht zuhörten, wenn sie versuche die Aufgabenstellung klarzumachen.[...]
137: Es klingelt.

(Ad01121v und Ad01121k)

Protokoll einer Physikstunde in der 10. Klasse im September 2000 (Klasse A)

Während dieser Stunde hat Vasca Scheppelmann beobachtet. Es handelt sich um ein Beobachtungsprotokoll ohne speziellen Fokus. Protokollstellen, die sich auf Hinterbühnenaktivitäten der SchülerInnen beziehen, sind wiederum gestrichen worden.

1: [...]
2: Herr Blümer möchte zu Beginn des Unterrichts die Anwesenheit nachprüfen. Wie er nach einem
3: Blick in die Klasse feststellt, fehlen viele. „Mathias hat das Klassenbuch, oder?", fragt
4: er. Es stellt sich heraus, dass Mathias fehlt und gestern auch schon gefehlt hat und
5: niemand weiß, was mit dem Klassenbuch ist. Jemand geht los, um es zu suchen.
6: Herr Blümer beginnt den Unterricht, indem er noch einmal den Versuch aus der letzten
7: Stunde ins Gedächtnis ruft: „Wir haben doch am Dienstag diesen Versuch durchgeführt,
8: erinnert ihr euch? Zum Glück haben ja alle den Elektromotor zum Laufen gebracht. Woraus
9: besteht denn noch einmal ein Elektromotor? Das sind ja im wesentlichen drei Teile." Nur
10: Henning meldet sich, wird gleich aufgerufen und nennt zwei Teile: Stator und Rotor. Nach
11: Rückfrage des Lehrers fällt auch noch der dritte Begriff: Elektromagnet. Herr Blümer fragt
12: weiter: „Wenn es nur einen feststehenden Magneten gäbe und eine Spule, dann würde der
13: Motor nicht die ganze Zeit funktionieren. Ihr musstet das letztes Mal nicht einbauen, aber
14: wir haben das auf der Folie besprochen. Erinnert ihr euch noch daran was noch nötig ist?"
15: Susanne meldet sich und gibt die richtige Antwort: „Konnotator."
16: [...]
17: Der Lehrer erinnert daran, dass die Hausaufgabe darin bestand im Physikbuch etwas über den
18: Elektromotor nachzulesen. „Das habt ihr doch alle verstanden, ne?" fragt er, ohne wirklich
19: Zeit für eine gegenteilige Antwort zu geben. Die SchülerInnen reagieren auch nicht auf die
20: Frage. „Gut, dann will ich mal die Fehlenden aufschreiben." Das Klassenbuch ist
21: unauffindbar und so versucht Herr Blümer die Fehlenden ohne Klassenliste zu ermitteln. Er
22: zählt 18 SchülerInnen. „Ihr seid doch jetzt 25, oder?", fragt er in die Klasse. Die
23: SchülerInnen bejahen dies. Gemeinsam benennen sie die fehlenden SchülerInnen, doch es
24: werden nur sechs Namen genannt (Sigrun, Claudia, Mathias, Antje, Jennifer, Vilma). Es wird
25: über die siebte fehlende Person gerätselt, bis irgendwann Sylvia in die Klasse ruft:" Herr
26: Blümer, wir sind doch 19 und nicht 18, sie haben sich verzählt!". Herr Blümer guckt sie
27: verblüfft an, zählt nach und sagt leise: „Oh ja, du hast recht – danke."
28: Herr Blümer kündigt das neue Thema an, dass er gleichzeitig an die Tafel schreibt:
29: Induktion. Er fragt, ob jemand das Wort inducere aus dem Lateinischen kenne. Mehrere
30: SchülerInnen rufen etwas in die Klasse, anscheinend war auch die richtige Übersetzung
31: dabei, denn der Lehrer sagt: „Ja genau, hineinführen."
32: Um in das Thema einzuführen führt der Lehrer aus, dass er den SchülerInnen erst noch
33: einmal eine Sache zeigen wolle, die sie schon kennen. Er holt einen Gegenstand vom
34: Gerätewagen und schließt diesen an. „Wenn ich Strom durch die Leiterschaukel fließen
35: lasse, bewegt sich die Schaukel, das haben wir ja auch schon gesehen. Jetzt schließe ich
36: so ein Gerät hier an. Was misst das Gerät?" Ein Schüler, der vorne sitzt, sagt:
37: „Minivolt", er liest es vom Ziffernblatt des Gerätes ab. Der Lehrer fragt, was denn
38: Minivolt sei, was das Gerät also messe. Sven antwortet: „Spannung". Der Lehrer lobt ihn
39: für die richtige Antwort.
40: Der Lehrer schließt das Gerät an die Leiterschaukel an, der Zeiger schlägt nicht aus.
41: Erklärend zu seinem Tun führt der Lehrer aus, dass wenn er nun per Hand die Schaukel
42: bewegt, der Zeiger leicht ausschlägt. Er fragt, was dies denn bedeute.
43: Henning sagt ohne aufgerufen worden zu sein mit sicherer Stimme: „Es wird Strom erzeugt."
44: Der Lehrer erwidert: „Ja richtig – und was müsste man nun machen, um mehr Strom zu

45: erzeugen? Der Zeiger ist ja nur minimal ausgeschlagen – eigentlich konnten nur die Leute,
46: die vorne sitzen, das sehen."
47: Es werden mehrere Vorschläge in die Klasse gerufen: schneller, größerer Magnet, besserer
48: Leiter. Der Lehrer nimmt nur einen Vorschlag auf und sagt: „Ja, man nimmt viele Leiter und
49: verbessert dadurch den Strom." Er nimmt einen dicken U-Magneten und eine Magnetspule und
50: bewegt die Spule auf dem Magneten. Der Zeiger schlägt voll aus. Herr Blümer freut sich,
51: dass die Demonstration so gut geklappt hat und meint, dass es ja nun wirklich alle gesehen
52: hätten, dass durch diese Bewegung Strom erzeugt wurde. Er zeigt daraufhin, dass das Ganze
53: auch funktioniert, wenn man umgekehrt den Magneten in die Spule schiebt. „Ich fasse das
54: noch mal mündlich zusammen. Bei dem Elektromotor haben wir Strom durch eine Spule
55: geschossen und es hat sich etwas bewegt. Jetzt haben wir etwas bewegt und wir haben Strom
56: erzeugt." Magdy ruft rein: „Ja aber wieso denn – wie wird denn der Strom erzeugt?" „Ja,
57: gute Frage", erwidert der Lehrer, „aber jetzt schreiben wir erst mal was an die Tafel." Er
58: schreibt einen Merksatz zu dem durchgeführten Versuch an die Tafel. (Wird ein Leiter quer
59: zu einem Magnetfeld bewegt, so wird im Leiter eine Spannung (und als Folge davon Strom)
60: induziert (erzeugt). Das gilt auch wenn der Leiter fest steht und sich das Magnetfeld
61: verändert.)
62: [...]
63: In der Zwischenzeit hat der Lehrer eine Folie aufgelegt und stellt die Frage, in welche
64: Richtung die Elektronen bei der eingezeichneten Drehachse fließen. Magdy meldet sich als
65: einziger, wird aufgerufen und antwortet: „Nach links:" „Aha und warum?" fragt der Lehrer.
66: Elisa sagt zu ihrer Nachbarin: „Das ist immer das Blödeste, wenn man die richtige Antwort
67: weiß, aber nicht erklären kann warum." Nach einer kurzen Denkpause versucht Magdy zu
68: erklären wie er zu der Vermutung gekommen ist. Herr Blümer erwidert daraufhin, dass er die
69: Erklärung nicht verstände. „Wir hatten da doch so eine Regel. (Einige SchülerInnen beginnen
70: in ihrer Mappe zu blättern) Ja schön blättern, bloß nicht auswendig wissen", kommentiert
71: Herr Blümer mit sarkastischem Unterton. Nach einer kurzen Pause wird die Regel genannt und
72: der Lehrer versucht die Regel für die neue Situation zu adaptieren. Er erklärt unter
73: Einbeziehung der Regel, wohin die Elektronen bei der angemalten Drehrichtung fließen, bzw.
74: wo ein Plus- und ein Minuspol und somit Spannung entsteht. Dabei stellt sich heraus, dass
75: Magdy recht hatte mit seiner Antwort. Herr Blümer endet mit: „So einfach ist das. Jetzt
76: schreiben wir uns das ein bisschen auf." Er schreibt einen weiteren Merksatz an die Tafel.
77: Helmut, Henning und Magdy reden miteinander. Letzterer beugt sich zu Elisa rüber und
78: flüstert ihr etwas zu, dann gucken sie beide zu mir – anscheinend reden sie über mich.
79: Ansonsten scheint meine Anwesenheit die SchülerInnen überhaupt nicht zu interessieren.
80: Während des Abschreibens beginnen die SchülerInnen wieder leise miteinander zu reden.
81: Als Herr Blümer mit dem Anschreiben fertig ist, sagt er: „So, jetzt habe ich keine Lust
82: mehr, noch mehr zu schreiben – ihr bestimmt auch nicht. Aber dafür gibt es ja auch Bücher,
83: dass man da alles genau drin nachlesen kann. Jetzt werden wir gleich mal versuchen den
84: Merksatz, bzw. die Regel anzuwenden." Er legt eine neue Folie auf und fordert die
85: SchülerInnen auf zu überlegen, wo sich die Elektronen nun hinbewegen. Joachim meldet sich
86: und wird aufgerufen. Er antwortet sehr verhalten und leise, so dass ich nicht alles
87: verstehe. Da Joachim vorne sitzt, steht der Lehrer direkt vor ihm und versteht die
88: anscheinend richtige Antwort. Er fordert Joachim auf: „Lauter bitte, das versteht so
89: niemand – oder Susanne (sitzt ganz hinten) hast du das verstanden?" Susanne verneint
90: dieses. Joachim wiederholt die Antwort mit lauter Stimme.
91: Als Hausaufgabe gibt Herr Blümer auf, bestimmte Seiten im Physikbuch zu lesen und die
92: dazugehörigen Fragen zu beantworten.[...]

(Ap00922v)

Jutta Wiesemann, Klaus Amann

Situationistische Unterrichtsforschung

1. Lernen als Gegenstand empirischer Forschung in der Pädagogik: Wie lernen Kinder?

- Wie kann man relevante und verlässliche Aussagen über schulisches Lernen machen?
- Wie kann man den schulischen Alltag im Hinblick auf seine Lernqualitäten evaluieren?
- Wie können konkrete Formen von Schule und Unterricht im Hinblick auf ihren spezifischen Beitrag zum Lernen der Kinder analysiert werden?

Diese und ähnliche Fragen bewegen seit langem die pädagogische Forschung. Es sind Fragen, die sich sowohl an das Selbstverständnis einer wirklichkeitshaltigen Forschungsstrategie stellen, als auch wichtig erscheinen für die Gestaltung des schulischen Lernalltags. In einer langen Tradition der Unterrichtsplanung nehmen die entsprechenden Antworten der Forschung und der Schulpraktiker vorzugsweise die Form didaktischer Modelle oder Strategien an. Für praktische Zwecke kommt es ja schließlich insbesondere darauf an, die Planung von Unterricht so weit zu präzisieren, dass die jeweils gesetzten Unterrichtsziele durch eine klare Unterrichtsmethodik und (Fach-) Didaktik erreicht werden.

Didaktiker und kompetente Lehrerinnen und Lehrer wissen, wie man guten Unterricht macht. Sie wissen aber auch, welche Faktoren es verhindern, solch guten Unterricht tatsächlich Stunde für Stunde zu praktizieren. Sie wissen zugleich, wann eine Unterrichtsstunde gut gelaufen ist – und: was man alles falsch machen kann. Jenseits dieses umfangreichen professionellen Wissens über schulisches Lehren gibt es jedoch ein erkennbares Wissensdefizit, sobald man die genannten Fragen als Aufforderungen betrachtet, *Lernen im Unterricht* als empirischen Gegenstand der Pädagogik zu begreifen und analytisch zu fassen. Wir wollen im Folgenden zentrale Aspekte einer Forschungsperspektive skizzieren, mit der dieses Defizit systematisch bearbeitet werden kann. So sollen neue und praktisch anschlussfähige Antworten für den pädagogischen Alltag gefunden werden.

Wie lernen Kinder?

Verschiedene psychologische Lern-, Motivations- und Entwicklungstheorien bilden – als Importprodukte aus der Nachbardisziplin – in der Pädagogik bis heute das anscheinend stabile Fundament zur Entwicklung von Theorien und Methoden schulischen Lehrens. Je stärker der schulische Bildungsprozess auf die Entwicklung kognitiver Kompetenzen der Schülerindividuen zugeschnitten wird, um so notwendiger erscheint es, die pädagogische Arbeit an der geistigen Leistungsfähigkeit des Einzelnen in den Mittelpunkt des schulischen Lernprozesses zu rücken. Als dazu komplementäre Seite wächst aber auch das pädagogische Interesse an der Entwicklung der sozialen Kompetenzen der SchülerInnen.

Die Aufgabenteilung zwischen Psychologie und Pädagogik hat dazu geführt, dass zum einen kindliches Lernen als das Geschehen am und im einzelnen Kind verstanden und die dafür relevanten Ereignisse an diesen je Einzelnen festgemacht werden.[11] Zum anderen ist der soziale Ort, an dem solches Lernen ausgelöst wird, der genuine Zuständigkeitsbereich pädagogischen Handelns. Pädagogische Aktivitäten gelten gemeinhin nur dann als fundiert und kompetent, wenn sie psychologische Grundsätze über die Lernfähigkeiten und Lernweisen von Kindern in entwicklungsgemäßer Weise bei der Planung von Lehrprozessen berücksichtigen. Unterricht soll zuallererst eines: Über die Gestaltung des kollektiven Lernens das je individuelle Lernen ermöglichen.[12] Ob daraus Lernen entsteht, muss sich dann wiederum an den prüfbaren (beobachtbaren) Leistungen der einzelnen SchülerInnen zeigen.

Mit dieser doppelten Arbeitsteilung – Kinder lernen, Lehrer lehren, die Psychologie beschäftigt sich mit dem Lernen und die Pädagogik mit dem Lehren – ergibt sich eine faktische Ausblendung des kollektiven, *unterrichtlichen Lernprozesses* als eigenständige soziale Praxis aus dem normalen pädagogischen Blick. Der alltägliche Lernprozess im Klassenzimmer wird zur pädagogischen ‚Black Box', in der etwas passiert, das letztendlich als überkomplex und nur mit spitzen Fingern von außen steuerbar erscheint.[13] Die Verschiedenheit[14] der an diesem kollektiven Geschehen beteiligten Lerner scheint es von vorne herein zu verbieten, Licht ins Dunkel zu bringen. Man weiß allein, was man hineinsteckt: die Aktivitäten der Lehrpersonen – und

---

11 Die Evaluation von Lernen/Gelernt-Haben ist Ausdruck davon: es ist grundsätzlich die Evaluation der Leistungsfähigkeit/Kompetenz des einzelnen Kindes.

12 Selbstverständlich ist lernen nicht allein auf pädagogisch gestaltete Situationen beschränkt.

13 Betritt man Schulflure, so wird aus der Black Box eine Reihe von geschlossenen Türen, die den beobachtenden Blick auf das Geschehen dahinter versperren.

14 Moderne Gesellschaften verstehen ihre Kinder und Jugendlichen als sehr unterschiedliche Individuen, deren Verschiedenheit für die Schule eine mindestens so große Herausforderung stellt wie die Erwartungen, die an ihre Bildung und Erziehung gestellt werden. Ganz anders noch bei Comenius, der von der Identität der zu Belehrenden ausging.

was herauskommt: mehr oder weniger Lernerfolg, oft gemessen als Normalverteilung bei der zensierenden Leistungsbewertung. Unbeantwortet bleibt für den konkreten Schulalltag die Frage: Wie lernen Kinder?

Diese Frage soll im Folgenden also nicht an individuelles Lernen gestellt werden, sondern an den unterrichtlichen Lernprozess.

2. Schulisches Lernen: Institutionalisierte Lernprozesse

Schule ist die stabile Organisation von Lehr-/Lernprozessen, die sich als Unterricht von einem alltags- und handlungsverbundenen Lernen unterscheidbar halten. Die Theoretisierung, Professionalisierung und Verwissenschaftlichung in Erziehungstheorien und akademischer Qualifikation stabilisieren in modernen Gesellschaften die zentrale Position schulischen Unterrichtens für Lernen und Sozialisation. Von Lehrerinnen als der Personalisierung von Schule und Unterricht wird in einer sich zunehmend als auf Wissen gegründet verstehenden Gesellschaft erwartet, dass sie durch ihr professionelles Handeln bei den SchülerInnen die Grundlagen für deren soziale Teilhabe schaffen.

Anders als in der Familie – der komplementären Lern- und Sozialisationsinstanz – wird in Schule und Unterricht professionelles Handeln erwartet: Wo an den familiären Alltag heute vorrangig die Erwartung gerichtet wird, physische, emotionale und soziale Gesundheit der Kinder zu sichern, soll Unterricht geplant und zielgerichtet (kognitive) Lernprozesse in Gang setzen. Obschon beide Sozialisationsaufgaben nicht voneinander getrennt werden können, so zeichnet sich Schule durch eine institutionelle Isolierung vom alltäglichen (d.h. außerschulischen) Leben aus. In ihr wurden über lange Zeiträume eigenständige und stabile Formen der sozialen Interaktion zwischen Erwachsenen und Kindern hervorgebracht.[15]

Schulisch organisierte Lernprozesse gewinnen ihre soziale Legitimation in einem fraglos konstatierten Bildungs- und Ausbildungsbedarf spezifizierter Alterskohorten der Bevölkerung: alle Menschen zwischen etwa 6 und 16 Jahren. Schule hat dabei die Aufgabe, einen bedeutsamen Teil der gesellschaftlichen Sozialisation zu organisieren und zu kontrollieren. In der ihr zur Verfügung gestellten Lebenszeit der Kinder und Jugendlichen als Schulzeit mag es aus der Perspektive der Beteiligten um sehr unterschiedliche Dinge gehen: Ihre Letztbegründung erhält Schule jedoch als Organisation schuli-

15 Harald Geissler stellt in seiner Darstellung des Unterrichtsverständnisses im historischen Verlauf fest, dass eine „erstaunliche historische Stabilität und Kontinuität (...) unterrichtlicher Ordnungsstrukturen" zu beobachten sei. „Untersuchenswert aber wäre die Hypothese, ob nicht strukturell ähnliche alltagspraktische Ordnungsstrukturen den Unterricht beherrschen wie damals – nur mit dem Unterschied, daß sie sich mittels anderer Formen realisieren." Geissler 1997, 1541f.

schen Lernens. Seine als Unterricht charakterisierte Form beruht auf der Voraussetzung einer anhaltenden Wissens- und Erfahrungsdifferenz von Lehrenden und Lernenden.

Die Vorstellung von Lernen als der Beseitigung von Wissensdefiziten über Unterricht – flankiert durch Erfolgskontrollen – bildet die Kernvorstellung von schulischer Wissensvermittlung: Lehrer müssen Schülern etwas ‚beibringen', Schüler müssen sich etwas beibringen lassen. Schulisches Lernen als Interaktionspraxis ist aus institutioneller Perspektive weitgehend organisatorisch und normativ vorbestimmt. Es findet statt, sobald (vor-)bestimmte Inhalte in (vor-)bestimmter Form an eine bestimmte Klientel vermittelt werden (können). So bleibt ‚nur' noch zu entscheiden, ob die damit verknüpften Erwartungen an das Lernen der Klientel eintreten – oder eben nicht.

Schulisches Lernen ist *unterrichtsförmiges Lernen*, daran ändert kein schulisches Experiment etwas. Unterrichtsförmiges Lernen bedeutet, dass eine mehr oder weniger umfangreiche Vorgestaltung von Unterricht durch Lehrende stattfindet, bei der nicht nur Lernziele und -Mittel vorbestimmt werden, sondern auch infrastrukturelle Arrangements generiert werden, mit denen Lernchancen auf Seiten der Schülerinnen verknüpft sind (bzw. sein sollen).

Mit einer vorläufigen analytischen Differenzierung kann Unterricht entlang von drei Dimensionen betrachtet werden. Er besitzt erstens eine *zeitliche Dimension*. Hier können Rahmenzeiten und Binnenzeiten unterschieden werden. Rahmenzeiten sind entweder bezogen auf Fächer, auf Lehrpersonen, auf Klassen, auf Schuljahre oder auf Biographien von Kindern. Unterricht findet in Fächern statt, veranstaltet von bestimmten Lehrkräften, durchgeführt in einzelnen Klassen, in Klassenstufen, in Schulformen. Stundeneinheiten, Halbjahre, Schuljahre strukturieren als Rahmenzeiten das Geschehen. Die Biographien der SchülerInnen weisen in Abhängigkeit davon Schulzeiten auf.

Binnenzeiten ergeben sich im Verlauf eines Schuljahres, einer Unterrichtseinheit oder einer Unterrichtsstunde. Sie ordnen das Geschehen nach ‚dramaturgischen' Regeln: den Verlauf einer Unterrichtsstunde, die Strukturierung von Lernstoffen oder die Fixierung von Lernzielen im Schuljahresverlauf.

Unterricht besitzt zweitens eine *sachliche Dimension*. Es sind die Fächer und/oder Gegenstände, die Unterricht für die Beteiligten und die Beobachter unterscheidbar machen. Beides ist mit Inhalten und Lehr/Lernformen verbunden.

Unterricht besitzt schließlich drittens eine *soziale Dimension*. Er ist eine soziale Veranstaltung mit Lehrenden und Schülern. Wo eins davon fehlt, ist kein Unterricht. Nach wie vor charakteristisch ist die Kopräsenz in Unterrichtsräumen mit einer bestimmten Infrastruktur (trotz aller moderner Fernstudientechniken).

Sozial geordnete Diversität unterrichtlicher Interaktion

Aus didaktischer Perspektive ist Unterricht eine Situationsform, die geplant, vorbereitet, strukturiert und realisiert wird, nach Maßgabe eigener Wissens- und Erfahrungsbestände im Umgang mit Lernern. Die – wenn auch immer begrenzte – Planbarkeit von Unterricht setzt ein umfangreiches Wissen über typische Verläufe voraus. Entsprechende didaktische Modelle tragen dem Planbarkeitsanspruch Rechnung.

Gehen wir von didaktischen Modellen und Konzepten aus, so können wir vermutlich eine überschaubare Vielfalt unterschiedlicher Ansätze zur planerischen Gestaltung von Unterricht bestimmen. Dies reicht von unterschiedlichen Fachdidaktiken über die Unterscheidung nach Altersstufen und Schulformen bis zur Unterscheidung von Grundmodellen des Lehrens im Hinblick auf verschiedene pädagogische oder psychologische Theorien. Aus dieser mehrdimensionalen Differenzierung der pädagogischen Unterrichtsgestaltung ergibt sich jedoch – wie die meisten LehrerInnen in ihrer Unterrichtspraxis erfahren – noch keine vorbestimmbare Klarheit über den Realverlauf von Lehr-/Lernsituationen im Unterricht. Dazu sind die Komplexität von Lernarrangements und deren zeitliche wie lokale Randbedingungen in der sozialen Gruppe einer Schulklasse einfach zu hoch. Oder anders gesagt: Selbst der gleiche Lehrer wird wohl niemals in seinem Leben zweimal die gleiche Unterrichtsstunde halten können. Daraus ergibt sich – für *alle* Beteiligten – der selbstverständliche Zwang einer lokalen Diversifizierung der je einzelnen Unterrichtssituationen im Zeitverlauf.

3. Fragen der Unterrichtsforschung

„Zu untersuchen ist, wie Kinder sich tatsächlich – und zwar auch ohne didaktische Steuerung – ihre Umwelt aneignen. Lernprozesse – so der aktuelle Diskussionsstand – sind nur als Konstruktionsprozess erklärbar. Die Forschungsperspektive muss sich demnach den Konstruktionsprozessen des einzelnen Kindes zuwenden.“ [16]

Grundlage der aktuellen „Erwerbsforschung“ in der Grundschule ist die als neu konstatierte Sicht einer radikalkonstruktivistischen Psychologie. Lernen wird als „individuelle Konstruktion der Welt im Kopf“[17] beschrieben, PädagogInnen und Fachdidaktikerinnen sind konfrontiert mit „individuellen Aneignungsprozessen“. Ihr pädagogischer Blick richtet sich ein weiteres Mal auf das einzelne Kind und seine individuellen Konstruktionsleistungen. Über

16 Gertrud Beck 2001

17 Und weniger als passive Ansammlung von aufgenommenem Wissen über die Welt betrachtet. Vgl. z.B.: Brügelmann 1998, 9.

unterschiedliche disziplinäre Perspektiven hinweg findet der Lehrsatz „Lernen ist ein Konstruktionsprozess" Zustimmung. Im Gefolge entsteht eine Renaissance derjenigen Lernformen, die aus reformpädagogischen Zusammenhängen stammen und die individuellen Zugänge der Kinder zu Unterrichtsinhalten hervorheben. Dies ruft jedoch die Bewahrer einer lehrorientierten Didaktik und Pädagogik auf den Plan. Sie warnen vor den unterrichtspraktischen Folgen: Pädagogisches Arbeiten verkomme zu einem beliebigen Experimentieren, bei dem das ernsthafte Lernen, die didaktisch strukturierte Erarbeitung von relevanten Wissensinhalten auf der Strecke bleibe.[18] „Und wo alles geht, geht bald nichts mehr." „Ein Kerncurriculum für den Sachunterricht muss – bei vorhandenen Freiräumen für situatives und individuelles Lernen – ...Wissen vermitteln." (Schreier in GS 4, 2001)

Wenn man die ‚Kindzentriertheit' (im Unterschied etwa zu einer traditionellen ‚Lehrerzentrierung') der neueren Schul- und Unterrichtsforschung näher betrachtet, geht es nicht nur um die Blickwendung auf das einzelne Kind als Subjekt seines Lernens. Vielmehr rückt auch der Unterricht als ein Lehr-/Lernarrangement, genauer: als ein interaktiv von SchülerInnen und LehrerInnen hergestelltes Setting, ins Blickfeld.

In der entsprechenden Literatur können zunächst drei Varianten identifiziert werden, diesem als *Lernen im Unterricht* lokalisierten Phänomenbereich näher zu kommen:

1. Über die Erforschung kindlicher Bewältigungsstrategien und von Beteiligungsgraden in ihrem schulischem Alltag.[19]
2. Über die Analyse einzelner, arrangierter pädagogischer Settings: Gefragt wird nach deren Bedeutung für die Kinder, deren Effektivität und den mit ihnen verbundenen Lernmöglichkeiten.[20]
3. Ausgehend von einem schulischen Lernthema empirisch zu klären, wie Kinder sich einem Thema (oder Phänomenbereich) nähern, welche Verstehensstrategien sie entwickeln.[21]

Charakteristisch an diesen Zugängen erscheint ihr individualistisch pro-phänomenologischer Ansatz gegenüber kindlichen Aneignungsprozessen. Die Beantwortung der Forschungsfragen zielt darauf ab, pädagogische Lösungen für das Problem der Steuerung individueller Lernprozesse zu entwickeln.

Dieser individualisierenden Betrachtungsweise stehen Forschungsansätze gegenüber, bei denen sich das Interesse auf die Breite des schulischen Alltags

18 Vgl. auch H. Giesecke 1998.
19 Beck/Scholz 1995a. Beck/Scholz 1995b.
20 Heinzel 1996; Laging1995; Lambrich 1995.
21 Beck plädiert dabei für die Forcierung einer „Erwerbsforschung" , die Untersuchungen außerschulischer Lernprozesse - als „natürlichere" (J.W.) Lernprozesse - zum Ausgangspunkt für effektive Lernorganisation im Unterricht macht. Siehe auch: Möller 2000; Faust-Siehl 1996.

richtet. Mit den Mitteln einer teilnehmenden Beobachtung wird Schule als ein vielschichtiger Handlungszusammenhang betrachtet, in den SchülerInnen und LehrerInnen eingebunden sind. Für die mit solchen Beobachtungen arbeitenden, ethnographischen Studien geht es nicht nur um eine Exploration und Analyse des pädagogisch arrangierten Unterrichtsgeschehens. Schule wird zudem als relevanter Lebens- und Erfahrungsraum von Kindern und Jugendlichen wahrgenommen.[22]

Der ethnographische Zugang zum *Unterricht* sucht Antworten auf die Frage nach den Herstellungspraktiken der Akteure für pädagogische Situationen. Diese Antworten sind – sofern man sie auf einen pädagogischen Anwendungskontext hin betrachtet – an der Möglichkeit einer Steuerung von Interaktionssituationen des Lernens ausgerichtet. Aktuelle Beiträge beschäftigen sich beispielsweise mit der Struktur von Unterrichtsgesprächen, mit der Eigentümlichkeit von offenen Unterrichtsformen wie dem sogenannten Wochenplan oder mit den Lernpraxen der Kinder.[23]

Stehen die erstgenannten drei Varianten in psychologischer Denktradition: ‚Lernen geschieht im Kopf', versucht der zweite Ansatz eine pädagogisch-soziologische Perspektive auf das Lernen zu richten: ‚Lernen geschieht in Situationen'.

4. Situationistischer Ansatz

Diese, den Individuen quasi äußerliche Perspektive macht nur dann Sinn, wenn es gelingt, pädagogisch relevantes Wissen über den methodischen Weg der Beobachtung von Lerninteraktionen zu generieren. Da insbesondere die Pädagogik keine Instrumente hat, herauszufinden, was ‚in den Köpfen' der Handelnden – etwa in einer Unterrichtssituation – geschieht, erscheint uns eine solche radikale Reorientierung der Lernforschung unvermeidlich. Darüber hinaus ist sie als eine ‚therapeutische' Maßnahme notwendig, die sich genauso gegen fatalistische Diagnosen einer willigen, aber hilflosen Schule – angesichts einer scheinbar unablässig steigenden Zahl schwer beschulbarer Kinder – richtet wie gegen die Vorstellung, man müsse nur bestimmte, bereits in der Pädagogik bekannte Lehrverfahren anwenden, um zu stabilen Lernerfolgen bei den SchülerInnen zu kommen. Dabei geht es weder darum, solchen Diagnosen in Gänze zu widersprechen, noch die Qualität einzelner

---

22 Wichtig sind hier insbesondere die neueren Arbeiten einer ethnographischen Kindheits- und Jugendforschung, für die die empirische Auseinandersetzung mit dem schulischen Alltag – über eine Beschäftigung mit den ‚sozialen Welten von Schülern und Schülerinnen' (Zinnecker 2000) hinausgehend – wesentliche Dimensionen der peer Sozialisation zugänglich macht. (Breidenstein/Kelle 1998)

23 Kalthoff 2000, Huf 2001, Wiesemann 2000.

pädagogischer Konzepte zu bestreiten. Unser Anspruch ist viel bescheidener: Es geht uns um die Erarbeitung empirisch abgesicherten Wissens, wie – egal in welchem Unterricht – Lernen als geordnete soziale Praxis ganz konkret verläuft. Erst auf der Basis einer solchen sorgfältigen empirischen Explikation der Realverläufe schulischen Unterrichts gewinnen pädagogische Diagnostiken über guten und schlechten Unterricht, über lernwillige oder unwillige SchülerInnen, über Schuldzuschreibungen an ‚die' Gesellschaft, ‚die' Eltern, ‚die' Schule oder ‚die' LehrerInnen einen konkreten Sinn für Intervention in ‚problematische' Verhältnisse. Ohne ein solches Wissen läuft jede Intervention Gefahr, entweder ins Leere zu laufen, tatsächliche Probleme nur zu verschieben oder neue hinzuzufügen. Der bescheidene Anspruch einer empirischen Explikation unterrichtlicher Lernprozesse orientiert sich an der Frage, wie im Unterrichtsrahmen gemeinsame Aktivitäten als Lernen gestaltet werden.

Im Mittelpunkt stehen deshalb die Situationen und ihre Menschen und nicht die Menschen und ihre Situationen.[24] Zunächst versuchen wir zu klären, was der Situationsbegriff für die Unterrichtsforschung leisten kann. Voraussetzung ist eine wissenschaftliche Neugier am konkreten, alltäglichen Geschehen in schulischen Zusammenhängen. Dieser Alltag des Unterrichts wird vorrangig zugänglich durch eine Forschungsorientierung an einer Vielzahl einzelner, gleichwohl institutionell gerahmter Situationen. Weniger der Umstand des – immer schon komplexen – Zusammenhangs alltäglichen Handelns, als vielmehr die soziale Geordnetheit auf der Ebene zeitlich eingegrenzter Handlungsabläufe soll hier interessieren. Von konkreten, beobachtbaren Unterrichtssituationen wird erwartet, dass ihr jeweiliger Verlauf eine eigene ‚Ordentlichkeit' besitzt. Diese Ordentlichkeit ist jedoch nicht aus dem begrenzten Wissen über die expliziten, bzw. explizierbaren Strategien, also etwa den pädagogisch-didaktischen Planungen von Unterrichtssituationen deduzierbar.

Mit dieser sozialtheoretischen Grundannahme einer zwar vorhandenen, pädagogisch aber noch zu entdeckenden Geordnetheit sozialer Unterrichtssituationen kann auch die Zielrichtung einer beobachtungsorientierten Unterrichtsforschung bestimmt werden: Es ist die analytische Erarbeitung einer Systematik (schulischer) Lernsituationen. Für eine solche Erarbeitung wird die Individualität der beteiligten Akteure – und mit ihr die Suche nach deren intentionalen Bezügen zu ihrem Handeln – methodisch eingeklammert.[25] Der Verlauf einer Interaktionssituation wird durch diese Einklammerung als ein Geschehen zugänglich gemacht, für das wiederum drei Dimensionen relevant sind:

24 Goffman1964.

25 Mit methodischer Einklammerung ist gemeint, dass es nicht darum geht, die Bedeutsamkeit individueller Sinnstiftungen in Handlungsverläufen grundsätzlich zu bestreiten. Bestritten wird allerdings die analytische Relevanz von intentionaler Zurechnung einzelner Aktivitäten für eine situationistische Perspektive auf soziale Handlungszusammenhänge.

- die lokale Gebundenheit
- die wechselseitige Bezugnahme der Handelnden
- ein abgrenzbarer Zeitraum

In der Schule geht es beispielsweise darum, sich mit einem rätselhaften Phänomen zu beschäftigen, um es zu verstehen, sich einer schulischen Aufgabe zu widmen, um sie lösen zu können, sich eine Kulturtechnik anzueignen, um sie beherrschen zu können, oder eine soziale Ordnung wiederherzustellen, die in Unordnung geraten ist.

Mit einem situationistischen Ansatz rücken die Mikrostrukturen schulischer Interaktion in den Vordergrund. Situationen entstehen, bestehen und vergehen nur durch das aufeinander bezogene Tun aller Beteiligten.

Sprechen wir von der Analyse von Lernsituationen, so ist bereits eine strukturelle Einschränkung vollzogen. Diese Einschränkung kann zunächst bloß heuristisch gemeint sein: Gibt es Kriterien, Anhaltspunkte, Strukturmerkmale, die es plausibel erscheinen lassen, eben solche Lernsituationen von Situationen anderen Typs zu unterscheiden? Und wenn ja, worin bestehen diese? Eine vollständige definitorische Vorbestimmung – etwa mit Hilfe pädagogischer oder lernpsychologischer Kriterien – würde dagegen der Zielsetzung eines Beobachtungsansatzes zuwider laufen. Sie würde bereits die noch fehlenden Antworten auf zwei zentrale Fragen voraussetzen: 1. Wie sieht lernen als Interaktionspraxis aus? 2. Welche unterscheidbaren Lernformen gibt es?

Die empirische Beantwortung dieser Fragen impliziert:

- Wie sind konkrete Lernsituationen systematisch beschreibbar, d.h. welche Arten von Aktivitäten entfalten die TeilnehmerInnen, die eine soziale Situation zur (schulischen) Lernsituation machen?
- Welche Handlungen der TeilnehmerInnen werden sichtbar, die auf eine Annäherung an den Inhalt verweisen? Welche konkreten Operationen und Verfahren werden angewendet um das jeweilige Problem lösen oder verstehen zu können?
- Wie machen die TeilnehmerInnen sich wechselseitig klar, dass etwas verstanden, d.h. gelernt wurde?

Der dadurch angeleitete analytische Blick verschiebt die Aufmerksamkeit weg von den Inhalten, stellt die Intentionen didaktischer Arrangements in den Hintergrund und wendet sich Realverläufen zu. Erst aufgrund einer vergleichenden Analyse des Beobachtungsmaterials aus Unterrichtssituationen können entsprechend die Kriterien für Lernsituationen expliziert werden.

Im Mittelpunkt des Forschungsinteresses stehen also nicht die Individuen, die in unterschiedlichen Unterrichtssettings Verschiedenes oder Dasselbe lernen. Es sind die Settings oder Situationen selbst, die als Lernsituationen identifiziert und beschrieben werden. Unterrichts- oder Lern*situationen* entfalten ihre Dynamik zwar stets entlang von Gegenständen und Themen, (oder: haben Gegenstände und Themen), für ihre analytische Rekonstruktion steht jedoch ihr *Wie* im Vordergrund. Die in situ Beobachtung unterrichtlicher Interaktionen versucht darüber hinaus, deren sozial geordnete Diversität als empirische Lösungen des Problems kollektiver Lernprozesse in sozial asymmetrischen Lernsituationen zu begreifen.

5. Ethnographische Forschung in der Schule – situationistische Unterrichtsforschung

Für eine empirische Unterrichtsforschung, die sich für die Praxis schulischen Lernens interessiert, kann davon ausgegangen werden, dass diese empirisch zu bestimmende Diversität scharf zu unterscheiden ist von einer Beliebigkeit konkreter Interaktionsverläufe. Es wäre eine irreführende Vorstellung, aus der Feststellung einer Unvorhersehbarkeit eines lokalen Handlungsverlaufs zu schließen, dass zu einem gewählten Beobachtungszeitpunkt alles Mögliche passieren könnte. Im Gegenteil ist das Kennzeichen institutionell normalisierter, habitualisierter sozialer Interaktion die systematische Begrenztheit des Repertoires an angemessenen Fortsetzungsmöglichkeiten. Wie solche Repertoires aussehen, wird allerdings erst über eine mikrostrukturelle Analyse von Interaktionen erkennbar.

Wir haben bislang versucht, die Perspektive einer situationistischen Unterrichtsforschung zu präzisieren, die an einer Klärung der empirischen Gestalt schulisch institutionalisierter Lernprozesse interessiert ist. Diese Perspektive unterliegt von vorneherein zwei – forschungsstrategisch begründeten – Beschränkungen.

Erstens müssen wir davon ausgehen, dass sich aus den auf diese Weise identifizierten Interaktionsverläufen gerade keine Aussagen über ‚das Lernen' des einzelnen Kindes deduzieren lassen. Statt dessen geht es ausschließlich um die analytische Bestimmung spezifischer Sozialformen des Lernens. Insofern gründet die gewählte Perspektive auf der Überzeugung, dass sich die uns interessierenden pädagogischen Phänomene des Lernens nicht ‚hinter' dem beobachtbaren Geschehen des Unterrichts abspielen, sondern ausschließlich in den Unterrichtssituationen selbst identifizierbar sind. Begreifen wir also Lernen als ein empirisch variantenreiches Interaktionsformat, geht es für die pädagogische Forschung um die systematische Erarbeitung solcher Varianten, im Falle von Schule u.a. um die Varianten unterrichtlichen Lernens.

Dies kann jedoch zweitens nicht bedeuten, nun jeglichen Unterricht als Fall solcher Varianten von Lernsituationen zu betrachten und Unterricht mit schulischem Lernen gleichzusetzen. Im Gegenteil: Ziel der Auseinandersetzung mit Unterricht ist es, die empirischen Sozialformen des Lernens gerade in Abgrenzung von anderem Unterrichtsgeschehen zu bestimmen.

Der erste Schritt zur empirischen Explikation führt notwendiger Weise in den Alltag der Schulklasse und in den Klassenraum.[26] Dabei geht es nun nicht darum herauszufinden, was die LehrerInnen ‚wirklich' tun (etwa im Sinne einer schulamtlichen Qualitätsüberprüfung des Unterrichtens), sondern, wenn man in dieser Formulierung bleiben will: darum, wie innerhalb von Unterricht kollektives schulisches Lernen wirklich ‚getan' wird.[27] Die methodischen Werkzeuge eines solchen ‚Eindringens' liefern uns die Anthropologie und Soziologie in Form ethnographischen Forschens.[28] Ebenso eine interpretative Unterrichtsforschung, die sich auf die Analyse sprachlicher Interaktionsdaten aus Unterrichtsverläufen stützt.[29] Schulischer Alltag wird in der so gewählten, kulturalistischen Perspektive als Teilbereich gesellschaftlicher Wirklichkeit verstanden.

Unterricht ist – auch wenn die Türen der Klassenräume meist geschlossen sind – in sozialer Hinsicht ein öffentliches Geschehen.[30] Uns interessieren im Zusammenhang der Frage nach dem Wie des Lernens insbesondere die sozialen Formen, durch die für die beteiligten Akteure wie für potentielle BeobachterInnen (d.h. ForscherInnen) auf dem Hintergrund seines öffentlichen Charakters eine lokale Beobachtbarkeit von Lernprozessen entsteht. Ethnographie mit ihrer zentralen Methode der teilnehmenden Beobachtung unterstellt jeglichem sozialem Interaktionsgeschehen zumindest eines: dass es gerade deshalb Zugänge für seine sozialwissenschaftliche Erforschung besitzt, weil die Voraussetzung zur Teilhabe für jeden Interaktionsteilnehmer dessen prinzipielle Verstehbarkeit ist. Oder anders ausgedrückt: Für einen basalen Situationsbegriff entsteht wechselseitige Perspektivenübernahme (Mead) und die soziale Wahrnehmung der eigenen und der anderen Personen nur über die gemeinsamen, sinnhaften ‚Beiträge' zur Situationsgestaltung.

Nicht nur die komplexen unterrichtlichen Lernprozesse, sondern auch das, was jeweils als ‚Gelernt-Haben' gilt, ist für uns als Beobachter wie für die Akteure selbst nur erkennbar als eine performative Leistung. Dass ‚Etwas' von Einzelnen gelernt wurde[31], kann für die Beteiligten nur erfahren werden durch

---

26 Vgl. Beck/Scholz 1995; Lambrich 1995; Kalthoff 1997; Krappmann/Oswald 1995; Wiesemann 2000.

27 In Anlehnung an ethnomethodologische Explorationen der Mikrostrukturen sozialer Praxis. Vgl. Bergmann 1991.

28 Vgl. u.a. Hirschauer/Amann 1997. Sowie dort Literaturhinweise in: Amann/Hirschauer 1997.

29 Vgl z.B. Krummheuer 1997; Combe/Helsper 1994.

30 Geertz 1983. Schule ist natürlich kein öffentlicher Platz, aber schon die Bezeichnung der Mehrzahl von Schulen als ‚Öffentliche Schulen' gibt einen Hinweis darauf, dass zumindest die juristische Form den Gesellschaftsbezug stets mit denkt. Mehr dazu weiter unten.

31 An dieser Stelle meinen wir nochmals die dominante Bedeutung dieses Begriffs ‚gelernt haben': Dass also ‚im Kopf' oder an irgendeiner anderen Stelle des Individuums Veränderungen stattgefunden haben.

demonstrierte Kompetenz und deren symptomatische Evaluation durch Lerner wie Lehrer. Der Lerner erkennt an den Reaktionen des Lehrers, dass die erbrachte Aktivität/Leistung das ist, was den Erwartungen an seine Verhaltensweisen entspricht – oder nicht. Der Lehrer erkennt durch die Reaktionen des Lerners, ob das, was seine Lehr-Absicht war, beim Lerner eingetreten ist – oder nicht. Die Feststellung: ‚Klaus hat den Dreisatz verstanden', ist eben nur dann möglich (und sinnvoll), wenn Klaus eine Dreisatzrechnung so durchführen kann, wie es für den Lehrer als ‚richtig' gilt. In diesem Sinne ist eine Aussage über ‚Gelernt-Haben' stets eine – wie auch immer bestimmte – Beobachtungstatsache, die als Indikator für innere Zustände eines Lerners interpretiert wird.

Bezogen auf den Unterricht geht es aus der Lehrperspektive um wesentlich mehr: LehrerInnen haben immer schon eine Vorstellung davon, welche Voraussetzungen erfüllt sein müssen, um überhaupt einen Lernprozess – und zwar in der Unterrichtssituation – in Gang zu setzen, welche Dinge geschehen müssen, damit solche Lernprozesse aufrechterhalten werden, woran man erkennen kann, dass etwas im Lernprozess schief geht, wann ein Lernprozess typischerweise beendet ist, usw. Diese Vorstellungen beziehen sich sowohl auf die Aktivitäten des Lerners wie die des Lehrers. Dabei handelt es sich um Normalitätserwartungen und Unterstellungen, ohne die so etwas wie Unterricht gar nicht möglich wäre: Aufmerksamkeit, zuhören, geistige Reife, Lernbereitschaft.[32] Mit diesen Normalitätserwartungen wird das Unterrichtsgeschehen fortlaufend beobachtet und – häufig implizit bleibend – auf seine Qualitäten hin evaluiert.[33] Eine wichtige Eigenheit der Normalitätsunterstellungen von Situationsteilnehmern ist, dass diese dazu führen, wechselseitige Erwartungen zu *re*produzieren. Sie erzeugen die in beliebigen kulturellen Kontexten beobachtbare Stabilität normaler sozialer Situationen.

Wechselt man von der normalen Akteurs- in die ethnographische Beobachterperspektive einer empirischen Unterrichtsforschung, geht es weder um die Reifikation von Normalitätserwartungen an Lernsituationen, noch um die bloße Übernahme von Normalitätsunterstellungen der beteiligten Handelnden – Lehrenden wie Lernenden. Genauso wenig kann es um eine supervidierende Beurteilung von beobachtetem Unterrichtsgeschehen im Hinblick auf das Vorliegen (oder Nichtvorliegen) eines Lernens bei den SchülerInnen gehen. In den Mittelpunkt des Interesses rückt dagegen die distanzierende, analytische Auseinandersetzung mit normalen Unterrichtssituationen als ihrem Gegenstand. Die (ethnographische) Beobachtungsaufgabe lautet also etwa so: Auf beiden Seiten der an Unterricht Beteiligten existiert die Erwartung, dass

32 Hier ist nicht unbedingt das gemeint, was im schulischen Zusammenhang ‚normaler Unterricht' heißt.

33 Selbstverständlich sind Normalitätserwartungen an Unterrichtsgeschehen auf der Seite der Lernenden ebenso Grundlagen von deren Handeln.

es innerhalb des beobachtbaren Geschehens auch um ‚Lernen' geht.[34] Identifiziere und benenne die Leistungen, mit denen sich diese Beteiligten sich dies in konkreten Situationen wechselseitig verständlich machen. Identifiziere und benenne am konkreten Fall die Mittel und die Interaktionsformen, mit denen sie dies tun. Frage weiterhin, wie sie solche ‚Lern'situationen von anderen Unterrichtssituationen unterscheidbar machen.[35]

Um diese Auseinandersetzung mit Hilfe einer teilnehmenden Beobachtung von Unterrichtsgeschehen zu führen, muss aktuelles Unterrichtsgeschehen innerhalb eines historisch gewachsenen, stabilen, bestimmte Interaktionsformen stützenden Rahmens lokalisiert werden. Gerade die Stabilität dieses Rahmen sorgt erst dafür, dass die sozialen Formen von Unterricht für alle Beteiligten in hervorgehobener Weise erwartbar, normal und selbstverständlich sind und bleiben.[36]

Man kann in diesem Zusammenhang sogar von Normalitäts‚steigerungen' sprechen. So können im Handlungskontext von Schule eine Reihe sozialer Vorkehrungen identifiziert werden, mit denen eine besondere Stabilität des Interaktionsgeschehens ermöglicht wird. Dazu gehören u.a. ritualisierte Handlungsmuster und sich wiederholende Gestaltungen der Lernorte. Ritualisierungen sichern die Identität von Situationsverläufen über Zeit. Es sind Instrumentarien einer Standardisierung von Interaktionsverläufen mit minimalen Abweichungen von einem vorgeschriebenen/überlieferten Modell. Ihre Hilfsmittel sind sowohl starke kommunikative als auch materielle Symbole. Zusammengefügt zu institutionellen Situationsrahmungen ergeben sie Handlungs-Choreographien, bei denen den beteiligten Akteuren nur geringe Freiheitsgrade eingeräumt werden.

Betrachtet man Schule und Unterricht im Hinblick auf den Einsatz solcher ritualisierter Situationsrahmungen,[37] so findet man eine Vielzahl zugehöriger Elemente: Arbeitsmittel, räumliche Organisation, zeitliche Strukturen,

---

34 Dies gilt übrigens genauso für die mittelbar Beteiligten: Die KollegInnen, die Eltern, die Schulräte, Politiker etc.

35 Georg Breidenstein hat uns zurecht darauf hingewiesen, dass bei einem solchen Beobachtungsansatz auch damit gerechnet werden muss, dass Täuschungen, Vortäuschungen etc. von Lernen oder Lernsituationen stattfinden. E. Goffman behandelt dieses Phänomen in seinen Rahmenanalysen. (1977). Dabei ist zu bedenken, dass man von einer – gelingenden wie von einer entdeckten – Vortäuschung nur dann ausgehen kann, wenn es ein ‚authentisches' Interaktionsmuster gibt, das vom Täuschungsversuch zu seinen Zwecken moduliert wird. Insofern könnten sich für einen Beobachter identifizierbare Vortäuschungen geradezu als ideale Fälle zur Explikation der normalen Interaktionsmuster eignen.

36 Diese Annahme mag für Pädagoginnen, die unterrichten, kontraintuitiv sein: So hört man allerorten Klagen darüber, dass ‚heutzutage' kein normaler Unterricht mehr möglich sei. Wir lesen diese zeitdiagnostische Interpretation allerdings als Beleg für diese Annahme. Dazu weiter unten mehr.

37 Vgl. Goffman 1977.

das Klassenbuch, Zensuren, Bestrafungen, Belohnungen, Praktiken der sozialen Positionierung in der Lerngruppe, usw.

Inwieweit erweisen sich solche normalen schulischen Unterrichtssituationen für die Beantwortung unserer Fragen als empirisch zugänglich? Konstitutiv für die Erforschung sozialer Normalität ist, dass sie bei den involvierten Teilnehmern nicht abfragbar ist.[38] Bemerkbar wird sie vielmehr für die Akteure immer nur dort, wo sie verloren geht. Für eine pädagogische Lernforschung, die das Interaktionsgeschehen des Lernens selbst als eine situierte soziale Praxis betrachtet, bietet sich u.E. ausschließlich die Beobachtungsperspektive an. In dieser Perspektive treten die involvierten Personen typischerweise mit ihren spezifischen Beiträgen zur Lernsituation auf, jedoch nicht als diejenigen, die sich per se als Lehrende oder Lernende begreifen. Sekundär sind deshalb deren individuelle Erwartungen, Intentionen oder die wechselseitig wahrgenommenen Leistungen, primär ihre beobachtbaren Beiträge zur performativen Leistung ‚Lernen'.

Das heißt, *lernen* wird nun als spezifische Prozessform, Lernsituationen als ein empirisch wie analytisch charakterisierbarer Typus von Interaktionssituationen begriffen. Dabei sind die systematischen Differenzen zwischen institutionell gerahmtem und als solchem deklariertem Lernen und quasi ‚implizitem' Lernen außerhalb solcher Rahmungen in den entsprechenden empirischen Feldern zu bestimmen.

6. Lernen als beobachtbare performative Leistung

Im Folgenden sollen einige makro- wie mikrostrukturelle Aspekte skizziert werden, die wir als Bezugspunkte für die Identifikation und empirische Detailanalyse unterrichtlicher Lernsituationen berücksichtigen müssen. Sie erlauben insbesondere Rückschlüsse auf die Relevanz institutioneller Eigentümlichkeiten im empirischen Feld ‚Unterricht'. Für eine Detailanalyse der empirischen Varianten unterrichtlicher Lernformate bedarf es allerdings einer genauen Bestimmung der Zusammenhänge dieser Interaktionselemente am konkreten Fall.

Für eine Vielzahl kulturell verbreiteter, wie semantisch unterschiedener Handlungsweisen verfügen wir als AlltagsteilnehmerInnen über ein explizierbares Deutungsrepertoire, das ihre Zuordnung ermöglicht. Musizieren, beten, diskutieren, spielen – erfordert von den Beteiligten in unterschiedlichster Hinsicht ein spezifisches Verfahrenswissen, um die einzelnen Aktivitäten/Beiträge als Teil solcher Tätigkeiten wechselseitig verständlich zu machen. Was tun also die in Lernsituationen involvierten Akteure, um sich selbst oder wechselseitig das gemeinsame Tun als ‚lernen' verständlich zu machen?

38 Vgl. Amann/Hirschauer 1997.

Sinnvollerweise können wir von *Lernen als Interaktionsleistung* nur dann sprechen, wenn auf der Ebene von Erfahrung und/oder Können und Wissen ein konkretes Defizit bei mindestens einem Interaktionsbeteiligten vorliegt. Dabei ist es zunächst zweitrangig, ob es sich um ein selbst- oder fremdwahrgenommenes oder auch für die Beteiligten überhaupt nicht thematisierbares Defizit handelt. Der institutionell festgelegte Ausgangspunkt von Schule ist dagegen, dass gerade in Absehung von konkreten Akteuren und Situationen, zugleich generalisierte Wissensdefizite und daraus abgeleiteter Lehr-/Lernbedarf unterstellt werden. Defizit wie Bedarf werden dazu vorrangig am jeweiligem Alter (oder auch ‚Reife') der SchülerInnen festgemacht. In der Bearbeitung solcher Defizite liegt die Begründung für weitreichende inhaltliche wie formale Bestimmungen von Schule als Lernorganisation. Dies gilt auch für die Unterstellung, dass Lernen erst durch die Wissens- und Erfahrungsdifferenz von Lehrern gegenüber Schülern möglich ist.

Gerade dieser Umstand einer situationsunabhängigen Vorbestimmtheit ist es, den die hier vorgeschlagene Forschungsperspektive zwar als charakteristischen Handlungsrahmen der beteiligten Akteure ernst nimmt, jedoch für eigene Erkenntniszwecke zunächst ausklammert zugunsten der Frage: Wie findet Lernen innerhalb dieses Rahmens statt? Was macht die Dynamik und Systematik schulischer Lernsituationen jenseits didaktischer Modelle und individueller Kompetenzen der Lernenden aus?[39]

Hierzu schlagen wir vor, eine einfache analytische Unterscheidung von Makrostrukturierungen und Mikrostrukturen zu nutzen.

Makrostrukturierungen

Schulischer Unterricht ist im Normalfall ein kollektiver Lehr-/Lernprozess mit vielen Lernenden und einem Lehrenden. Zugleich wird – wie bereits skizziert – Lernen nahezu ausnahmslos als ein Geschehen im (kognitiv) oder am Einzelnen (Verhalten) begriffen. Zwar kann auch davon gesprochen werden, dass eine Schulklasse eine gemeinsame Lernaufgabe zu bewältigen hat, als Lernresultat wird jedoch stets nur das je einzelne Gelernt-Haben verstanden. Unterricht erscheint deshalb einerseits an der Anwesenheit eines Lernerkollektivs, andererseits an der Notwendigkeit des Lernens lauter Einzelner orientiert.

Für den pädagogischen Umgang mit dieser Gegensätzlichkeit kennen wir einige tradierte Lösungen. So werden bei der Organisation schulischen Lernens im Unterrichtsformat geradezu zwangsläufig eine Reihe von Idealisie-

39 Die Präformierung schulischen Lernens scheint auch dazu zu führen, bei der Frage nach dem Wie, der Qualität dieses Lernens, entweder auf die Qualität des Lehrerhandelns (Didaktik) oder die Individualität der Lernenden (individuelle Kompetenzen und Lernformen) zu achten. Dabei gerät der schulische Lernprozess selbst, die lokale Lernsituation aus dem Blick.

rungen oder Typisierungen eingeführt, um die Widersprüchlichkeit zwischen kollektivem Lernprozess und individueller Aneignungsnotwendigkeit zum Verschwinden zu bringen. Wir wollen hier nur eine herausgreifen.

Die geläufigste Idealisierung ist die homogene Alterskohorte eine Klasse: Das biologische Alter der Lerner wird als Hilfsmittel zur Konstruktion eines individuellen Kollektivlerners genutzt. Kinder gleichen Alters (oder ‚Reife‘) können danach soweit in einer Unterrichtssituation synchronisiert werden, dass sie wie ein Einzelner angesprochen werden können. Klar ist jedoch, dass dieser Idealisierung einer Homogenität gegenüber individuellen Lebensverläufen enge Grenzen gesetzt sind. So ist der nächste Schritt, die Alterskohorte in Leistungskohorten aufzuspalten. Alternativ oder ergänzend dazu kann die Geschlechterunterscheidung oder die Schichtzugehörigkeit (Eliteschulen/Brennpunktschulen) einen willkommenen Ansatz für Homogenisierung von Teilgruppen bieten.

Entgegen solchen Idealisierungen kann bei genauerer Betrachtung der jeweiligen Lerner die interne Gruppendifferenzierung einer altershomogenen Klasse in jeder beliebigen Feinheit vorgenommen werden, so lange, bis Lernen auf die dyadische Form der Interaktion des einzelnen Lehrenden mit dem einzelnen Lernenden konzentriert, auf Synchronisierung und Homogenitätsunterstellung also völlig verzichtet wird. Allerdings verschwinden damit auch viele der unterrichtsspezifischen Interaktionsformen von Schule, die in ‚normalem‘ Unterricht beobachtet werden können.

Mikrostrukturen

Verknüpft mit der genannten und einer Reihe weiterer Makrostrukturierungen schulischer Unterrichtssituationen können wir verbreitete Formen der Mikroprozessierung identifizieren. Auch hier wollen wir nur einzelne herausgreifen.

Erst unter der Idealisierung einer homogenen Lernergruppe – oder einer differenzierten Aufteilung in mehrere Untergruppen – kann eine der zentralen Sozialtechniken des kollektiven Unterrichtens eingesetzt werden: die exemplarische Vorführung individuellen Lernens. Damit eine solche Vorführung gelingen kann, bedarf es weiterer Idealisierungen oder Typisierungen. Ist ein Kollektiv aufgrund bestimmter gemeinsamer Merkmale homogenisiert worden, so geht es nun auf der Seite der Vorführung um deren Passung auf diese Merkmale: Lernstoff muss alters- oder kompetenzgerecht präsentiert werden.

Auf der mikrostrukturellen Ebene kennen wir eine Reihe von Hilfsmitteln und Strategien, um Interaktionsgeschehen planerisch vorzubereiten und situativ umzusetzen.

a) Rederechte und Hierarchie[40]

In sprachlich-kommunikativ zentrierten Interaktionen ist die vorgeplante/-strukturierte Verteilung der Rederechte das wichtigste Mittel zur Situationskontrolle. Jeder institutionalisierte Diskurs beruht auf direkten und indirekten Steuerungen der Redebeiträge seiner Teilnehmer. Während eine ‚spontane' Interaktion sich gerade durch eine Nichtfestlegung, d.h. durch eine in situ Aushandlung der jeweils aktuellen und folgenden Rederechte auszeichnet, sind institutionalisierte und instrumentalisierte Diskurse mit vorab festgelegten Rederechten ausgestattet: Der Gottesdienst, die Parlamentsdebatte, das psychotherapeutische Gespräch, die Fernsehdiskussion, Behördenkommunikation, die Mitarbeiterbesprechung – überall können wir schon vorab Sprecherrollen identifizieren, eine spezifische Rederechtverteilung erwarten.

Nicht anders im Unterricht: Beginn und Ende einer Einheit, Thematisierung und Nicht-Thematisierung, Aufgabenübernahme im Diskurs, evaluative Sprechweisen, Sanktionsrechte, Antwortpflichten etc. sind als Interaktionsaufgaben diesseits und jenseits der Trennlinie von Lehrenden und Schülern angeordnet.

Alter, Verfügung über unterschiedliche Sanktions- und Interventionsmittel, sozial abgesicherte Positionierungen, Wissensdifferenzen etc. erzeugen soziale Hierarchien, die auf der Mikroebene geplanter Interaktion wirksam gemacht werden können.

b) Beteiligungsformate

Institutionalisierte Interaktion baut auf stabile Beteiligungsformate der Teilnehmer. Wer, was, wann, womit tun kann, ergibt sich aus den Erwartungserwartungen einzelner Settings.

Beispiel: Das Melden
Schulisches (Sich-)Melden bildet eines der Handlungsrepertoires, das eine institutionell (kulturell) spezifische Lösung für das Problem kollektiv-unterrichtlicher Lernprozesse darstellt. Sein Erlernen ist Teil der primären Sozialisation in die schulische Lebenswelt. Es umfasst Varianten einer Grundtechnik der Partizipation im kommunikativen Feld des Unterrichts. Zu ihrem kompetenten Gebrauch gehört das praktische Wissen u.a. für folgende Interaktionsherausforderungen:

- Wie kann man sich melden?
- Wie kann unterschiedliches Melden an die einzelne Partizipationsaufforderung angepasst werden?
- Wie kann Melden in seinen unterschiedlichen Formen von den Interagierenden interpretiert werden?

---

40 Vgl. dazu Kalthoff 2000.

- Melden als Möglichkeit der Teilhabe (wie als Möglichkeit der Nichtteilhabe)
- Evaluierung einzelnen Meldens

Erst mit diesem – überwiegend impliziten – kulturellen Wissen kann es den TeilnehmerInnen gelingen, ihre Interaktion wechselseitig sinnhaft als Unterrichtsgeschehen zu gestalten.

An der damit eingenommenen Bebachtungsperspektive auf die lokale Entfaltung von Mikrostrukturen der Unterrichtssituation wird der Sinn einer Abkehr von individualisierenden Betrachtungsweisen des kollektiven Lernprozesses deutlich. Erst so, nämlich jenseits der immer schon wechselseitig unterstellten Intentionalität und Individualität einzelner Aktivitäten können die kulturellen Mittel bestimmt werden, mit denen Unterricht ‚gemacht' wird.

Beispiel: Die Unterrichtsfrage

„Wir wollen mit Rechnen anfangen. Na, Pipi, kannst du mir sagen, wie viel 7 und 5 ist?" Pipi sah die Lehrerin erstaunt und ärgerlich an. Dann sagte sie: „Ja, wenn du das nicht selbst weißt, denk ja nicht, dass ich es dir sage." (Pippi Langstrumpf)

Ein zweites markantes Beispiel einer eigentümlichen schulkulturellen Praxis ist die Unterrichtsfrage. Frage-Antwort-Sequenzen finden wir in nahezu jeder sprachlichen Face-to-face Interaktion. Fragen ist eine ‚primitive' Sozialtechnik des wechselseitigen Austauschs, des In-Erfahrung-Bringens von Sachverhalten etc., die der Fragende nicht weiß. Die Unterrichtsfrage instrumentalisiert diese Technik in spezifischer Weise und verkehrt die ‚normale' kommunikative Bedeutung des Fragens in ihr exaktes Gegenteil: Sie verlangt Antworten, die der Fragende immer schon kennt. Sie macht sich zudem als eine solche ‚verkehrte' Frage durch den Äußerungskontext für alle erkennbar. Eine Lehrerin zeigt der Schulklasse eine große Uhr und fragt: „Wie spät ist es? Klaus!" Kann Klaus nun diese Frage so verstehen, dass die Lehrerin nicht weiß, wie spät es ist? Wahrscheinlich nur, wenn er weiß, dass die Lehrerin sehbehindert oder gar blind ist. Allerdings könnte er so tun, als ob es eine ‚normale' und keine Unterrichtsfrage wäre. Dann könnte er sagen: „Guck doch selber." Oder: „Bist Du blind?" Oder: „Warum fragst du mich das?"

Bleibt er im ‚normalen' Rahmen des Unterrichts, dann kann er entweder die Uhr lesen und gibt eine Antwort, etwa: ‚halb acht' oder er kann auch etwas ‚falsches' sagen: „halb neun".

Drehen wir die Situation um. Der Schüler fragt: „Was steht da für ein Wort?" Die Lehrerin antwortet: „Das kennt ihr aber schon". Was der Schüler als Auskunftsbegehren formuliert, wird von der Lehrerin in eine Lehr-Lernsequenz transformiert, die zugleich mit einer evaluativen Markierung versehen ist: ‚Du musst das Wort lesen können, weil ich weiß, dass die Gruppe das wissen muss'. Zugleich ist es eine entindividualisierende Antwort: Sie ruft den Fragenden in die Reihen des Lernkollektivs zurück.

Diese beiden Beispiele machen deutlich, dass unterrichtliche Kommunikation sich für alle Beteiligten erkennbar unterscheidet von alltäglichen Interaktionen außerhalb der Schule.[41] In ihr kommen soziale Aktivitätsverläufe zum Tragen, die eine Normalform von *Unterricht* reifizieren und für die Beteiligten wiedererkennbar machen.

c) Raumnutzung

Institutionalisierte Interaktion nutzt stabile räumliche Arrangements: Schule kennt sowohl die Trennung in Schülerräume (‚Klassenzimmer‘) und Lehrerräume (‚Lehrerzimmer‘, ‚Konferenzraum, ‚Schulleitung‘, Vorbereitungsräume) als auch unterschiedliche Nutzflächen innerhalb der Schülerräume: der Lehrertisch, die Tafel, die Bänke, usw. Die Aufstellung in Klassenräumen fokussiert Plätze als ‚Orte für‘, die Nutzung durch sich bewegende Körper ist reglementiert. Räume und Orte werden zeitabhängig zu verbotenen Zonen für SchülerInnen (z.B. in Pausen oder während der Unterrichtszeit, Zugangsrechte sind begrenzt (Lehrerzimmer). Die freie Bewegung ist systematisch eingeschränkt und kanalisiert, wird durch Klingelzeichen reguliert.

d) Die soziale Öffentlichkeit des Klassenraumes

Unterrichtsräume zeichnen sich durch eine lang anhaltende Präsenz einer eigentümlichen Form sozialer Öffentlichkeit aus. Wenngleich es sich bei Schulräumen nicht um öffentliche Plätze handelt, zu denen beliebige Personen Zutritt haben, so ist doch das Interaktionsformat dadurch bestimmt, dass die Beteiligten ihre Beiträge wechselseitig nie ausschließlich aneinander als Einzelne richten können. Sie können zwar den Versuch dazu unternehmen, etwa in der Schülerkommunikation – das, was Lehrpersonen als ‚Privatgespräche‘ charakterisieren – aber solche direkte Interaktion besitzt grundsätzlich keine, die anwesenden Anderen ausschließende Form. Entscheidend erscheint vielmehr die ständige Präsenz eines Publikums, das jedes Geschehen mit verfolgen kann (und dies auch routinemäßig tut). Unterricht scheint dann und nur dann stattzufinden, wenn in diesem Geschehen aktive und passive Parts für alle erkennbar verteilt sind.

Die planmäßige Gestaltung dieser sozialen Öffentlichkeit etabliert schulische Lernsituationen in einem Spannungsverhältnis aktiver und passiver Beteiligung im Zeitverlauf. Bildet der Frontalunterricht auf der einen Seite den Versuch, ein breites Publikum zur Konzentration auf die Aktivitäten einer Lehrperson zu motivieren, so ist auf der anderen Seite die kollektive Einzelarbeit davon geprägt, dieses Publikum zu eigenen individuellen Aktivitäten anzuhalten. Mit solcher Einzelarbeit wird jedoch deren ‚öffentlicher‘ Charakter nicht beseitigt, da sich diese Aktivität nach wie vor unter den Augen und der sozialen Kontrolle des versammelten Publikums (und v.a. der Lehrperson)

---

41 Dies soll selbstverständlich nicht heißen, dass entsprechende Interaktionsmuster nicht auch außerhalb von Schulklassen und –gebäuden zu finden wären.

abspielt. Lernen im Klassenraum ist demnach unter schulischen Normalbedingungen ein unter kollektiver Beobachtung stattfindendes Geschehen.

Diese Normalbedingung einer kollektiven Beobachtung von Unterrichtsgeschehen rahmt jede Einzelaktivität darin. Einzelaktivitäten treten gegenüber ihrer kollektiven Beobachtung zwangsläufig in Konkurrenz um öffentliche Aufmerksamkeit. (Oder sie scheuen geradezu diese öffentliche Aufmerksamkeit als verdeckt ausgeführte Aktivitäten auf einer verdeckten Hinter/Seitenbühne.)

Unterrichtskonzepte setzen auf die didaktische Wirksamkeit der sozialen Öffentlichkeit des Klassenraumes. Sie setzen auf eine geplante Fokussierung der kollektiven Aufmerksamkeit über eine *Inszenierung von Unterrichtsinteraktion.*

Das zu bewältigende Lehrproblem hängt u.a. mit dem Spannungsverhältnis zwischen individueller Unterrichtung in dyadischer Kommunikation und der Sicherung kollektiver Aufmerksamkeit für die zu fokussierenden Unterrichtsgegenstände zusammen. Eine der beobachtbaren Lösungen besteht darin, in einer Verkettung unterschiedlicher, abwechselnder dyadischer Kommunikationen (Unterrichtsgespräch) exemplarische Interaktion *vorzuführen.* Vorgeführte Interaktionen etablieren ein ‚theatrales' Geschehen. Solche Vorführungen können sich auch aus individuellen Aktivitäten von Lehrpersonen oder von ‚aufgerufenen' Teilen des Publikums ergeben.

e) Die Unterrichtsbühne

Lehrergelenkter oder –zentrierter Unterricht etabliert im Zeitverlauf eine an unterschiedlichen Orten zur Aufführung gebrachte Inszenierung, deren Regie im Regelfall quasi naturwüchsig in den Händen der Lehrpersonen liegt.[42] Wichtige Teilbühnen sind: Die Tafel oder das ‚Vorne', arrangierte Lernorte im Klassenraum, einzelne Tische, der gesamte Klassenraum. Auch SchülerInnen sind in der Lage, eigene Teilbühnen – auch in Konkurrenz zur LehrerInnenbühne einzurichten. Dies kann sowohl erwünscht, geduldet, als auch sanktioniert werden. Das Charakteristische an der ‚Theaterstruktur' ist der vielfach

---

42 Der Gebrauch einer Theatermetaphorik für Interaktionsgeschehen – geläufig v.a. durch E. Goffmans Analysen der Mikrostrukturen sozialer Interaktion – birgt wie jede Metaphorik die Gefahr, dass ein zu direkter Vergleich zwischen dem Feld, das die Metaphern liefert und dem mit ihnen Dargestellten gezogen wird. Dies gilt v.a. auch für den Rollenbegriff. Für unseren Fall gilt dies u.a. dann, wenn man die Handlungsmöglichkeiten der Theaterregie mit denen der Lehrenden vergleicht. Sicherlich geben LehrerInnen keine ‚Regieanweisungen' die SchülerInnen wie SchauspielerInnen befolgen (müssen). Für eine Beobachtungsperspektive erscheint es aber u.E. erhellend, das Unterrichtsgeschehen daraufhin zu analysieren, wie die InteraktionsteilnehmerInnen sich wechselseitig bestimmte Positionen im Geschehen zuweisen und dann aufrechterhalten, die Bezugnahmen auf ein gemeinsames Situationsskript erkennen lassen.

mögliche Rollenwechsel von Zuschauern und Rollenspielern, sowohl innerhalb einer Unterrichtseinheit als auch über den Verlauf eines Schultages.

So zeichnet sich die *Tafelbühne* u.a. dadurch aus, dass sie am Deutlichsten auf eine Schau- oder Inszenierungslogik der Lehr/Lernsituation ausgerichtet ist: An einem thematischen Gegenstand wird entweder allein durch die Lehrperson oder in Kooperation mit einzelnen SchülerInnen Unterricht fokussiert. Diejenigen, die sich auf dieser Bühne befinden, haben stets ein herausgehobenes Rederecht (und natürlich auch eine Rede- und Darstellungspflicht). Im Publikum solchen Bühnengeschehens muss allerdings jederzeit – und dies unterscheidet die Unterrichtsbühnen von der Theaterbühne – damit gerechnet werden, dass man selbst auf die Bühne eingewechselt, in eine Interaktion mit den Darstellern auf der Bühne hineingezogen, oder als Zuschauer an seine Rolle als Zuschauer ermahnt wird. Zu letzterem gehören etwa die Erwartungen/Aufforderungen: zuhören, hinsehen, aufschreiben, schweigen.

Die Verschiebung der kollektiven Aufmerksamkeit auf andere Teilbühnen kann dazu führen, dass vom Publikum aktive Rollen erwartet werden: Sogenannte Gruppenarbeit suspendiert das Geschehen auf den öffentlichen Bühnen zugunsten abgegrenzter Aktivitätsräume, in denen unabhängig voneinander – und in Ausgrenzung von Publikumsrollen – agiert werden kann/soll.

Die Verlaufslogik von Unterrichtsgeschehen mit seinen bühnenförmigen Interaktionsformen, sowohl mit hervorgehobenen Aktivitätsmustern einer aktiven Rollenträgerschaft, als auch mit Erwartungen an die Übernahme verschiedener, passivierender Zuschaueraktivitäten ist notwendiger Bestandteil schulischer (aber auch schon vor-schulischer) Sozialisation. Diese Sozialisation sichert die Tradierung der stabilen Grundmuster schulischer Lernsituationen. *Lehrpersonen* sind dabei dafür verantwortlich – als Regisseure wie als Hauptdarsteller, als Bühnenbildner wie als Platzanweiser, Kritiker oder Publikumsbeschimpfer das Schauspiel des Lernens in endlosen Fortsetzungen am Leben zu erhalten. Sind sie hinreichend sozialisiert, kennen sie die Erwartungen, die mit den einzelnen Aufgaben verbunden sind. *SchülerInnen* sind – neben ihrer Anwesenheitsverpflichtung bei jeder für sie gemachten Aufführung – damit konfrontiert, dass sie in der Wahl von Aktivitäten in diesem Schauspiel einer zunächst verwirrenden Vielfalt von Rollenmustern ausgesetzt sind, für die aus einer Beobachtungsposition stabile ‚Charakterdarstellungen' quasi unabhängig von ihnen in der Wahrnehmung der DrehbuchautorInnen existieren. Diese stabilen Charaktere erscheinen geradezu notwendig, um bestimmte Inszenierungsformen des unterrichtlichen Lernens zu verwirklichen.

7. Konsequenzen für eine pädagogische Lernforschung

Im vorangegangenen Abschnitt haben wir versucht, den vorgeschlagenen Perspektivenwechsel einer ethnographisch ausgerichteten, pädagogischen Lernforschung zu konkretisieren. Lernen als beobachtbare performative Leistung zu behandeln heißt demnach, die Frage nach dem Wie des Lernens mit der empirischen Erforschung und Analyse konkreter unterrichtlicher Interaktionsleistungen zu beantworten. Suchen wir für eine situationistische Unterrichtsforschung eine adäquate Beobachtungsposition, so legt die zuletzt herausgearbeitete, ‚theatralische' Interaktionsstruktur verschiedene Beobachtungsstrategien nahe.

Wir können uns erstens auf eine Betrachtung der Inszenierungsleistung konzentieren: Wie passen die (meist in Lehrerhand) vorhandenen Drehbücher (Lehrpläne und Unterrichtsvorbereitungen) zur Realität der Aufführung? Zweitens können wir uns der Identifikation der Charakterdarsteller verschreiben: Wie gut spielen sie ihre Rollen? Drittens können wir die einzelnen Szenen auf ihre Qualitäten hin befragen: Sind sie gelungen – wenn ja, warum, wenn nein, warum nicht? Viertens könnten wir – vergleichbar einem etablierten Theaterkritiker – uns auf bestimmte Ensembles (Grundschule, Hauptschule), auf bestimmte Themen (Mathematik, Deutsch, Sachunterricht), auf bestimmte Formen der Stücke (Frontalunterricht, Gruppenarbeit, Einzelarbeit) konzentrieren. Offen bleibt jedoch, wie solche Beobachtungsperspektiven zu einander in Beziehung gesetzt werden könnten. Und natürlich: für welches Forschungsziel sie adäquat sein könnten.

Auffällig ist bei all diesen Positionen, dass sie die individuelle Leistung der Akteure gegenüber der gemeinsamen Aufführungsleistung in den Hintergrund des Interesses rücken. Die Würdigung einer Einzelleistung auf Unterrichtsbühnen mag zwar sinnvoll erscheinen, mit der Auffassung eines Unterrichtsgeschehens als ‚öffentliche' Inszenierung muss jedoch von dieser Individualisierung abgesehen werden zugunsten einer typisierenden Rekonstruktion. Diese setzt eine detailorientierte, empirische Auseinandersetzung insbesondere mit den Mikrostrukturen des Unterrichtsgeschehens voraus.

Jenseits der Bühne: Lernen als kollektive Interaktionsleistung

Selbstverständlich gehorcht nicht alles schulische Geschehen theatralen Inszenierungsformen. Wie schon skizziert, lösen bereits Gruppenaktivitäten (Gruppenarbeit), auch wenn sie lehrergeplant sind, tendenziell einen anderen Situationsverlauf aus. Abhängig von der Vorbestimmtheit einer bestimmten Form und eines Gegenstandes solcher Interaktion schwindet die Eingriffstiefe der Regie zugunsten eines situativ kontingenten Verlaufs. Was sicherlich nicht verschwindet, sind die eingespielten Charaktereigenschaften der Akteure innerhalb des Unterrichtsgeschehens: der ‚aufmerksame' Schüler wird wohl auch immer noch zu höherer Aufmerksamkeit neigen als der ‚faule'.

Eine wichtige Beobachtungsfrage ist in solchen Zusammenhängen: Welche Interaktionsmuster bilden sich in Bezug auf Lernverfahren hier heraus? Werden solche Muster präferiert, die die Lernverantwortung wieder an Einzelne binden? Gibt es wiederum Lehr/Lernbühnen mit Zuschauern? Wer übernimmt Verantwortung für den Interaktionsverlauf? Werden die von den Lernbühnen bekannten Rollenmuster reproduziert? Oder werden die Lernenden möglicherweise Regisseure ihrer je eigenen Lernprozesse? Sind sie in der Lage, wechselseitig für einander entsprechende Lehr-Leistungen zu erbringen?

Gegenüber der im dritten Abschnitt angesprochenen ‚Erwerbsforschung' zielt unser hier vorgeschlagenes Vorgehen gerade nicht auf eine Herausarbeitung von ‚tatsächlicher Umweltaneignung von Kindern', wie sie etwa Gertrud Beck auch jenseits von didaktischen Lehr/Lernarrangements beim ‚einzelnen Kind' vermutet. Eine solche ‚Naturalisierung' konzipiert kindliches Lernens als eine primär private Angelegenheit im Kopf (und am Leib) des einzelnen Lerners, der sich folglich die öffentliche Lehrpraxis von Schule zu beugen hat, will sie nicht ständig gegen das ‚eigentliche' Lerninteresse der Kinder verstoßen.[43] Die Suche danach ist u.E. eine der Ursachen für die verbreitete Selbstüberforderung von Schule.

Unseres Erachtens ist es für eine am schulischen Lernen interessierte pädagogische Forschung wesentlich produktiver, geradezu gegenläufig zum Interesse am einzelnen Kind, am empirischen Fall der unterschiedlichen Lehr-/Lernarrangements von Unterricht zu klären, wie mit tradierten – oder auch innovativen – ‚sozialen Konstruktionen' kollektive Lernprozesse realisiert, aber auch systematisch erschwert oder gar verhindert werden. Provokativ gesprochen: Wenn Schule als Lernorganisation in Schwierigkeiten gerät oder gar scheitert, dann muss aus pädagogischer Perspektive als erstes geklärt werden, was sie selbst durch ihre lokale Organisationspraxis des Lernens dazu beiträgt.

Literatur

Amann, K. und Hirschauer, S.: Die Befremdung der eigenen Kultur. Ein Programm, 7-52. In: Hirschauer, S./Amann, K. (Hrsg.), 1997 a.a.O.

Bergmann, J. R.: ‚Studies of work – Ethnomethodologie'. In: Flick, U./v. Kardorff, E. u.a. (Hrsg.) Handbuch qualitative Sozialforschung. München 1991, 269-71

Beck, G.: Was wissen wir über das Lernen von Kindern im Sachunterricht? In: Grundschulforschung-online 2001

Beck, G./Scholz, G.: Soziales Lernen. Kinder in der Grundschule, Reinbek 1995a.

Beck, G./Scholz, G. Beobachten im Schulalltag. Ein Studien und Praxisbuch, Frankfurt am Main 1995b.

Breidenstein, G./Kelle, H.: Geschlechteralltag in der Schulklasse. Ethnographische Studien zur Gleichaltrigenkultur, Weinheim 1998

Brügelmann, H.: Wie Kinder leben und lernen – vor der Schule, in der Schule. In: ders. (Hrsg.): Kinder lernen anders, Lengwil 1998

43 Privat und öffentlich wird hier in sozialtheoretischem, nicht juristischem Sinne gebraucht.

Combe, A./Helsper, W.: Was geschieht im Klassenzimmer? Perspektiven einer hermeneutischen Schul- und Unterrichtsforschung: Zur Konzeptualisierung der Pädagogik als Handlungstheorie, Weinheim 1994
Faust-Siehl, G.: Naturverstehen von Grundschulkindern. Entwicklungsorientierte Unterrichtsforschung zum Thema „Luft/ Wind". In:Ulonska, H. u.a. (Hrsg.): Lernforschung in der Grundschule, Bad Heilbrunn 1996, 347-365
Geertz, C.: Dichte Beschreibung. Beiträge zum Verstehen kultureller Systeme, Frankfurt/Main 1983
Geissler, H.: Unterricht. In: Lenzen, D. (Hrsg.), Pädagogische Grundbegriffe, Bd. 2, Reinbek 1997,1541f
Giesecke, H.: Kritik des Lernnihilismus – Zur Denkschrift ‚Zukunft der Bildung – Schule der Zukunft'. In: Neue Sammlung, 38.Jg. 1998, Heft 1., 85-102
Goffman, E.: The Neglected Situation. In: American Anthropologist 66/1964, 133-136
Goffman, E.: Rahmen-Analyse. Ein Versuch über die Organisation von Alltagserfahrungen, Frankfurt/Main 1977
Heinzel, F.: Der Kreis: Die demokratische Sozialform der Grundschule. In: Hempel, M. (Hrsg.): Grundschulreform und Koedukation, Weinheim und München 1996, 195-206
Hirschauer, S./Amann, K. (Hrsg.): Die Befremdung der eigenen Kultur. Zur ethnographischen Herausforderung soziologischer Empirie, Frankfurt/Main 1997
Huf, C.: Lust und Pflichtbewusstsein bei der Arbeit mit dem Wochenplan. Ergebnisse einer ethnographischen Studie zur Deutung und Nutzung didaktischer Arrangements durch Schulanfängerinnen. In: H. Brügelmann u.a. (Hrsg.), Jahrbuch Grundschule 3, Seelze/Velber 2001
Kalthoff, H.: Wohlerzogenheit. Eine Ethnographie deutscher Internatsschulen, Frankfurt/Main, New York 1997
Kalthoff, H.: „Wunderbar, richtig" Zur Praxis mündlichen Bewertens im Unterricht. In: Zeitschrift für Erziehungswissenschaft. 3/ 2000, 429-446
Krappmann, L./Oswald, H.: Alltag der Schulkinder. Beobachtungen und Analysen von Interaktionen und Sozialbeziehungen, Weinheim 1995
Krummheuer, G.: Narrativität und Lernen. Mikrosoziologische Studien zur sozialen Konstitution schulischen Lernens, Weinheim 1997
Laging, R.: Altersgemischte Gruppen in der Grundschule. In: Eberwein, H./Mandt, J. (Hrsg.), Forschen für die Schulpraxis, Weinheim 1995, 117-136
Lambrich, H.-J.: Kinder und Offener Unterricht In: Hans Eberwein, Johannes Mandt (Hrsg.) 1995, 137-154.
Möller, K.: Verstehendes Lernen im Vorfeld der Naturwissenschaften. Forschung für den Sachunterricht. In: Die Grundschulzeitschrift 139/2000, 54-57.
Wiesemann, J.: Lernen als Alltagspraxis, Bad Heilbrunn, 2000
Zinnecker, J.: Soziale Welten von Schülern und Schülerinnen. Über populare, pädagogische und szientifische Ethnographien. In: Zeitschrift für Pädagogik, Jg. 46, Heft 5, 2000, 667-690.

III Interpretative Ansätze der Schulbegleitforschung

Norbert Maritzen

Schulen forschend begleiten – Ist das schon Schulbegleitforschung?

Schulen forschend begleiten – Ist das schon Schulbegleitforschung? So lautet das Thema, das ich mir gewählt habe[60]. Ich werde also den gewagten Versuch unternehmen, Annäherungen an ein konzeptionelles Verständnis von Schulbegleitforschung zu formulieren. Einige von Ihnen werden das vielleicht erstaunlich finden, scheint doch das Selbstverständnis von Schulbegleitforschung in Bremen hinreichend geklärt, zumindest unter den hier Anwesenden. Andere befürchten vielleicht, dass ich die bekannte Verlautbarungs- oder Inforhetorik nachbete. Dazu besteht kein Grund. An ausführlichen Darstellungen zu Aufgaben, Struktur, Organisation und Prozessen der Schulbegleitforschung in Bremen besteht ja kein Mangel.

Wenn ich frage, ob Schulen forschend zu begleiten schon Schulbegleitforschung sei, dann tue ich dies ganz bewusst und notwendigerweise mit der Haltung und dem fragend-neugierigen Gestus desjenigen, der weder selbst vom wissenschaftlichen Höhendrang des Forschers getrieben wird, noch sich als Lehrer forschend-handelnd am eigenen Schopf aus dem Sumpf der pädagogischen Alltagsebenen ziehen will. Ich frage aus der prekären Position desjenigen, der mittlerweile auf halber, d.h. abschüssiger Höhe des administrativen Feldherrenhügels sitzt, wo er unter anderem für Schulentwicklung und Schulforschung zuständig ist. Diese Positionierung erlaubt es – zumal in der Fremde –, Empathie mit Lehrern, Forschern, Verwaltern zu verbinden mit einem kontemplativen Blick auf ihr Beziehungsgefüge. Und dieser Umstand könnte dem Nachdenken über konzeptionelle Grundlagen der Schulbegleitforschung vielleicht doch noch spannende Seiten abgewinnen.

Ich will dabei in fünf Schritten vorgehen:

1. Systemischer Funktionsrahmen von Schulbegleitforschung oder Karambolage im Dreibandspiel
2. Legitimationsfallen in der Schulbegleitforschung oder Allein gegen alle

60 Es handelt sich beim vorliegenden Beitrag um einen Vortrag zur Eröffnung des 5. Forums Schulbegleitforschung am 10.11.1998 in Bremen. Die Diktion eines Vortrags wurde beibehalten.

3. Zielorientierung oder Die Furie des Verschwindens
4. Begleit-Vorstellungen oder Drum prüfe, wer sich (ewig) bindet
5. Mythen und Scheinalternativen in der Schulbegleitforschung oder Erst die Trennung macht uns stark

1. Systemischer Funktionsrahmen von Schulbegleitforschung oder Karambolage im Dreibandspiel

Schulbegleitforschung in Bremen steckt in einem schwierigen Spannungsverhältnis. Dabei interessieren mich an diesem großen und komplex gewordenen Unternehmen nicht die personellen Verwicklungen, das Dickicht kollegialer Kooperationszusammenhänge, die bisweilen festzustellende Rollen- und Aufgabendiffusität oder der diskrete Charme aus Bildungsbiedermeier, Bier und Bebel, der Bremen manchmal merk-würdig eigentümeln lässt. Vielmehr versuche ich zunächst einmal unter systemischer Perspektive mich der Schulbegleitforschung zu nähern, und da sehe ich folgendes funktionale Feld, in dem man Schulbegleitforschung verorten muss. Ich vereinfache, um zu verdeutlichen:

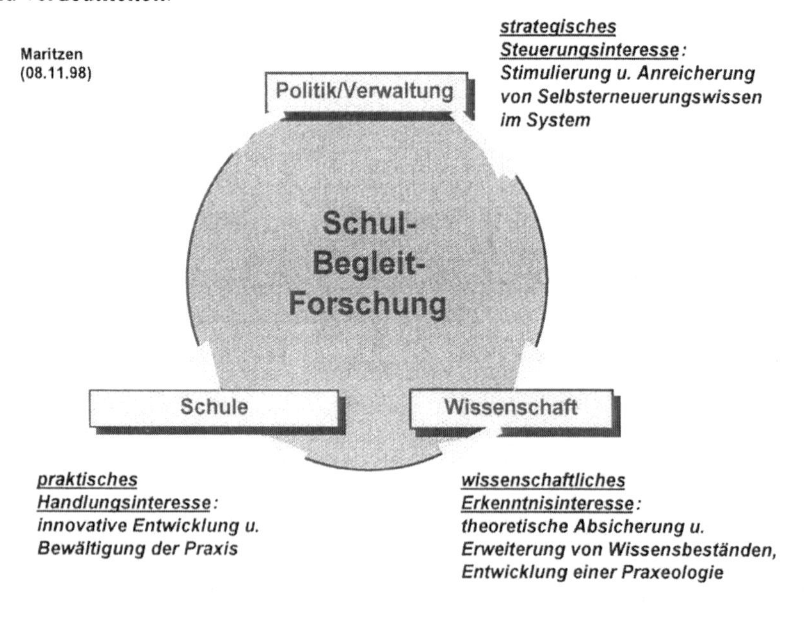

Ich frage also, welche Funktion hat Schulbegleitforschung auf den institutionellen Ebenen von Schule, Wissenschaft und Politik/Verwaltung. Ich spreche bewusst von institutionellen Ebenen und nicht von Organisationen, also nicht von bestimmten Schulen, der Bremer Behörde, der hiesigen Universität oder dem neugegründeten Landesinstitut, weil es mir darauf ankommt, Grundfunktionen anzudeuten, die in die Bremer Konstruktion vermutlich eher implizit als von Anfang an bewusst eingegangen sind. Diese liegen jenseits organisatorischer Anbindungen, wirken aber auf die Handlungslogik der jeweiligen Akteure steuernd ein. Um eine Kantsche Unterscheidung aufzunehmen, könnte man sagen: Diese Grundfunktionen sind weniger konstitutiv für die jeweiligen institutionellen Ebenen, sondern wirken als regulative Prinzipien.

Ich skizziere die in der Graphik apostrophierten Bereiche bewusst pointierend:

- In der Schule dient Schulbegleitforschung in kollegial organisierten Projekten der Bewältigung von pädagogischen, organisatorischen, kooperativen Praxisproblemen. Lehrerinnen und Lehrer sind also an der Aufklärung über die Zusammenhänge interessiert, in denen sie unmittelbar, häufig täglich stehen. Meist haben sie ein kurzfristig orientiertes Verwertungsinteresse an selbstentdeckten Prozessmustern, an „Lösungen“, da sie angesichts des Handlungsdrucks für Langzeitrechnungen im Kosten-Nutzen-Verhältnis nur schwer zu gewinnen sind. Die „Versuchsbedingungen“ des Lehrer-Forschers sind also nicht so zu gestalten, dass wenigstens die wichtigsten Variablen sich auf Zeit stilllegen ließen. Die schulischen Handlungsbedingungen, die ständig im Fluss sind, überformen sozusagen jeden Versuch einer wissenschaftlichen Gegenstandskonstituierung durch den Lehrer-Forscher, indem ständig Informationen und neue „Daten“ in seinen Arbeitsprozess eingespeist werden, die er unter anderen Gesichtspunkten rezitieren, selektieren und strukturieren muss als ein Wissenschaftler. Wenn er eine Theorie braucht, dann am ehesten einen Mix von theoretischen Versatzstücken kurz- bis mittelfristiger Reichweite und heuristischem Modellen, die kurzschleifige und kreative Hypothesenverifikation ermöglichen. Im besten Fall ist er aufgeklärter Eklektizist, der angesichts täglichen Handlungsdrucks noch Lust verspürt, wissenschaftliche Theorie-Mosaike spielerisch zu erproben. Ob nach Luhmann soziologisch noch von Akteuren gesprochen werden kann oder nach Watzlawick von der Wirklichkeit, darf ihn nicht kümmern. Beide klopfen täglich bei ihm an.
- Wissenschaftliche Forschungsstrategien basieren auf anderen Prämissen. Wer forscht, nimmt Abstand und hält inne. Eine Mischung aus kontemplativer, analysierender und Verallgemeinerungskategorien bildender Haltung bestimmt seinen Blick auf die Praxis. Während der Lehrer in den praktischen pädagogischen Prozess hineinverwoben ist und dort Verantwortung durch Fallverstehen und Handeln übernimmt, ist der For-

scher befreit vom Zwang des Lösen-Müssens. Er hat ein kasuistisches Interesse nur insofern, als es ihm der Weiterentwicklung und theoretischen Absicherung von Modellen und Wissensbeständen dient. Beim Handlungsforscher mag die prozessuale, kooperative Konstruktion von Explikationen und Bedeutungszusammenhängen ganz nah an den „Dingen" dran sein, die Forscherperspektive muss sich dennoch von der Lehrerperspektive ablösen. Praxis ist für ihn der Fundus zur Entwicklung einer Praxeologie. Man könnte auch – polemisch zugespitzt – den Unterschied von Lehrer- und Forscherhaltung auf folgende Polarität bringen: Der Lehrer geht zum nächsten Fall, wenn das Problem „gelöst" ist; der Forscher muss die „Lösung" aufschieben, damit er forschen kann. Lehrer sind schnell überzeugt, Forscher verharren im Zweifel.
- Politik/Verwaltung ihrerseits hat ein Interesse daran, dass Schulbegleitforschung zur Systemerhaltung beiträgt. Wenn der spezifische Beitrag des hier praktizierten Modells der Schulbegleitforschung zur Aufrechterhaltung der Selbsterneuerungsfähigkeit des Systems nicht evident und nachweisbar ist, erlischt das politische Verwertungsinteresse sehr schnell. Es muss dies auch so sein, da schon mit der Unsicherheit darüber, ob das Instrument den Systemerhalt unterstützt, sofort ein rapider Wertverlust die Legitimationsfrage auf die Tagesordnung bringt. Politik/Verwaltung misst der Schulbegleitforschung nur insofern auf Dauer instrumentelle Funktionen innerhalb eines (bewussten oder unbewussten) strategischen Innovationskonzeptes zu, als diese sich in der Lage erweist, dazu einen wirksamen und spezifischen Beitrag zu leisten. Funktionale Redundanzen der Schulbegleitforschung mit anderen innovativen Subsystemen können aus einer Steuerungsoptik nur so lange zugelassen werden, wie diese Redundanzen die Wirksamkeit des Gesamtsystems erhöhen (Stichwort: innovative Konkurrenz) und Investitionen in Grenznutzenausschöpfung politisch noch legitimierbar sind (Stichwort: Ist das Forschung? Na ja, sei's drum, wenn auch ein bisschen Fortbildung dabei abfällt...).

Worauf ich hinweisen will: Schule, Wissenschaft und Politik/Verwaltung gehorchen sehr unterschiedlichen Bereichslogiken, die sich auch in der gängigen Begriffswelt, die die Bereiche charakterisieren, niederschlagen:

- Für das Handeln in der Schule stehen Begriffe wie Nähe, Praxis, Problemlösen, Handlungsdruck, Kasuistik, Inkrementalismus, subjektive Theorien, Ereignisfixierung, Fixierung auf's Singuläre, Erzählen als Verständigungsmedium usw.
- Für das Handeln der Wissenschaft stehen Begriffe wie Experiment, Distanz, Innehalten, Theorie, Deskription, Analyse, Modellbildung, Systematik usw.
- Für das Handeln der Politik/Verwaltung stehen Begriffe wie Steuerung, Systemerhaltung, Legitimationsbeschaffung, Gestaltungsentscheidungen,

Finanzierung, rechtliche Rahmenbedingungen, normative Vorgaben, Moderation der Bereichsegoismen usw.

Die Bewältigung der hier nur angedeuteten Widersprüchlichkeiten ist nicht nur ein hierarchisches Problem, sei es nun in der Variante „Oben sticht unten." oder in der nicht selteneren Variante „Klug sticht naiv.". Es ist vor allem eine Herausforderung an Rollen- und Aufgabenklarheit innerhalb und Dialogfähigkeit und Transparenz der Geltungsansprüche zwischen den Bereichen. Aber: Ohne Gespür für und Lust auf die kluge Karambolage ist das Dreibandspiel nicht zu gewinnen.

2. Legitimationsfallen in der Schulbegleitforschung oder Allein gegen alle

Es wird deutlich, die Wahrscheinlichkeit, sich mit institutionell so komplex zugeschnittenen Projekten wie der Schulbegleitforschung zwischen alle Stühle zu setzten, ist höher, als die Chance, dem zu entkommen. Das kann gelassen machen. Auch in dem aus Zeiten der Cholera bekannten Gesellschaftsspiel, das da heißt: Warum gibt's dich überhaupt? Liebe ist eben auch in der Bildung ein knappes Gut.

Einer Lehrerin/einem Lehrer in einem Projekt der Schulbegleitforschung wird leicht von allen Seiten mit dieser Totschläger-Frage aufgelauert: Der Schulleitung ist die Forschungsarbeit nicht ergiebig genug und stört den Organisationsalltag. Die wissenschaftliche Begleitung – immer um günstige Platzierung im Drittmittelmarkt und Zitat-Kartell bemüht – hat Mühe, den sogenannten Kollegen „vor Ort" die wissenschaftlichen Weihen zu verleihen. Und der Behörde ist der ganze Spaß sowieso zu teuer.

In solchem Double-blind nicht mit defensiven Routinen zu reagieren, sobald die Frage der Rechenschaft ansteht, ist nicht leicht, aber unabdingbar für die Selbstbehauptung. Das, was mittlerweile für die einzelne Schule wie für den Bildungsbereich insgesamt gilt, muss auch für Projekte der Schulbegleitforschung und die ganze Unternehmung obligatorisch gemacht werden:

- Entwicklung von präzisen Funktions- und Zielvorstellungen insgesamt und für einzelne Projekte;
- Entwicklung überprüfbarer Qualitätsstandards und -kriterien;
- interne und externe Evaluation, die über Selbst- und Akzeptanzeinschätzungen deutlich hinausgehen.

Die Qualitätsfrage – wie es so schön heißt – zu bearbeiten, wenn sie von außen gestellt wird, bringt sogleich ins Hintertreffen. Schulbegleitforschung sollte – und das ist wahrscheinlich viel schwieriger als Rechtfertigungslyrik für Deputationsvorlagen zu produzieren – ein originäres, auf ihren vernetzten Forschungsansatz bezogenes Evaluationsinteresse haben. Man sollte vor allem intern Qualität anhand von Unterschieden thematisieren können, um gar nicht erst in Legitimationsfallen zu tappen.

Schulbegleitforschung böte gute Voraussetzungen, drei Fragen zu bearbeiten, die die Aporien schulischer Entwicklungspraxis auf den Punkt bringen: Warum sind Schulen so vergesslich? Warum sind Innovationen so selten ansteckend? Warum will in Schule niemand leiten, geschweige denn führen? Schulbegleitforschung steht immer in der Gefahr, wenn sie für sich nicht Qualitätsstandards entwickelt, das in diesen Fragen unterstellte Syndrom im eigenen Bereich zu reproduzieren.

Wirkungen, gerade Nebenwirkungen, die Sie während dieses Forums zu präsentieren beabsichtigen, sind sehr schwer zu erfassen. Handfeste Ergebnisse lassen sich eher darstellen. Wenn einem beides gelänge, hätte man gleichwohl nur die halbe Miete. Zusammenhänge zwischen Zielen und Ergebnissen und Wirkungen aufzudecken, ist nicht nur mühsamer, sondern auch ungemein nützlicher in Zeiten steigenden Legitimierungsaufwandes.

3. Zielorientierung oder: Die Furie des Verschwindens

Es steht mir nicht zu, im Hinblick auf grundlegende Zielorientierungen in der bremischen Schulbegleitforschung mich gleichsam diagnostisch zu äußern oder zu werten. Vorsichtig möchte ich aber dennoch eine wichtige Aufmerksamkeitsspur legen.

Komplexe, innovative, hochvernetzte und manchmal von missionarischem Eifer vorangetriebene Unternehmungen können eine mitreißende Überzeugungskraft entfalten. Die Vielzahl guter Absichten dient dabei recht häufig als ein Schild, den die Galionsfiguren stolz und sichtbar vor sich hertragen, als immunisiere er schon gegen äußere Anfechtungen ebenso wie gegen Selbstzweifel. Allein, diese Zielversessenheit schlägt nur zu leicht in Zielvergessenheit um. Als Kehrseite des „persuasiven Überschusses" stellt sich nicht selten die schleichende Ausbreitung blinder Flecken im stark selbstbezüglichen Diskurssystem ein, das solche Unternehmungen entwickeln. Es ist gleichsam, als suche ein Virus just jene Stellen im Projektgedächtnis heim, an denen einmal die normativen Leitorientierungen abgespeichert wurden. Wenn sie überhaupt noch erinnert werden, so nur noch als verbale Versatzstücke. Die Frage „Was wollten wir eigentlich einmal erreichen?" wird ersetzt durch „Weißt du noch damals, als es losging.". Unter der Hand wird im Rückblick die kritische Haltung, die an der Zukunft interessiert ist, ersetzt durch die anekdotische, die an Vergangenheits- und Gründungsmythen klebt.

Heilsam kann es sein, alte Papiere zu lesen, d.h. die permanente Exegese alten Schrifttums zu institutionalisieren. Dies entsteht in einzelnen Projekten der Schulbegleitforschung hoffentlich reichlich. Für die gesamte Unternehmung könnte man sich z.B. die Vorlage für die Deputation am 1. September 1994 vornehmen, in der es zur Zielorientierung heißt:

- „Die Ziele der neustrukturierten Schulbegleitforschung lassen sich auf einen Blick zusammenfassen:
- Entwicklung einer Schul-Forschungsstrategie (geplantes Vorgehen) in der Behörde;
- Systematische Erfassung forschungsrelevanter Themen und deren Bündelung zu Forschungsschwerpunkten (für die Schulentwicklung);
- Transparenz und Öffnung auf allen Ebenen des Forschungsprozesses;
- Bildung kooperativer Forschungsteams mit stabilen Arbeitsbeziehungen;
- Rückkopplung und Veröffentlichung zur Verbreitung neuer Erkenntnisse;
- Dokumentation der Forschungsprozesse und der Ergebnisse abgeschlossener Projekte;
- Realisierung/Umsetzung/Austausch und Transfer der Ergebnisse in angemessener Form.“ (Seite 10)

Wie differenziert sich Ihre Einschätzung der Zielerreichung aus, wenn Sie in der Rückschau diese Zielformulierungen z.B. in folgende Richtungen hinterfragen: Auf welche Projektbereiche beziehen sich diese Ziele? Was schließen sie ein, was blenden sie aus? Sind sie hinreichend konkret, um nachhaltig orientierend zu wirken? Welche Erfolgsindikatoren und -kriterien ließen sich ihnen zuordnen? Ist dies geschehen? usw.

Das Schwierigste, aber auch wirklich das Spannendste an Ihrer Unternehmung im Ganzen wie im Einzelnen könnte in der akribischen Rückvergewisserung des Zielrahmens liegen. Daraus könnte man Kraft und Selbstbewusstsein für die weitere Arbeit gewinnen.

4. Begleit-Vorstellungen oder Drum prüfe, wer sich (ewig) bindet

Ich muss gestehen, dass ich nach der Durcharbeitung von Projektpapieren und -berichten nicht in der Lage war, eine hinreichend genaue Vorstellung vom mittleren Begriff des Kompositums Schul*begleit*forschung zu gewinnen. Wer begleitet hier eigentlich wen? Der Lehrer-Forscher sich selbst als Lehrer? Der wissenschaftliche Begleiter den Lehrer oder den Schüler, beide gelegentlich verwechselnd? Das Schulmeisterlein Wutz die hohen Magnifizenzen?

Ich verstehe diese Fragen überhaupt nicht ironisch oder gar sarkastisch. Vielmehr interessieren mich auch hier Voraussetzungen von Beziehungsverhältnissen, die in der Arena eines Schulbegleitforschungsprojektes eingegangen werden. Diese Verhältnisse werden auch unter der Überschrift „Theorie-Praxis-Bezug" ebenso häufig thematisiert wie tabuisiert.

Seit geraumer Zeit sind in Begleitforschungsprojekten Orientierungen an Experimentalmodellen der quantitativen empirischen Sozialforschung und ihren methodologischen, prozessualen und steuerungstheoretischen Prämissen obsolet geworden. Sie wurden aufgegeben zugunsten handlungstheoretisch orientierter Begleitforschungskonzepte. Auch in Bremen scheint es ja einen common sense in dieser Richtung zu geben. Die Begründungen, die es dazu gibt, will ich hier nicht wiederholen. Sie haben meine Sympathie. Allerdings nur bis zu dem Punkt, an dem manche meinen, sie könnten damit das Spannungsverhältnis von Praxisinnovation und Theorieentwicklung gleichsam überspringen. Dies ist m.E. mitnichten der Fall. Dies spürt ja auch jeder, wenn Forscher und Praktiker, mögen diese auch forschen, mit ihren unterschiedlichen Rollen, Selbstüberzeugungen, Sprachen und kategorialen Referenzsystemen in Projekten kooperieren und – was vorkommen soll – aneinandergeraten.

Die in manchen Projekten sichtbare Nivellierung des Spannungsverhältnisses hin zu einer Angleichung der Aufgaben im Forschungsprozess stellt in letzter Konsequenz den Verzicht auf eine eigenständige Rolle der Wissenschaft dar. Handlungsforschung mag von Anfang an und von vornherein aus der Praxis hervorgehen und auf diese bezogen bleiben. Theoriebildung mag an der diskursiven Bearbeitung praktischer Handlungsprobleme entlang erfolgen. Gleichwohl, Theoriebildung muss sich von den Handlungsproblemen emanzipieren. Sie muss im Wissenschaftssystem vorangetrieben werden, so sie denn die Kraft, Praxis analytisch zu durchdringen, nicht einbüßen will. Dies ist der Sinn des bekannten Diktums, dass nichts so praktisch sei wie eine gute Theorie.

So wäre beispielsweise von Wissenschaftsseite eine Art Praxeologie der Schulbegleitforschung aus den vielfältigen Erfahrungen und Erkenntnissen zu entwickeln, die Ihre Unternehmung bereithält, d.h. eine Zusammenschau und Destillierung der Einsichten, die aus der Vielzahl der Praxisanalysen gewonnen werden können, sich aber vom jeweiligen Entstehungskontext lösen müssen. Das ist aber genuiner Job der wissenschaftlichen Gemeinschaft, die sich in Ihrem Projekt nicht nur versammeln, sondern auch zusammenschließen sollte.

5. Mythen und Scheinalternativen in der Schulbegleitforschung oder Erst die Trennung macht stark

Ich möchte im letzten Abschnitt noch auf einige Phänomene im Zusammenhang mit Schulbegleitforschung eingehen, die dem Hang der Pädagogenzunft geschuldet sein mögen, die komplizierte Welt entweder durch Gleichmacherei oder durch Dichotomien zu versimpeln. Dies ist besonders deshalb bedauerlich, weil einem mit dieser Haltung wahrscheinlich die schönsten knirschenden Differenzerlebnisse entgehen.

1. Mythos: Schulbegleitforschung ist qualitative Handlungsforschung, nicht quantitative empirische Forschung

Hierauf möchte ich etwas ausführlicher eingehen. Ich möchte nämlich dagegenhalten. Wie wäre es, wenn man auch in Projekten der Schulbegleitforschung wesentliche systematische Ergebnisse z.B. der empirischen Psychologie, Motivations- und Lerntheorie, der Kognitionswissenschaften oder der empirischen Schulleistungsforschung nutzte, um mikroanalytische Fragestellungen für die praxisnahe Erforschung von Unterrichtsarrangements oder für die Entwicklung didaktischer Innovationen abzusichern? Dass dies nicht wesentlich stärker geschieht, hängt nicht nur damit zusammen, dass Schulpraktiker nach wenigen Jahren den Bezug zu relevanten Bezugswissenschaften verlieren (Welcher Lehrer, also professioneller Lerngestalter kennt sich wenigstens grob in der aktuellen Lerntheorie aus?), sondern auch an Abschottungseffekten infolge universitären Territorialverhaltens. Dabei könnte man, begegnete man sich unverkrampfter, voneinander profitieren. Man muss ja nicht immer gleich voneinander lernen.

Zwei Beispiele zur Veranschaulichung. In Hamburg wurden flächendekkend Leistungsaspekte von Fünftklässlern und jetzt von den gleichen Schülern als Siebtklässlern getestet (Sprachverständnis, Leseverständnis, passive und aktive Rechtschreibkenntnisse, Mathematik, Bildgestaltung und freies Schreiben, Intelligenz, schlussfolgerndes Denken, Selbstwirksamkeitsüberzeugungen u.a.). Dabei wurden mit bestimmten Verfahren klassenbezogen auch Erwartungswerte berechnet, in die soziale Variablen eingingen, um zu „fairen“ schulübergreifenden Vergleichen zu kommen. Man kann nun gegen solche Formen von large-scale-Untersuchungen und insbesondere ihre Realisierung in Hamburg einiges einwenden. Darauf kommt es mir in unserem Zusammenhang nicht an. Vielmehr möchte ich einen Befund dieser Lernausgangslagen- und Lernentwicklungsuntersuchung herausgreifen, der auch Handlungsforscher herausfordern müsste. Die Schulforscher haben nämlich ermittelt, dass Klassen in bestimmten Testleistungen enorm positiv erwartungswidrig abschnitten, während sich in Parallelklassen der gleichen Schule erwartbare oder negativ erwartungswidrige Testleistungen zeigten. Wenn angesichts vergleichbarer Kontextbedingungen solche eklatanten Differenzen auftreten, könnte dies nicht auch ein Anlass sein, handlungsforschend leistungsförderliche Unterrichtsvariablen zu ermitteln, zu analysieren und systematisch weiterzuentwickeln?

Mein zweites Beispiel stammt aus der Münchener SCHOLASTIK-Studie, einer Längsschnittuntersuchung von Weinert und Helmke zur Entwicklung im Grundschulalter. Dort wurden in aufwändigen Verfahren unter anderem Merkmale der Unterrichtsqualität untersucht wie Klassenführung, Strukturierung, Unterstützung, Förderungsorientierung, soziales Klima, Variabilität, Engagement der Klasse, Klarheit aus Schülersicht, aktive Ablenkung, gedankliche Ablenkung, sanktionierte Ablenkung, Überforderung und aktive Mitarbeit. Ich greife nun einen Befund heraus, nämlich den zum empirisch ermittelten Zusammenhang von Unterrichtsqualität und Leistungszuwachs in Mathematik:

Für Unterricht mit relativ hohen Lernerträgen ist charakteristisch:

- **Der Unterricht erfolgt kontinuierlich; Übergänge zwischen Unterrichtsphasen sind kurz, reibungslos und verlaufen regelhaft; es gibt nur minimale Pausen zwischen verschiedenen Unterrichtsepisoden.**
- **Die verfügbare Zeit wird für die Behandlung des Stoffes genutzt; Exkurse werden vermieden; Nebensächliches und Organisatorisches wird aus dem Unterricht ausgelagert.**
- **Schüler werden breit zu aktiver Beteiligung am Unterricht angeregt.**
- **Lehrervorträge sind in hohem Maße strukturiert, kurz, präzise und direkt.**
- **Lehrer schalten sich in Phasen der Stillarbeit intensiv mit individuellen fachlichen Unterstützungsangeboten ein und diagnostizieren dabei Lernschwierigkeiten.**

Können sich die Mathematiker unter Ihnen nicht ein Projekt der Schulbegleitforschung vorstellen, das das Anregungspotential solcher Befunde aufnimmt und für eine handlungsforschend orientierte Untersuchung von Unterrichtsstrategien nutzt?

Ich plädiere also nachdrücklich dafür, den falschen Gegensatz qualitativ versus quantitativ im Bereich der Schulbegleitforschung gar nicht erst aufzubauen, sondern für die eigenen Projekte ohne Scheuklappen vorliegende Forschungsergebnisse, welcher wissenschaftstheoretischen Provenienz auch immer, zu rezipieren, kritisch zu würdigen und – wenn es geht – zu nutzen. Lehrerinnen und Lehrer brauchen dafür notwendig die Unterstützung von der Wissenschaftsseite, die ihre internen Schulenstreite nicht auch auf die Schule überwälzen sollte.

2. Mythos: Im Forschungsprozess sind wir alle gleich

Es ist m.E. in der Tat richtig, dass in der Wissenschaft-Praxis-Kommunikation der Begleitforschung das „Objekt", d.h. der Praktiker im Versuchsfeld zugleich als das Subjekt der angestrebten Innovation begriffen wird. Dieses Subjekt wird zugleich als Forscher-Partner im Begleitforschungsprozess, den Wissenschaftler verantworten, verstanden. Forschungskonzeptionell wird dabei tendenziell von einer Gleichstellung von Praktikern und Forschern ausgegangen. Ich halte diese meist unausgewiesene Prämisse für mindestens problematisch angesichts unterschiedlicher und divergierender Handlungssysteme und Handlungsabsichten von Wissenschaft und Schule.

3. Mythos: Schulbegleitforschung ist auch Fortbildung, Personalentwicklung, Schulentwicklung, Beratung, Diagnostik, Organisationsentwicklung ...

Ich bin dezidiert der Meinung, dass es falsch ist, Schulbegleitforschung quasi zur eierlegenden Wollmilchsau zu erklären, die ein einzigartig breites Spektrum von Anforderungen erfüllt. Der gebetsmühlenartig wiederholte rhetorische Hinweis auf die Vielzahl an Funktionen und Wirkungen nivelliert nicht nur innovationsstrategisch unterschiedliche Ansätze, so dass etwa kaum noch zu ermitteln ist, welches forschende Erkenntnisinteresse sich hinter Projekten verbirgt, die als Organisationsentwicklungsprojekte angelegt und durchgeführt werden. Die funktionale Überfrachtung macht auch das Spezifikum von Schulbegleitforschung unsichtbar. Darüber hinaus verrät solch angebliche Viel-Könnerei im Kampf um knapper werdende Ressourcen schnell den verlorenen Posten desjenigen, der viel sein muss, um das, was er hat, zu behalten.

Ich will die Problematik abschließend mit folgender Metapher veranschaulichen:

Grafik: Petra Happacher

Man stelle sich Schulbegleitforschung als diesen Elefanten vor. Je nachdem, wie man sich ihm nähert, auf jeden Fall aber blind, erscheint er einem in anderer Gestalt.

Die Rede von der Vielzahl der Funktionen und Wirkungen der Schulbegleitforschung läuft Gefahr, von innen, also aus Ihrem Projekt selbst heraus die Borniertheit zu reproduzieren, die blinde Außenstehende sowieso auszeichnet. Diesem Risiko der Selbstgefährdung sollten Sie sich nicht aussetzen. Ich plädiere deshalb nachdrücklich dafür, dass Schulbegleitforschung ihre Besonderheit akzentuiert, und die sehe ich eindeutig im Feld wissenschaftlicher Forschung.

Johannes Bastian/Arno Combe

Unterrichtsentwicklung als Kunst der Trennungen – und Rekontextualisierung des Gewohnten

Herbert Gudjons zum 60. Geburtstag gewidmet

Mit Unterricht betreten wir ein in der Berufskultur von Lehrern und Lehrerinnen sensibles und vor der Einmischung anderer weitgehend geschütztes Berufsfeld. Wenn aber Unterrichtsentwicklung, die über die Entwicklung eines Einzelnen hinausgehen soll, den systematischen inhalts- und lerngruppenbezogenen Austausch in „Praxisgemeinschaften" (vgl. hierzu Altrichter in diesem Band) braucht, dann erweist sich ein traditionelles Verständnis von Unterricht als Zone der individuellen Bewährung als entwicklungshemmend.

Auch wenn in den letzten Jahren intensiv über die Bedingungen von Unterrichtsentwicklung diskutiert wurde und erste Forschungsergebnisse sowie Erfahrungsberichte vorgelegt wurden, ist nicht anzunehmen, dass sich die Unterrichtslandschaft schon grundlegend geändert hat. Bezüglich der Qualität des Unterrichts jedenfalls erzielen deutsche Schulen nach TIMSS und PISA keine guten Ergebnisse. Dominant scheint nach diesen Studien ein vom Lehrer gelenktes Unterrichtsgespräch, das auf *eine* vordefinierte Lösung zielt. Was von den Schülerinnen und Schülern leidlich beherrscht wird, sind Routineaufgaben. Was fehlt sind die Voraussetzungen für Selbständigkeit, eigenständiges Denken und einen eigenverantwortlichen Zugang zum Lernen.

Ein Blick in die internationale Literatur zeigt, dass die traditionelle Form des Lehrens und Lernens im Unterricht als „harter Fels" der Schulentwicklung gelten kann. A. Hargreaves, Herausgeber eines zweibändigen internationalen Handbuchs der Schulentwicklung, in dem über achtzig Autorinnen und Autoren eine Bilanz der letzten zwanzig Jahre Schulreform und Schulentwicklung ziehen, kommt jedenfalls zu dem Ergebnis, dass die bisherigen Reformen zu sehr auf äußere Effekte, Schlagworte und organisatorische Maßnahmen zielten. Was sich nicht ausreichend durchzusetzen vermochte, sei ein umfassendes Verständnis von Unterrichtsentwicklung gewesen. Vor allem sei es nicht gelungen, die Aneignungsperspektive der Lernenden in den Blick zu bekommen (vgl. Hargreaves 1998).

Wir, eine Hamburger Arbeitsgruppe, haben nun mehrere Schulen bei der Einführung und Erprobung des Projektunterrichts sowie des fächerübergreifenden Unterrichts begleitet (Bastian/Combe/Gudjons/Herzmann/Rabenstein

2000; Arnold/Bastian/Combe u.a. 2001). Zuletzt haben H.-G. Rolff und J. Bastian eine Evaluation des Projekts „Schule und Co.“ in Nordrhein- Westfalen vorgelegt (2001), das sich in einer besonderen Weise auf Unterrichtsentwicklung im Rahmen von Schulentwicklung konzentriert. Außerdem führen wir gerade ein weiteres Begleitforschungsprojekt durch, das den vermeintlich harmlosen Titel „Schülerrückmeldung im Unterricht“ trägt, dabei aber der Frage nachgeht, ob und wie die Kultur des Lernens in der Schule durch einen Dialog über Lehren und Lernen zu verändern ist.

Im Folgenden sollen einige zentrale Ergebnisse dieser Evalutation von Unterrichtsentwicklungsprozessen berichtet werden. Dabei lassen wir uns zunächst von einer Vorgabe Wolfgang Klafkis leiten, die dazu dienen soll, das Feld Unterricht kategorial erst einmal einzugrenzen und auszudifferenzieren. Die Unterrichtsentwicklung, so behauptet Klafki 1985, konzentriert sich auf vier „Grundformen“ von Unterricht. Diese sind:

- Projektunterricht,
- Lehrgänge,
- Unterricht in Gestalt relativ eigenständiger fachlicher oder fachübergreifender Themen sowie
- Trainingsunterricht (Klafki 1985, 233).

Bevor wir auf diese Kategorien zurückgreifen, möchten wir allerdings fragen, ob eine Unterscheidung von Unterricht in dieser Weise tragfähig ist.

Zur Unterscheidbarkeit von Unterrichtsformen

Gegen die von Klafki vorgeschlagene Unterscheidung von Unterrichtsformen könnte Widerspruch angemeldet werden. Wird hier nicht eine Unterscheidbarkeit vorausgesetzt, die in der Praxis gar nicht besteht, die künstlich trennt, was nicht zu trennen ist? Ist nicht der Sprachgebrauch sowohl in der Praxis als auch in der Literatur gerade bei der Bezeichnung von Unterrichtsformen oft mehr als verwaschen? Angesichts solcher Fragen mag es verwundern, was Klafki dieser Kategorisierung entschieden hinzu setzt: „Keine dieser Grundformen ist verzichtbar, jede hat im Optimalfall eine charakteristische Lehr- Lern- Struktur, die im Konkreten gewiss etliche Varianten erlaubt und erfordert“ (1985, 234).

Klafki geht also offenbar von einer unterscheidungsfähigen begrifflichen Fassung von Unterrichtsformen aus. Dennoch ist Klafkis energischer Schnitt hinsichtlich der Unterscheidungen von Unterrichtsformen keinesfalls ohne Spannungen. Dazu einige Hinweise:

- Klafki beginnt seine Reihung mit „Projektunterricht"; das wäre angesichts der damals und heute immer noch geringen Präsenz dieser Unterrichtsform in der Praxis nicht unbedingt erwartbar gewesen.
- Die Ausführung zur Form des Unterrichts in Gestalt fachlicher oder fachübergreifender Themen enthält längere Erläuterungen; sie ist dabei um eine Genauigkeit bemüht, die bei den anderen Kategorien nicht erforderlich scheint.
- Abgeschlossen wird die Reihung wieder mit einer knappen Nennung der Grundform „Trainingsunterricht" – als müsse jedem klar sein, was damit gemeint sein könnte.
- Auf das mögliche Geheimnis der von Klafki gewählten, aber nicht weiter begründeten Reihung, möchten wir an späterer Stelle eingehen.

Zunächst aber fragen wir wie angekündigt, ob sich mit solchen Begriffen überhaupt noch arbeiten lässt? Klafkis Formulierungen sind von ihm selbst in den Kontext der sogenannten Inneren Schulreform gestellt worden, die Mitte der 80er Jahre aufblühte, eine Phase, in der Unterrichtsentwicklung im Zentrum der Reformarbeit stand, wenn auch eher als Entwicklungsaufgabe von Individuen oder kleinen Reformgruppen und nicht in der Weise in Schulentwicklung eingebettet, wie heute. Klafki dürfte diese Einteilung im Zuge einer „Schulreform von unten", wie er sagt, für relevant gehalten haben, weil es in dieser Diskussion vielfach um eine Erweiterung des Spektrums der Unterrichtsformen ging. Aber, ist das, was hier an unterscheidbaren Unterrichtsformen aufgeboten wird nicht schon vom Bleigewicht zivilisationsgeschichtlich aufgelaufener Vorstellungen belastet, wie etwa der Lehrgang oder die fachliche Unterrichtseinheit? Selbst wenn beispielsweise der Projektunterricht damit als Grundform etabliert und begrifflich abgesetzt wird, kann man wie etwa Tenorth fragen, ob und „wie sich die angestrebten neuen Kompetenzen und die neuen Lehr-Lern-Formen im Alltag der Schule zuverlässig realisieren lassen?" (1999, 202). Kurz: es scheint einige Bedenken gegen die Triftigkeit oder den Grundgedanken dieser Einteilung in Unterrichsformen zu geben. Den einen scheint sie zu schlicht, den anderen zu anspruchsvoll. Dennoch möchten wir versuchen, die kleine Theoriefigur von Wolfgang Klafki weiter in ihrer Bedeutung für Unterrichtsentwicklung auszutesten.

Beachtenswert scheint uns dafür zunächst die nachgezogene Formulierung, die da heißt, keine dieser Grundformen sei verzichtbar, jede habe im Optimalfall eine charakteristische Lehr-Lern-Struktur, die im Konkreten gewiss etliche Varianten erlaube und erfordere. Man könnte hier gleichsam von einer strukturalistisch angehauchten Formulierung sprechen. Denn im Grunde sagt diese Passage, dass Unterrichtsformen doch nach gewissen Ablaufregeln unterscheidbare Gebilde sind. Mit anderen Worten: Es handelt sich bei jeder dieser Unterrichtsformen um eine regelhaft typisierbare Praxisform. Stimmt das?, so könnte man fragen. Ist zum Beispiel der Projektunterricht ein in sich geregeltes Gebilde, eine regelhafte typisierbare, eine eigengesetzliche Praxisform? In der Tat, so ist es, müssen wir in der Rückschau auf die Ergebnisse unserer Begleitforschung sagen. Diese regelhafte Form zeigt sich zunächst schlicht daran, dass etwa die Einführung von Projektunterricht für Lehrer wie für Schüler eines sukzessiven Aufbaus von Rahmungen, Routinen und Regeln bedarf, also dessen, was wir schließlich als „Prozesskompetenz“ bezeichnet haben: nämlich ein eher implizites und intuitives Verstehen der situationstypischen und prototypischen Abläufe und Phasen einer solchen Unterrichtsform.

Beispiele für die Regelhaftigkeit von Unterrichtsformen: ... der Anfang im Projektunterricht

Wir möchten ein Beispiel für diese regelhafte Form anführen. Dieses Beispiel haben wir nicht am Schreibtisch ersonnen, sondern es ist Resultat zahlreicher Rekonstruktionen und kontrastierender Verlaufsanalysen. Im Projektunterricht gibt es immer wieder das Problem des Anfangs. Der Anfang soll problemorientiert sein. Die Schwierigkeit des Anfangs besteht vor allem darin, ein Thema so als problemhaltig zu exponieren, dass Schüler wie auch die Lehrer selbst in einen Sog der Lösungssuche kommen. Das ist leicht gesagt, aber schwer getan. Verlangt sind hier von den Lehrerinnen und Lehrern praktisch-experimentelle Prozesse bis sich diese methodische Schaltstelle, übrigens auch technisch, bewältigen lässt. Untersucht man nun die Lösungen, die Lehrer und Schüler für die Bewältigung dieses Problems gefunden haben, so handelt es sich bei diesem Anfang der Sinnlogik nach um eine Vertragsstruktur, die eine reziproke Verantwortung beider Seiten einspielt.

So wurde in dem Jahrgang einer Schule, den wir über ein Jahr lang begleitet haben, für eine gewisse Zeit vereinbart, dass Schüler oder Schülergruppen zu Beginn von Projektphasen Anträge zu einem von den Lehrern vorgestellten Rahmenthema schreiben. In diesen Anträgen skizzieren die Schüler erste Planungsüberlegungen zu einem sie interessierenden Teilthema. Die Anträge werden von einer „Kommission“, der auch Schüler angehören, beurteilt und schließlich mit Kommentaren zur Weiterbearbeitung bzw. mit Anregungen zum Einstieg in die Projektarbeit zurückgegeben. Mit dieser auf Aushandlung basierenden Vertragsstruktur können Interessen ins Spiel gebracht und mit Standards für inhaltliche sowie methodische Qualität in Beziehung gesetzt werden. Neben dieser Vertragsstruktur fällt der Zeitrahmen auf, den der Anfang im Projektunterricht einnimmt. Zunächst könnte man als Beobachter ungeduldig werden, wenn man sieht, wie die Fixierung, Konkretisierung und Problematisierung eines bestimmten Themas Zeit kostet oder „frisst“. Die genaue Beobachtung dieser Anfangsinszenierung aber lässt erkennen, wie es hier im Prozess der allmählichen Gegenstandskonstitution und der Kommunikation zwischen Lehrern und Schülern nicht nur um das Aushandeln von Qualitätskriterien, sondern vielmehr von Bedeutsamkeit geht, das heißt um das Entstehen subjektiv bedeutsamer Lernkontexte aus der Sicht der Schülerinnen und Schüler – aber auch der Lehrenden.

Damit sagen wir nicht, dass das, was wir eben geschildert haben, nämlich die Bewältigung der Fußangeln zu Anfang eines Projektunterrichts in jener expliziten Form geschähe, in der wir den Vorgang geschildert haben. Sagen lässt sich an dieser Stelle allerdings, dass die Lehrer hier im Sinne der eben geschilderten Verfahrenslogik handeln, wenn sie mit Möglichkeiten und Anfängen experimentieren. Gleichzeitig ist dieses Experimentieren mit Anfängen ein Beispiel dafür, dass wir bei diesen von Klafki als Grundformen bezeichneten Unterrichtsformen in sich geregelte Gebilde und eigengesetzliche Praxisformen vor uns haben, die sich – auch in ihren Anfängen – von anderen Formen unterscheiden (müssen). Man könnte auch sagen, dass diese Unterrichtsformen das sind, was man in den Sozialwissenschaften „Rahmungen" oder in der Beratung „setting" nennt. Und die Bedeutung von Rahmungen und Settings kennen wir aus dem Alltag: Hier werden durch die kategoriale Trennung Möglichkeiten, Optionen definiert und andere ausgeschlossen. Es spräche also schon Einiges dafür, die Lehrer für solche Rahmungen bzw. Settings, ihre jeweilige Ablauflogik und auch für ein ihnen zugehöriges methodisches Handlungsrepertoire zu sensibilisieren, um intuitives Experimentieren in bewusste und reflektierte Entwicklung zu überführen. Rückmeldungen der wissenschaftlichen Begleitung über die Typik solcher Phasen im Rahmen spezifischer Unterrichtsformen können solche Sensibilisierungen als Voraussetzung für reflektierte Entwicklungsprozesse auslösen (vgl. dazu den einführenden Beitrag von A. Combe in diesem Band).

... die Unterscheidung zwischen Projektunterricht und fächerübergreifendem Unterricht

Wir möchten auf ein weiteres Beispiel zurückgreifen, weil sich daran sehr gut die Bedeutung einer Differenzierung der Rahmungen von Projektunterricht und fächerübergreifendem Unterricht explizieren lässt. Damit „überspringen" wir den Disput zwischen Tenorth und Huber bei dem Tenorth die Notwendigkeit einer gesonderten Veranstaltung namens fächerübergreifender Unterricht grundsätzlich in Frage stellt, weil dessen Anspruch an Reflexion der fachspezifischen Zugangsweise ein selbstverständlicher Teil eines guten Fachunterrichts sei (Tenorth 1999). Die Gegenposition von Huber – die auch durch unsere Forschungsergebnisse gestützt wird (vgl. Bastian/Combe/Gudjons u.a. 2000) – lautet: Der Dialog über den Weltzugang und die Differenz der Fächer bedarf spezifischer Rahmungen und muss vom Lehrer oder der Lehrerin ausdrücklich – und das heißt im fächerübergreifenden Unterricht inszeniert werden (vgl. Huber 2001).

Die Erkenntnis der spezifischen Eigenlogik fächerübergreifenden Unterrichts ist nun in der Praxis durchaus schwierig, sogar krisenhaft. So haben wir immer wieder gehört: Was fächerübergreifender Unterricht ist, dass müssen wir uns offensichtlich selbst erarbeiten. Und eine Formulierung von Ludwig Huber etwa, dass der fächerübergreifende Unterricht einem Divergenzprinzip folge und der Projektunterricht in Bezug auf den Umgang mit dem Fach einem Konvergenzprinzip, kommt zunächst in der Praxis kaum an. Was aber nicht heißt, dass solche Begriffe wie „Konvergenzprinzip" oder „Divergenzprinzip" nutzlos sind und nicht augenöffnend sein können. Sie werden es aber erst dann, wenn zu solchen Begriffen der Erfahrungsgehalt einer entsprechenden Entwicklungsarbeit hinzukommt.

In der von uns untersuchten Schule (vgl. Bastian/Combe/Gudjons u.a. 2000) gingen die Lehrer und Lehrerinnen bei ihren Versuchen mit fächerübergreifendem Unterricht in der Oberstufe zunächst in einem ersten fast naiven Zugriff von Problemstellungen aus, die mit den Kenntnissen eines Faches allein nicht bearbeitet werden konnten. Typische übergreifende Problemstellungen in dieser Arbeitsform sind etwa „Gentechnik" oder „Jugendwelten". Was die einzelnen Fächer hierzu beitragen können, wurde schließlich zu einem gemeinsamen Ergebnis – meist in Form einer Präsentation – zusammengeführt. Lehrer und Schüler arbeiteten also bis zu dieser Stelle nach der Logik des Projektunterrichts, bei dem Fächer im Sinne eines Konvergenzprinzips gleichsam als Reservoire an Inhalten und Methoden für die Bearbeitung eines übergreifenden Themas fungieren. Die Ausdifferenzierung und Weiterentwicklung des Konzepts führte, wie schon angedeutet, über Erfahrungskrisen. Gerade weil bei dieser Arbeitsform die Besonderheit der Fächer und der Fachzugänge verloren zu gehen schien, versuchten die Lehrer und Lehrerinnen nach einer Präsentationsphase eine Reflexion über den spezifischen Beitrag der Fächer anzuschließen. Die Erfahrung dabei war aber oft, dass die Schüler und Schülerinnen diese Reflexionsphase nach dem, sagen wir: „happy end" der Präsentation als ziemlich künstlich und aufgesetzt empfanden. Die Luft war raus und damit war keine Energie mehr für ein solch anspruchsvolles Unternehmen wie die Reflexion des besonderen Beitrags der Fächer. Ein anderes Beispiel ist, dass die Lehrerinnen und Lehrer als auszuarbeitende Produktform mit den Schülern ein Faltblatt verabredeten. Im Zuge des Prozesses mussten aber Lehrer wie Schüler feststellen, dass die Formgesetze eines Faltblattes die Möglichkeit einer reflexiven Vergewisserung fachspezifischer Anteile nur bedingt erlauben. Das wurde übrigens vor allem von Seiten der Schüler energisch geltend gemacht. Hier wurde deutlich, dass die der Grundform des Projektunterrichts zugehörige Form des Produkts nicht einfach auf die Grundform des fächerübergreifenden Unterrichts übertragen werden kann; die Kunst der Trennung ist auch hier also Voraussetzung für Erkenntnis und Entwicklung.

Einen interessanten Hinweis auf die Regelhaftigkeit der Form gibt ein Problem, das die Lehrer und Lehrerinnen wie auch die Schüler im Kontext dieses Falles mit dem Begriff des „Umschaltens" bezeichneten. Bei genauer Betrachtung ergab sich, dass hiermit ein Wechsel der Kommunikationsform gemeint war. Vor allem von Seiten der Schüler kamen dabei entscheidende Hinweise, dass sich Projektunterricht und fächerübergreifender Unterricht „beißen" können. Denn mit Umschalten war gemeint, dass von einer auf die Herstellung eines Produktes ausgerichteten Handlungsform auf eine reflexive Kommunikationsform umgeschaltet werden musste, bei der es auf das Argumentieren – also auf die Überprüfung der Geltungsbegründung von Behauptungen im Rahmen eines Faches – ankam. Im übrigen scheint uns, dass diese Geltungsüberprüfung von Behauptungen über die erfahrbare Welt das entscheidende strukturlogische Moment des fächerübergreifenden Unterrichts im Bereich der Sekundarstufe II ist, und fächerübergreifender Unterricht tatsächlich, wie auch Huber in einer wissenschaftstheoretischen Figur betont (Huber 1999), die Vorform einer wissenschaftlichen Zugangsweise zur Welt ist, also mit Fug und Recht „wissenschaftspropädeutisch" genannt werden kann.

... die Potentiale des Trainingsunterrichts für das Gelingen anderer Formen

Wir möchten abschließend mit einem dritten Beispiel auf das eingehen, was Klafki als „Trainingsunterricht" bezeichnet. Die Entwicklungspotentiale dieser meist gering geschätzten Grundform haben wir bei einer Evaluation des Projektes „Stärkung von Schulen im kommunalen und regionalen Umfeld" – kurz „Schule und Co." kennen gelernt (Bastian/Rolff 2001). „Schule und Co." ist ein auf fünf Jahre angelegtes Schulentwicklungsprojekt, das die Bertelsmann Stiftung zusammen mit dem Ministerium für Schule, Wissenschaft und Forschung des Landes NRW von 1997 bis 2002 durchführt. Zuletzt waren daran 89 Schulen in zwei Regionen beteiligt. Ein Zentrum der Arbeit ist das Training von Lehrern und Schülern in Kompetenzfeldern, die als Voraussetzung für eigenverantwortliches Arbeiten angesehen werden. Das Trainingsprogramm – zunächst in Anlehnung an Trainingsbausteine von Heinz Klippert und dann innerhalb des Projektes für unterschiedliche Alterstufen, Schulformen und Fächer systematisch weiterentwickelt – kann man als ein Handlungsrepertoire sehen, das für alle Fächer und Unterrichtsformen von Bedeutung ist, offensichtlich aber erst dann zur vollen Entfaltung kommt, wenn seinem systematischen Training ein besonderer Stellenwert eingeräumt wird. Trainiert wurden die Lehrerinnen und Lehrer in der Vermittlung und die Schülerinnen und Schüler in der Anwendung von Basiskompetenzen für eigenverantwortliches Arbeiten, wie etwa protokollieren, vortragen, Ordner führen, Arbeit selbständig organisieren, Texte exzerpieren, Diskussionen führen, Gruppenarbeit gestalten, Ergebnisse präsentieren usw. Ziel dieser Form der Unterrichtsentwicklung ist, dass im Rahmen einer klassen- und jahrgangsbezogenen verbindlichen Systematik durch gezielte fachübergreifende Trainings bestimmte Lern- und Kommunikationsformen grundgelegt werden, diese durch das kontinuierliche Aufgreifen im Fachunterricht vertieft und routinisiert werden und schließlich ineinander greifen und die Voraussetzungen für eigenverantwortliches Arbeiten der Schülerinnen und Schüler bilden. Die Evaluation zeigt, dass die Wirkungen dann besonders ausgeprägt sind, wenn die Trainings flächendeckend organisiert sind und in ihrer Struktur den Vereinbarungen über jahrgangsspezifische Qualifikationen folgen.

Deutlich wird an dieser Stelle, dass insbesondere der Unterrichtsform, der die Hochform des eigenständigen Arbeitens zugeschrieben wird – dem Projektunterricht – eine davon zu unterscheidende Unterrichtsform beigeordnet sein sollte: der Trainingsunterricht. Denn hier werden Basiskompetenzen erarbeitet, die viel zu lange vorausgesetzt wurden, ohne vorausgesetzt werden zu können. Dies gilt allerdings – so hat sich gezeigt – genauso für die Ausgestaltung eigenverantwortlicher Anteile im Fachunterricht und im fachübergreifenden Unterricht. Das bedeutet: es gibt auch hier Hinweise darauf, dass in der Kunst der Trennung eine entscheidende Gelingensbedingung für die Entwicklung des Unterrichts liegt.

Wir fassen zusammen: Klafkis Entwurf verkörpert eine in der Praxis tatsächlich relevante unterscheidbare Differenz von Unterrichtsformen. Argumentieren könnte man, dass derjenige Lehrer und diejenige Lehrerin, die mit dieser Differenz von Unterrichtsformen produktiv umgehen lernt, über ein mehrdimensionales bewegliches System der Gegenstands- und Welterschließung verfügt, sofern die Möglichkeiten dieser Rahmungen ausgelotet werden. Wir haben hier ein Gefüge mehrerer einander ergänzender und zum Teil spannungsvoll zueinander stehender Lernprinzipien vor uns. Und wir plädieren dafür, dieses unterscheidungsfähige Setting von Unterrichtsformen zumindest als Angebot an Situationstypen zu begreifen und deren Eigenarten und Kontexte gerade nicht zu verschleifen, sondern vielmehr zuzuspitzen. Das aus folgenden Gründen:

Wir denken dabei an eine veränderte kulturelle Rahmung von Unterricht, nämlich das, was man Informalisierung genannt hat, das heißt die Zunahme unkonventioneller und nicht mehr ohne weiteres in Traditionen zu verankernder Umgangsformen. Diskutiert wird im Moment bekanntlich, ob eine weitere Steigerung dieser Informalisierung überhaupt noch anzustreben ist, angesichts einer Situation, in der Vermischung, Situationsmix und Öffnung längst der Normalfall geworden ist und wo wir im Alltag oft alles gleichzeitig machen: Gehen, essen, reden, schauen und das Handy bedienen. Thomas Ziehe (1996) hat diese Argumentation im Einzelnen ausgeführt. Er plädiert schließlich, unseres Erachtens zu Recht für das, was er die „Kunst der Trennungen" nennt. Das heißt er plädiert für klarere Kontextmarkierungen. Das hieße auf Unterricht übertragen für eine, auch und gerade für die Schüler durchschaubare Konturierung des Unterrichts und der Unterrichtsformen zu sorgen. Denn Schüler haben ein Anrecht darauf zu erfahren, welches Spiel jeweils gespielt wird und was im jeweiligen unterrichtlichen Setting erwartet bzw. nicht erwartet wird. Die Kunst der Trennungen, das könnte also auch heißen, die Anteile von Kindern und Erwachsenen trennscharf zu halten – damit jeder weiß, was seine Aufgabe ist.

Wir meinen, mit Klafkis Einteilung in vier Grundformen des Unterrichts ist auch – z.B. für die Lehrerbildung – eine Aufforderung zur Ausschöpfung der Potentialität des Vorhandenen verbunden. Mit dieser unterscheidungsfähigen Einteilung von Unterrichtsformen zeichnet sich ein Lernprozess ab, der gerade dadurch, dass die einzelnen Unterrichtsformen in einen Wechselbezug geraten, deren Eigensinn besonders profiliert, ein Lernprozess, der dann auch zu einem differenzierten und strukturierten Methodenbewusstsein führen kann (vgl. hierzu Gudjons 2000).

Abschließend: zur Rekontextualisierung des Gewohnten

Nach wie vor könnten aber nun diese Unterrichtsformen – gleichsam „basics" des Unterrichtens – als zu starres Korsett empfunden werden. Oder das Modell scheint nach wie vor zu schlicht für die Bewährungsdynamik des Unterrichtens.

Deshalb soll nun auf das oben schon avisierte Geheimnis von Klafkis Reihung der Grundformen eingegangen werden. Im Anschluss an die Rede von der regelhaft typisierten Praxisform könnte vermutet werden, dass es einfach darum gehen müsse, Regeln beizubringen und vermitteln zu wollen. Aber schon bei Wittgenstein heißt es sinngemäß: Regeln lassen viele Hintertüren offen. Man muss zu ihrer Befolgung eine entsprechende Erfahrung mobilisieren können! Und schon Kant hat ausgeführt, dass sich Regeln nicht einfach auf die Vielfalt und Besonderheit von Situationen „applizieren" lassen (vgl. zu Kant und Wittgenstein: Combe/Kolbe 2002). Selbst nach einem Seminar zur Einführung des Projektunterrichts sagen die Studierenden oft: „Was wir gelernt haben, sind Trockenübungen. Wir sind kognitiv geschult, aber wir beherrschen es nicht."

In diesem Zusammenhang scheint es uns bemerkenswert, dass Klafki seine Aufzählung der Unterrichtsformen nicht mit dem Lehrgang, sondern mit dem Projektunterricht beginnen lässt. Scheint es nicht problematisch – jetzt unter dem Gesichtspunkt der Einsozialisation und des Erlernens von Unterricht – mit einem Komplexitätsmuster wie mit dem des Projektes anzufangen und gerade nicht mit dem Lehrgang, was erwartbar gewesen wäre? Was könnte die heimliche Absicht dieser Reihung sein? Wir vermuten: Durch den Beginn mit der Projektform werden die Wahrnehmungszwänge der Zunft, die Macht der Rituale, und die „Erbschaften des Gebrauchs" (Butler 1999) erst einmal außer Kraft gesetzt. Denn diese sind bis in sprachliche Details hinein zu verfolgen. Oft sichern sie, dass der Lehrer das letzte, bewertende Wort hat. Was also eine möglicherweise gar nicht bewusste Reihenfolge von Klafki suggestiv vermittelt ist das, was man eine „Rekontextualisierung des Gewohnten" nennen könnte. Das heißt der Lehrgang könnte gerade im Zusammenhang einer übergreifenden Praxisform wie dem Projekt eine spezifische und als sinnvoll empfundene Funktion zugewiesen bekommen, nämlich dann, wenn systematische Informationen in dichter und übersichtlicher Weise gebraucht werden und geboten werden müssen, weil sie der Erfahrung nicht entspringen. Somit haben wir mit dem von Judith Butler (1999) in ihrer Auseinandersetzung mit Derrida entliehenen Stichwort einer „Rekontextualisierung" zumindest eine Grobrichtung eines Lernprozesses im Bereich der Unterrichtsentwicklung angedeutet. Die „Rekontextualisierung des Gewohnten" und die „Übungen in der Kunst der Trennungen" – das sind Hinweise, mit denen sich der Prozess der Unterrichtsentwicklung besser verstehen lässt.

Literatur

Bastian, J./Combe, A./Gudjons, H./Herzmann, P./Rabenstein, K.: Profile in der Oberstufe. Fächerübergreifender Projektunterricht in der Max-Brauer-Schule Hamburg, Hamburg 2000

Arnold, E./Bastian, J./Combe A./Schelle, C./Reh, S.: Schulentwicklung und Wandel der pädagogischen Arbeit, Hamburg 2000

Bastian, J./Rolff, H.-G.: Vorabevaluation des Projekts „Schule & Co." c/o Bertelsmann Stiftung, Gütersloh 2001

Butler, J.: Hass spricht. Zur Politik des Performativen, Berlin 1998

Combe, A./Kolbe, F.-U.: Lehrerprofessionalität: Wissen, Handeln, Können. In: Helsper, W./Böhme, J.: Handbuch der Schulforschung, Opladen 2002 i. Dr.

Gudjons, H.: Methodik zum Anfassen: Unterricht jenseits von Routinen, Bad Heilbrunn 2000

Hargreaves, A. (eds): International Handbook of Educational Change, New York 1998

Huber, L.: Allgemeinbildung und Wissenschaftspropädeutik. Oder: Warum und wozu ein Oberstufen-Kolleg? In: Huber, L. u.a. (Hrsg.): Lernen über das Abitur hinaus. Erfahrungen und Anregungen aus dem Oberstufen-Kolleg Bielefeld/Seelze 1999, 42-55

Huber. L.: Stichwort: Fachliches Lernen. Das Fachprinzip in der Kritik. In: Zeitschrift für Erziehungswissenschaft, 4. Jg., Heft 3/2001, 307-333

Klafki, W.: Neue Studien zur Bildungstheorie und Didaktik, Weinheim und Basel 1985

Tenorth, E.: Unterrichtsfächer – Möglichkeiten, Rahmen und Grenzen. In: Goodson, I./Hopmann, S./Riquarts, K. (Hrsg.): Das Schulfach als Handlungsrahmen. Vergleichende Untersuchung zur Geschichte und Funktion der Schulfächer, Köln 1999, 191-207

Ziehe, T.: Adieu 70er Jahre. Jugendliche und Schule in der zweiten Modernisierung. In: Pädagogik, 48. Jg., H. 7/8 1996, 34-39

Andreas Feindt/Una Dirks/Hilbert Meyer

Team-Forschung in der LehrerInnenbildung – Phasenübergreifende Kooperation zwischen Information und Reflexion

Die Oldenburger Team-Forschung ist ein Konzept zur phasenübergreifenden forschungsbezogenen Kooperation in der LehrerInnenbildung, das die Bildung von kleinen Teams mit vier bis sechs Mitgliedern vorsieht, welche dann für 10 bis 11 Monate eine konkrete schul- und unterrichtsbezogene Forschungsfrage bearbeiten. Der vorliegende Beitrag zu dieser Forschungskonzeption ist in zwei Abschnitte gegliedert: Zunächst stellen wir das Konzept der Team-Forschung unter Berücksichtigung der Programmatik und der theoretischen Grundlagen kurz vor. Im Anschluss vollziehen wir in der Argumentation eine ‚empirische Wende' und skizzieren auf der Grundlage von Fallbeispielen forschender LehramtsstudentInnen zwei grundlegende Modelle phasenübergreifender Kooperation im Rahmen von Team-Forschung.

1 Die Oldenburger Team-Forschung

Meilensteine

Team-Forschung wird seit 1993 in der LehrerInnenbildung an der Carl von Ossietzky Universität Oldenburg in einem von kontinuierlichen Rückmeldungen der TeilnehmerInnen begleiteten Prozess praktisch erprobt und (weiter-)entwickelt. Theoretischer Ausgangspunkt war zunächst die Aktionsforschung, die von Altrichter und Posch (1990) in ihrem Band „Lehrer erforschen ihren Unterricht" in Anlehnung an anglo-amerikanische Traditionen der ‚action research' vorgestellt wurde (vgl. Fichten/Ulrich/Greving/Feindt/-Meyer 1995). Ende der 1990er Jahre erhielt das Konzept eine professionstheoretische Rahmung im Kontext einer Reflexiven LehrerInnenbildung (vgl. Feindt 2000; Meyer/Feindt 2000). Seit Herbst 2000 ist die Team-Forschung in ein BLK-Modellprojekt mit dem Titel „Lebenslanges forschendes Lernen im Kooperationsverbund Schule-Seminar-Universität" eingebunden (vgl. Fichten/Gebken/Obolenski 2002).

Definitorische Merkmale

Die konstituierenden Merkmale der Team-Forschung sind das *forschende Lernen* und die *phasenübergreifende Kooperation* von LehramtsstudentInnen, ReferendarInnen und LehrerInnen. Beide Merkmale sind wechselseitig aufeinander bezogen und zielen auf die im Konzept der Team-Forschung methodologisch und professionstheoretisch begründete Strategie der Triangulation (vgl. Feindt 2000, 39). Die Reflexion schulischer Praxis unter methodisch kontrollierter Berücksichtigung pluraler und differenter Perspektiven bildet den *Nucleus der Team-Forschung*. Zum Zwecke der eigenen *Professionalisierung*, der *Weiterentwicklung von Schule und Unterricht* und der *Generierung von Erkenntnissen* führen die o.g. Beteiligten in heterogen zusammengesetzten Teams kleine schul- und unterrichtsbezogene Forschungsprojekte durch und beteiligen sich – soweit wie möglich – an der durch die Forschung gestützten Weiterentwicklung schulischer Praxis. Gerahmt wird die Team-Forschung von dem durch die Forschungswerkstatt bereitgestellten *Unterstützungssystem* und durch einen *institutionellen Kooperationsverbund* aus Hochschule, Ausbildungs- bzw. Studienseminaren, Schulen und Einrichtungen der Lehrerfort- und -weiterbildung (vgl. Abb. „Bergtour Team-Forschung“).

Professionstheoretische Triangulation

Triangulation als „Strategie der Pluralisierung und Perspektivierung" (vgl. Marotzki 1999b, 126) ist im Rahmen der Team-Forschung nicht nur methodologisch hinsichtlich des Forschungsprozesses, sondern auch professionstheoretisch für die Entwicklungsprozesse der Beteiligten das zentrale Prinzip. Angesichts der Unsicherheit, Widersprüchlichkeit und Perspektivität schulischer Praxis kann die Professionalisierungsdebatte in der Formel „Professionalität durch Reflexivität" (Reh/Schelle 2000, 108; vgl. auch Dirks 2002; Meyer 2001) zusammengefasst werden. Eine LehrerInnenbildung, die Professionalisierungsprozesse initiieren will und sich damit auf die paradoxe Aufgabe einlässt, auf Unsicherheit vorzubereiten (vgl. Floden/Clark 1988), muss den Studierenden also Möglichkeiten eröffnen, die Entwicklung der Schlüsselqualifikation Reflexionskompetenz zu ermöglichen und zu fördern. Diese beinhaltet ein generationsüberbrückendes, perspektiventriangulierendes, methodisch kontrolliertes Fall- und Fremdverstehen (das auch eine Kontrastierung mit eigenen biografischen Erfahrungen einschließt), und befördert ein empirisch fundiertes ‚Neudenken' von Schule und Unterricht, indem ‚neue' Theorien generiert oder bestehende erweitert bzw. überprüft werden (vgl. auch Dirks 1999; 2000). Reflexivität in diesem Sinne lässt sich als Kontrastierung pluraler und differenter Perspektiven und damit als Triangulation konzeptualisieren. Diese Position wird durch die empirischen Arbeiten einer der AutorInnen über „LehrerInnenbiographien im Umbruch" gestützt: Das theoretische Modell einer produktiven berufsbiografischen Neuorientierung verdeutlicht u.a. den hohen Stellenwert „perspektiventriangulierender Stützsysteme", in denen sich LehrerInnen sowohl über berufliche als auch über private Erlebnisse mit ‚signifikanten Anderen' austauschen können" (Dirks 2001, 116f.; vgl. Dirks 2000). Team-Forschung ermöglicht eine solche Pluralisierung und Perspektivierung des Blicks auf Schule und Unterricht, auf unterschiedlichen Ebenen, die im folgenden kurz skizziert seien:

Phasenübergreifende Kooperation

Konstitutiv für die Team-Forschung ist, dass die Beteiligten nicht allein forschen. Sie müssen ihre Deutungen mit denen der anderen Teammitglieder kommunikativ kontrastieren. Hinzu kommt – und das ist angesichts verwendungstheoretischer Erkenntnisse bedeutsam (vgl. Dewe/Ferchhoff/Radtke 1992) –, dass für Studierende, ReferendarInnen und LehrerInnen unterschiedliche Wissens- und Handlungslogiken sowie entsprechend differierende Sichtweisen relevant sind. Drei Beteiligte (zwei Studentinnen und eine Lehrerin) haben diesen Aspekt in einem Artikel über ihre Forschungstätigkeit wie folgt beschrieben: „Bei einer Konstellation, wie sie in der Teamforschung vorliegt, können die verschiedenen beteiligten ‚Parteien' von der Perspektivenverschränkung profitieren: Die Lehrkräfte bekommen von den StudentInnen Anstöße, ihre Praxis neu zu betrachten, andere Sichtweisen zu gewinnen, während die StudentInnen durch Diskussionen mit den Lehrkräften und nicht zuletzt durch die Rückkopplung der Ergebnisse an die Schülerschaft Schule aus einem anderen Blickwinkel erfahren können, als sie es etwa aus Praktika gewohnt sind" (Robbe/Glindkamp/Bruns 1999, 21f.). Im o.g. BLK-Modellversuch wird darüber hinaus die institutionelle Dimension der phasenübergreifenden Kooperation betont. Abschottung und Lernbarrieren sollen transzendiert werden, um die an den Institutionen vorhandenen Ressourcen zu erschließen und „für das individuelle, gruppenbezogene und systemische Lernen" verfügbar zu machen (vgl. Fichten u.a. 2002).

Forschendes Lernen

Auch das forschende Lernen im Konzept der Team-Forschung ist der Erarbeitung unterschiedlicher Perspektiven auf Schule und Unterricht geschuldet. Im Rahmen einer methodisch gestützten Datenerhebung, -aufbereitung und -auswertung wird es möglich, soziale Phänomene auf eine andere „Repräsentationsebene" zu transformieren und unbekannte Blickwinkel zu eröffnen. Wissenschaftstheoretisch und methodologisch orientiert sich Team-Forschung an den Prämissen qualitativer Sozialforschung, denn beim schulischen Praxisfeld handelt es sich um ein komplexes Gefüge von Handlungen und Strukturen, die nicht adäquat durch Messen und Zählen und der damit einhergehenden Reduktion auf Zahlen und Statistiken erfasst und in ihren Wechselwirkungsprozessen verstanden werden können. Aus professionstheoretischer Sicht ist dabei die Entdeckung und Ausdifferenzierung der von den LehrerInnen rekursiv hervorgebrachten und ihr Handeln gleichzeitig strukturierenden Kernprobleme (vgl. Giddens Theorie der Strukturierung 1997) mittels fallübergreifender Kontrastierungen und anschließender Strukturdeutungen zu betonen (vgl. Dirks 2000; Hansmann 2001).

Prozessmodell eines idealtypischen Ablaufs

In der praktischen Umsetzung lässt sich ein Team-Forschungsvorhaben modellhaft wie folgt beschreiben: Zu Beginn eines Forschungsprojektes stellen die beteiligten LehrerInnen und ReferendarInnen ihre mit VertreterInnen von Schule (Schulleitung, Fach- bzw. Gesamtkonferenz) und Universität ausgehandelten Forschungsfragen vor. Im BLK-Modellversuch soll dabei die inhaltliche Ausrichtung der Forschungsfragen stärker auf Aspekten der Schulentwicklung liegen, wohingegen in den Jahren zuvor eher unterrichtsbezogene Fragestellungen bearbeitet wurden. Die Studierenden haben dann die

Möglichkeit, sich je nach Interesse (und Sympathie) im Rahmen einer ‚Marktplatzsituation' einer Themenstellung zuzuordnen. Anschließend werden die Forschungsfragen in den Teams unter Berücksichtigung professionstheoretischer Dimensionen, der Relevanz für die Schulentwicklung und der Machbarkeit eingegrenzt und kleingearbeitet. Der nächste Schritt besteht im Verfassen eines Exposés, in dem der Stand der Forschung, die Situation an der jeweiligen Schule und das forschungsmethodische Design dargestellt werden soll. Begleitet wird diese Phase von Einführungs-Workshops zu den Grundlagen der Team-Forschung (wissenschaftstheoretische Bezüge, methodologische Grundlagen, Forschungsmethoden, Datenaufbereitung und -auswertung; vgl. Feindt 2000). Nachdem die einzelnen Teams ihre geplanten Forschungsprojekte auf der Grundlage der Exposés im Plenum vorgestellt und diskutiert haben, werden die klassischen Phasen von Forschungsvorhaben – Datenerhebung, -aufbereitung und -auswertung – durchlaufen (vgl. Abb. „Bergtour Team-Forschung"). Während der gesamten Zeit stehen die MitarbeiterInnen der Forschungswerkstatt für die forschungspraktische Beratung zur Verfügung (Passt die Methode zu unserem Erkenntnisinteresse? Wie können wir Sinn aus unseren Daten gewinnen? etc.). Im Rahmen eines Unterstützungssystems, das die Forschungswerkstatt darstellt, werden aber auch darüber hinausgehende Leistungen angeboten, wie z.B. Hilfe bei der Erstellung von Arbeitskontrakten, Supervision für die Forschungsteams, Exkursionen, Archivierung und Veröffentlichung der Forschungsmaterialien (vgl. Fichten u.a. 2002; Feindt 2000, 93ff.). Nach Abschluss der Forschungsarbeit ist von den Teams ein Forschungsbericht anzufertigen, der die Grundlage für eine Präsentation und kritische Diskussion der Ergebnisse in der Forschungswerkstatt bildet. Die Rückmeldung an die Schulleitung bzw. Gesamtkonferenz und die Weiterentwicklung der Praxis sind die vielleicht diffizilsten Punkte in Teamforschungsvorhaben (Fichten u.a. 2002).

Soweit zur Team-Forschung, wie sie derzeit konzeptuell beschreibbar ist. Wenngleich bereits eine Vielzahl von Teamforschungsprojekten in der Oldenburger Forschungswerkstatt abgeschlossen worden sind, ist jedoch nahezu ungeklärt, welche Entwicklungsprozesse der Beteiligten und welche Forschungspraxis im Kontext der Team-Forschung *empirisch* re-/konstruierbar ist.

2 Zwei Modelle: Information versus Reflexion

Seit April 2001 wird im Centrum für Bildungs- und Unterrichtsforschung (CeBU) der Universität Hildesheim ein Evaluationsprojekt zur reflexiven LehrerInnenbildung durchgeführt, in dessen Sample auch Studierende der Oldenburger Team-Forschung berücksichtigt sind. Im folgenden soll aus diesem Evaluationsprojekt heraus eine erste Annäherung an die empirisch re-/konstruierbare Praxis Oldenburger Team-Forschung erfolgen. Anhand von Fallbeispielen zweier forschender Lehramtsstudentinnen soll verdeutlicht werden, dass zwei unterschiedliche Modelle der Kooperation re-/konstruierbar sind: Ein *Informations-* und ein *Reflexionsmodell.* Doch zunächst einige Anmerkungen zum Forschungsprojekt, aus dem die Daten stammen:

Das Forschungsprojekt

Ausgangspunkt des Forschungsvorhabens mit dem Arbeitstitel „Rekonstruktion von Entwicklungsprozessen forschender LehramtsstudentInnen im Kontext strukturtheoretischer Implikationen – Ein Beitrag zur Theorie und Praxis einer Reflexiven LehrerInnenbildung" (als second-order-research) sind schul- und unterrichtsbezogene Forschungsprojekte von Lehramtsstudierenden an verschiedenen Hochschulstandorten des Nordverbunds Schulbegleitforschung (als first-order-research).[1] Das professionstheoretische Erkenntnisinteresse, inwiefern solche Ansätze einen Beitrag zur Professionalisierung bereits in der ersten Phase der LehrerInnenbildung leisten können, wird mittels einer Fokussierung sowohl auf die Entwicklungsprozesse als auch auf die Forschungspraxis der beteiligten Studierenden unter Berücksichtigung struktur- und handlungstheoretischer Dimensionen bearbeitet. An das Forschungsdesign stellt sich also die Anforderung, beide Dimensionen bearbeitbar zu machen und damit die Grundlagen zu schaffen, um die Wechselbeziehungen in der Trias von Biografie, Forschungspraxis und Professionalisierung besser zu verstehen und zu erklären.

Die hier skizzierten Erkenntnisinteressen werden mit qualitativ-rekonstruktiven Forschungsmethoden entsprechend der hypothesen- und theoriegenerierenden Prämissen der Grounded Theory anhand biographisch-narrativer Einzel-Interviews und von Gruppendiskussionen untersucht. In der Analyse der Interviews, die sowohl die Re-/Konstruktion von Entwicklungsprozessen als auch von sozialen Praxen (hier die Forschungspraxis der Lehramtsstudierenden) zu leisten vermögen (vgl. Jakob 1997, 446), arbeiten wir nach dem von Fritz Schütze entwickelten Auswertungsverfahren (vgl. z.B. Schütze 1983). Dieses wird von uns um Elemente der Dokumentarischen Methode erweitert, anhand derer u.a. durch eine frühzeitig einsetzende themenbezogene und komparative Analyse (vgl. Bohnsack 1999, 78) in verstärktem Umfang die verschiedenen – immanenten, intentionalen und dokumentarischen – Sinngehalte des Interviewtextes berücksichtigt werden. Über dieses Vorgehen hinaus werden Gruppendiskussionen mit den forschenden Lehramtsstudierenden durchgeführt, um den biografisch vermittelten Zugang zu Entwicklungsprozessen und Forschungspraxis mit einer kollektiv vermittelten Perspektive zu trian-

---

1 Der Nordverbund Schulbegleitforschung ist 1998 aus einer schon länger bestehenden Kooperation von Hochschulen im Nordwesten Deutschlands hervorgegangen. Das gemeinsame Interesse besteht darin, einen dauerhaften forschungsbezogenen Kontakt von Schule und Hochschule unter Einbezug der LehrerInnenbildung zu etablieren.

gulieren. Dabei sind Gruppendiskussionen in besonderer Weise dazu geeignet, die Praxis in Forschungswerkstätten als konjunktive Erfahrungsräume zu re-/konstruieren. In Ergänzung zu diesen Aktualtexten untersuchen wir von den Studierenden produzierte Dokumente wie Forschungstagebücher, Exposés und Abschlussberichte zu den Forschungsvorhaben.

In den folgenden Ausführungen können nicht annähernd alle Erkenntnisinteressen des Projektes bearbeitet werden. Wir konzentrieren uns demzufolge auf einen Teilaspekt des Gesamtvorhabens, nämlich auf die Frage, welche Formen der Kooperation LehrerInnen und StudentInnen in der Team-Forschung hervorbringen. Im Rahmen eines kontrastiven Vergleichs der Interviews mit den forschenden Lehramtsstudentinnen Tina Dietz und Maren Nordhaus, die im Sample der Erhebung einen maximalen Kontrast darstellen, können zwei unterschiedliche Formen der Kooperation als Informations- und Reflexionsmodell typisiert werden.

Informationsmodell

Die Lehramtsstudentin Tina Dietz nutzt den über die Team-Forschung hergestellten Kontakt zur Lehrerin, um sich umfassend von ihr über ihre Fragen an Schule und Unterricht informieren zu lassen. Diese Instrumentalisierung der Kooperation für eine eingleisig verlaufende Information bildet den Orientierungsrahmen (vgl. Bohnsack 1999, 148ff.), in den die Darstellung der Forschungspraxis im Interview eingelassen ist.

Die erste Passage, die zur Explikation des Informationsmodells herangezogen werden soll, bezieht sich thematisch auf die zwischenmenschliche Ebene der Kooperation der beteiligten Studierenden und der Lehrerin:

„Ja und hat halt gepasst. Hat richtig gut gepasst. Also wir haben uns ganz toll verstanden mit der Caroline. Es war n richtig liebes herzliches Verhältnis [...] ich weiß nicht, wies in anderen Teams war, aber bei uns hat das echt *gut* geklappt, also das war überhaupt kein Zwang, dass wir uns da treffen mussten. So wir ham uns echt gefreut, wenn wir uns gesehen haben" (Tina Dietz).

Dieses affektive Eintauchen in die sozialen Beziehungen des Forschungsteams wird in der weiteren Darstellung durch die Nachordnung der Arbeit an der Forschungsfrage zum zentralen Fokus. Für die Studentin Tina ist es zu Beginn der Darstellung ihrer Forschungstätigkeit wichtiger, von den sozialen Aspekten der Kooperation zu berichten, so dass für sie anscheinend ein Primat des Sozialen die Forschungspraxis dominiert hat:

„So ham wir uns echt gefreut, wenn wir uns gesehen haben oder ham halt zusammen schön Kaffee getrunken, was gebacken und uns das gemütlich gemacht (*ja*). Halt häufig auch bei der Ca- ja mal bei mir, mal bei-. Bei der Caroline eigentlich am meisten (*ja*). Bei ihr zuhause (*oh ja*). Und ham uns da eigentlich richtig n netten A- nette Abende oder Nachmittage von gemacht und ham schon intensiv gearbeitet (*ja*)" (Tina Dietz).

Im weiteren Verlauf der Darstellung konstatiert Tina Dietz, dass die Kooperation mit der Lehrerin von gemeinsamen Erkenntnisprozessen getragen war: „*Wir haben gemeinsam versucht rauszufinden, was diese Handlungsforschung nun will*". Im direkten Anschluss wird jedoch deutlich, dass sich darin ebenfalls das Informationsmodell dokumentiert. Die Studentin lässt sich sowohl forschungsbezogen als auch darüber hinaus von der beteiligten Lehrerin informieren. In einem unmittelbaren und unreflektierten Prozess, der mit dem o. e. affektiven Eintauchen in die sozialen Beziehungen korrespondiert, nähert sich Tina Dietz den durch die Lehrerin repräsentierten Wissensbeständen der Praxis. Sie schreibt der statusrollengebundenen Perspektive der Lehrerin eine Deutungs- und Wissenshoheit zu, wodurch ein wechselseitiger Prozess der Auseinandersetzung scheinbar verhindert wird:

„Also Caroline wusste das schon ein bisschen, die hat an so ner ähnlichen Art auch schon gearbeitet und hat uns da so eigentlich ganz liebevoll eingeführt so [...] Aber halt auch so viel drumherum so so, was man so am Ende des Studiums- was einen halt so interessiert, wie das nachher ist, wenn man so in die Schule kommt so (*ja*). Also da hat Caroline einfach so so so Zusatzinformationen so viele gegeben und endlich mal ne Lehrerin, die man alles fragen darf und so" (Tina Dietz).

An der im Interview re-/konstruierbaren Forschungslogik des Teams dokumentiert sich erneut das Informationsmodell. Das forschungspraktische Vorgehen, das Tina Dietz ausführt, lässt sich als prüfendes Verfahren von ex-ante-Hypothesen beschreiben.[2] Dabei werden die Hypothesen aus dem Wissensbestand der Lehrerin übernommen. Für Tina Dietz bedeutet das konkret, dass der Kern des Forschungsvorhabens darin besteht, ein Experiment durchzuführen, in welchem Kinder in einem ersten Durchgang eine Fertigkeit erwerben sollen, indem ihnen etwas gezeigt wird. In einem zweiten Durchgang wird das Zeigen und Erklären – entsprechend eines Hinweises der Lehrerin – mit der Eigentätigkeit der SchülerInnen verbunden:

„Und das ist wieder auch n Impuls, der von Caroline gekommen ist ähm so was generell fürs Lehren geht- also fürs Lehren gilt (*mhm*), ähm dass man Leute, denen man was erklärt, dass man die es selber machen soll, selber machen lassen soll (*mhm*) [...] Also das hatten wir schon auch im Hinterkopf, dass wahrscheinlich das besser funktioniert, wenn das ne Regel ist, dass die Kinder das selber machen, [...] Also das wussten wir schon" (Tina Dietz).

Der erste Durchgang endet mit dem Ergebnis, dass die Kinder die erklärte und gezeigte Fertigkeit nicht anwenden konnten. Der zweite Durchgang, in dem dann der Erwerb der Fertigkeit mit der Eigentätigkeit der SchülerInnen verbunden wurde, führte zu dem Ergebnis, dass die SchülerInnen die Fertigkeit umsetzen konnten. Für die Studentin Tina ist der Abschluss des Forschungsprojektes also nicht mit neuen Erkenntnissen über den Erwerb

2 Das bedeutet noch lange nicht, dass das Vorgehen im Team von allen Beteiligten so beschrieben werden würde.

von Fertigkeiten verbunden, sondern mit der Bestätigung der durch die Lehrerin geprägten Vorannahmen:

„Und ham das gefilmt und unsere Vorannahmen auch wunderbar bestätigt gefunden so" (Tina Dietz).

Reflexionsmodell

Im Interview mit Maren Nordhaus wird eine andere Form der phasenübergreifenden Kooperation deutlich, die im folgenden als Reflexionsmodell konzeptualisiert wird. Der Orientierungsrahmen, in den die Darstellung ihrer Team-Forschungspraxis eingelassen ist, zeichnet sich durch ein Ausbalancieren affektiver Nähe und reflexiver Distanz im Rahmen der Kooperation zu den am Team beteiligten Lehrerinnen aus. In der Darstellung von Maren Nordhaus findet sich ähnlich wie bei Tina Dietz die Betonung affektiver Dimensionen der Kooperation:

„Noch weiter zum Forschungsteam. Das war großartig (lachen), das war wirklich einfach- warn absolut tolle Erfahrungen (*ja*). War richtig richtig schön" (Maren Nordhaus).

Anders als bei der Studentin Tina scheinen Beziehungs- und Sachebene jedoch in der gemeinsamen Forschungspraxis integriert zu sein. Maren Nordhaus bringt die Beziehungsebene im Forschungsteam mit *„tollen Erfahrungen"* in Verbindung und bezieht diese im Anschluss vor allem auf ein der themenbezogenen Arbeit förderliches verlässliches Arbeitsbündnis:

„Also ich hab selten ne Arbeitsgruppe erlebt, wo wirklich so viel ähm Zuverlässigkeit da war (*ohja*). Wenn wir uns getroffen haben, warn eigentlich immer alle da. Es sei denn, Susanne war schwer krank oder eins ihrer Kinder oder ähm das warn dann wirklich ernsthafte Gründe, wo dann auch ähm immer irgendwer vorher Bescheid gesagt hat" (Maren Nordhaus).

In der folgenden Passage wird deutlich, dass die einzelnen Mitglieder der Teams mit unterschiedlichen Statusrollen verbunden sind, die mit bestimmten (unausgesprochenen) Rollenerwartungen verknüpft zu sein scheinen. Die Lehrerinnen zeigen im Rahmen des Arbeitsbündnisses Rollenbewusstsein und versuchen, einem Bild vorzubeugen, dass sie die Richtlinien der Forschung vorgeben. Vielmehr sind sie an einem von gleichberechtigten PartnerInnen wechselseitig getragenen Prozess interessiert.

„Und ja das das Arbeitsklima war auch immer faszinierend. Es war von vornherein irgendwie auch so, dass die beiden Lehrerinnen gesagt haben, wir sind ein Team (*mhm*) und ja nicht so wir sind die Lehrerinnen und sagen, wos lang geht, sondern wir machen das zusammen" (Maren Nordhaus).

Für die Studentin Maren ist eine solche reziproke Beziehung zwischen den VertreterInnen der unterschiedlichen Phasen offensichtlich eine der Grundlagen für ein *„faszinierendes"* Arbeitsklima. An diesem Punkt der phasenübergreifenden Kooperation handelt es sich letztendlich um eine paradoxe

Situation, denn durch die Setzung der LehrerInnen: *„wir machen das zusammen"*, nehmen sie eine dominante und strukturierende Stellung im Team ein. Es könnte aber sein, dass genau diese paradoxe Aufforderung zur Reziprozität ein entscheidender Moment in der Konstitution eines Forschungsteams ist, um im weiteren Verlauf trotz unterschiedlicher Rollenerwartungen eine wechselseitige Arbeitskultur inter pares zu etablieren:

„Und (*ja*) sie [die Lehrerinnen] haben auch nur gesagt, wir wollen irgendwas mit Themenplan machen (*ja*), und wir wissen gar nicht so genau was (*ja*) (Räuspern) und dann war Themenfindung am Anfang auch n bisschen schwierig. Wir dachten immer oh: gott, die anderen sind alle schon furchtbar weit nur wir noch nicht (*ja ja*). Und irgendwann ähm saßen wir halt da in einer der Sitzungen ähm und ham gesagt, wir machen son Analysegespräch (mhm). Wussten wir gar nicht genau, was es ist, ham dann Dieter nochmal gefragt und ham dann halt das irgendwie so gemacht, dass die beiden uns einfach erzählt haben aus ihrer Schule, ihrem Schulalltag und alles, was halt mit Themenplan für sie so zu tun hat (*ja*). Und wir ham zwischendurch einfach nur gefragt (*ja*) (Räuspern) ham halt versucht, irgendwie (Räuspern) irgendwie zu fragen, gar nicht unbedingt, was wollt ihr erforschen, sondern einfach: Wie ist das, womit habt ihr Probleme (*mhm*). Oder was findet ihr gut, was findet ihr nicht so gut (*ja*) und ham irgendwie- ich weiß gar nicht anderthalb Stunden ham wir glaub ich einfach nur die beiden reden lassen" (Maren Nordhaus).

Hier wird nicht einer statusrollengebundenen Perspektive eine Deutungs- und Wissenshoheit zugeschrieben, vielmehr treten die Lehrerinnen und Studierenden über das regelgeleitete Setting des Analysegespräches[3] in einen gemeinsamen Reflexionsprozess über den interessierenden Aspekt „Themenplanarbeit" ein. Im Gegensatz zur Studentin Tina Dietz, die sich weitgehend unreflektiert an fertigen Wissensbeständen zu orientieren scheint, befindet sich das Team um Maren Nordhaus in einem Prozess, bei dem das schulische Phänomen „Themenplanarbeit" anhand einer bestimmten Nachfragetechnik (vgl. Altrichter/Posch 1990, 69ff.) für die Formulierung der Forschungsfrage dimensioniert wird. Mit Fragen zur Konkretisierung („W*ie ist das, womit habt ihr Probleme (mhm). Oder was findet ihr gut, was findet ihr nicht so gut")* versuchen die Beteiligten, sich gemeinsam ein umfassendes Bild des Phänomens zu machen. Dieses Bild wäre für die Lehrerinnen allein so nicht verfügbar, sondern differenziert sich – in einer Art Aufschaukelungsprozess – über die immer weitergehenden Fragen von außen. Am Ende des Analysegespräches werden die Informationen in einem wechselseitigen Reflexions- und Diskussionsprozess auf Grundlage der angefertigten Textdokumente zur Forschungsfrage verdichtet:

---

3 Da im Teamforschungs-Curriculum das Buch „Lehrer erforschen ihren Unterricht" von Altrichter/Posch zur Literaturgrundlage gehört, ist davon auszugehen, dass es sich bei dem Analysegespräch um ein solches handelt, das von den Autoren beschrieben wird (vgl. 1990, 69ff.).

„Und ähm oder jeder hat versucht, sich son paar Stichpunkte noch zu machen (*ja*). Ja und dann ham wir, glaub ich, noch ziemlich lange gebraucht hinterher, aber halt dadrauf aufgebaut irgendwann unsere Frage dann- unsere Forschungsfrage rausgekriegt (*ahja*). Und das hatte irgendwie dann so glaub ich den Effekt, dass ja dass wir alle gedacht haben ja das ist wirklich unsere Frage. Das ist das, was uns jetzt interessiert (*ja*)" (Maren Nordhaus).

Die schließlich gefundene Forschungsfrage stellt ein Ergebnis dar, das von den Beteiligten in einem gemeinsamen Prozess generiert wurde und somit Identifikationspotential für alle und nicht nur für die Lehrerinnen bereithält. Dies wird durch den nächsten Interviewabschnitt verdeutlicht, in dem zum Ausdruck kommt, dass sie sich der Standortgebundenheit von Wissen und Interpretation (vgl. Bohnsack 1999, 178ff.) bewusst ist und die Beteiligten diese differenten Perspektiven miteinander verhandelt haben:

„und ähm ja das hat auch ganz lange gedauert, dass wir- bis wir unsere (Räuspern) unsere verschiedenen Vorstellungen so ja zu dem Punkt gebracht haben, dass wir wirklich der Meinung waren, wir erforschen das Gleiche (*ahja*). Weil jeder immer noch son bisschen ne andere Vorstellung von dem Ding hatte" (Maren Nordhaus).

Das Reflexionsmodell als Orientierungsrahmen bleibt auch hinsichtlich der Datenauswertung dominant. In einem naturwüchsigen Orientierungs- und Suchprozess stellt die Gruppe fest, dass sie das Datenmaterial mit einem *vor* der Analyse entwickelten Kategoriensystem nicht angemessen auswerten kann:

„N paar haben wohl noch im Kopf, dass wir erst versuchen, uns zu überlegen, was gibt es eigentlich und irgendwie son Fragenkatalog oder son son Raster entwickeln, wo man dann nur noch abhaken muss. Das ham sie gemacht, das ham sie nicht gemacht (*ja*). Aber damit sind wir nicht weit gekommen. Das ham wir irgendwie einmal versucht (ja) oder zweimal und dann ham wir irgendwann gesagt, das klappt gar nicht (*ja*). Ham das dann total umgeschmissen" (Maren Nordhaus).

Daraufhin entwickeln sie ein entdeckendes Auswertungsverfahren, bei dem Kategorien aus dem Material heraus generiert werden. Dabei fertigen sie Textdokumente (Protokolle) an, welche die Basis für die Konzeptualisierungen bilden: „und dann eben gesagt, wir verteilen diese Videos (*ja*). Jeder bekommt eben ein Exemplar, und dann ham wir Teams aufgeteilt, dass jeder sich entweder alleine oder in Zweiergruppen anguckt (*ja*), dann aufschreibt, was was dadrin vorkommt, was dadrin bemerkenswert ist und was er davon hält. Also einmal ja die Szenen, die wichtig sind rausschreiben oder die Dialoge und dazu dann Bemerkungen (*ja*). Also immer, wenn man das Gefühl hatte, da ist was, das festzuhalten (*ja*). Kein komplettes Protokoll, aber eben so, das das Wichtige rausziehen (*ja*)" (Maren Nordhaus).

Die gefundenen Kategorien werden anschließend in einem kommunikativen Prozess der Kontrastierung unterschiedlicher Perspektiven und Lesarten überprüft und diskutiert:

„Also dann die Protokolle ausgetauscht und die dann wieder überarbeitet (*ja*). Ich glaub, dieses erste ham wir alleine gemacht- Also ich weiß nicht- Teilweise wars alleine und teilweise wars in Zweier oder Dreierteams (*ahja*). Aber eben so, dass hinterher jedes Protokoll von mindestens drei Leuten getrennt voneinander angeguckt worden ist. Also in zwei Sitzungen (*ja*). Einmal einer, ders aufgeschrieben hat und ausgearbeitet hat und dann nocheinmal überarbeitet und dann ham wir uns wieder zusammen getroffen und versucht, das auszuwerten" (Maren Nordhaus).

Entsprechend der Reflexion der Standortgebundenheit von Wahrnehmungen und Interpretationen im Prozess des Findens der Forschungsfrage wird hier erneut der Standortgebundenheit Rechnung getragen, indem in einem reflexiven Prozess die Interpretationsergebnisse der Teammitglieder miteinander kontrastiert werden:

„War dann halt n ganzer Haufen von diesen Protokolle (*ja*), und die sind wir dann durchgegangen und ham Schrit für Schritt geguckt, ob wir alle mit dem übereinstimmen, was da steht, ob wir das bestätigen können" (Maren Nordhaus).

Zusammenfassung und Konsequenzen:

Die Auseinandersetzung mit den beiden Interviews verdeutlicht, dass die phasenübergreifende Kooperation zum einen zur unreflektierten Orientierung an Wissensbeständen aus der Praxis und zum anderen zu einem gemeinsamen Prozess des Entdeckens neuer Sichtweisen auf Fragen der Praxis und damit zum Aufdecken ‚blinder Flecken' führen kann. Die in der Teamforschung rekursiv hervorgebrachte Rollendifferenz muss also nicht im Sinne eines Strukturdeterminismus dazu führen, dass LehrerInnen ob ihrer Erfahrung und Expertise im Feld die Deutungsmuster des Forschungsteams bestimmen. Vielmehr stehen strukturelle Differenz und konkrete Handlungen der AkteurInnen in einem Wechselverhältnis zueinander, das zwei unterschiedliche Modelle hervorbringen kann. Welches der beiden Modelle hervorgebracht wird, hängt zum einen von den Haltungen der Studierenden ab, ist aber auch angesichts der re-/konstruierten paradoxen Aufforderung zur Reziprozität der sozialen Architektur des Arbeitsbündnisses geschuldet. Schliesslich wird u. E. deutlich, dass der gemeinsame Prozess der Generierung und Reflexion von Wissensbeständen durch bestimmte Methoden unterstützt werden kann. Dabei sind das Analysegespräch, Methoden entdeckender bzw. hypothesengenerierender (statt testender) Forschungsansätze (vgl. Strauss/Corbin 1996) und eine abduktive Haltung gegenüber den Daten (vgl Kelle 1997; Reichertz 2000) zu nennen. Es sind v.a. solche Verfahren, die den Beteiligten auf einer gemeinsamen Entdeckungsreise im Feld neue und intersubjektiv nachvollziehbare Sichtweisen auf Schule und Unterricht eröffnen (vgl. Dirks/Feindt 2002; Feindt 2002). Für diese durch das Forschungsprojekt empirisch gesicherte Erkenntnis lassen sich einige theoretische Verweise finden: So z.B. bei Alheit (2001), der den engen Zusammenhang zwischen forschendem Lernen und den Verfahren der Grounded Theory unterstreicht. Ebenso wie bei der Grounded Theory kommt es Alheit zufolge auch beim forschenden Lernen darauf an, nicht deduktiv gewonnene Hypothesen aus „großen Theorien" zu überprüfen, sondern neues praxisnahes theoretisches Wissen zu generieren. Forschendes Lernen ist ebenso wie die Grounded Theory von einem kontinuierlichen „Dialog zwischen theoretischen Vorannahmen und den gewonnenen Daten" (Alheit 2001) gekennzeichnet. Ähnlich wurde zur Blütezeit des forschenden Lernens Anfang der siebziger Jahre argumentiert. In der Schrift „Forschendes Lernen – Wissenschaftliches Prüfen", die 1970 von der Bundesassistentenkonferenz veröffentlicht wurde (vgl. BAK 1970), heisst es zu den Strukturmerkmalen forschenden Lernens: „Entdeckung (oder Wiederaufnahme eines verlorenen) Problems und seine immer weiter präzisierte Bestimmung; Hypothesenbildung; Entwurf von Strategien; Versuche in Variationen; Probe auf Alternativen; Umwege, Rückschläge, Zufallsfunde, ‚fruchtbare Momente' und kritische Prüfung der Ergebnisse; Selbständigkeit in allen diesen Schritten und ein je nach Umfang verschiedenes Risiko des Fehlschlags" (BAK 1970, 13; vgl. auch Huber 1970, 230). Das Interview mit der Studentin Maren Nordhaus verdeutlicht in anschaulicher Weise, was unter forschendem Lernen in o.g. Sinne empirisch zu verstehen ist und wie Forschungswerkstätten als Anregungsmilieus die Entwicklung professioneller Reflexionskompetenz begleiten können.

Literatur

Alheit, P.: Neugier, Beobachtung, Praxis – Forschendes Lernen als Methode erziehungswissenschaftlichen Studierens. Universität Bielefeld (Manuskript eines Vortrags vom 27./28.04.2001)

Altrichter, H./Posch, P.: Lehrer erforschen ihren Unterricht, Bad Heilbrunn 1999

Bohnsack, R.: Rekonstruktive Sozialforschung, Opladen 1999

Bruns, I./Glindkamp, B./Robbe, M. (1999): ‚Knorke Schule' oder ‚Anstalt für Versuchskaninchen'? In: Kemnade, I. (Hrsg.): Schulbegleitforschung und Lernwerkstätten, Oldenburg: Didaktisches Zentrum, 18-22

Bundesassistentenkonferenz (BAK) (Hrsg.): Forschendes Lernen – Wissenschaftliches Prüfen, Bonn 1970

Dewe, B./Ferchhoff, W./Radtke, F.-O.: „Das ‚Professionswissen' von Pädagogen. Ein wissenstheoretischer Rekonstruktionsversuch." In: Dies. (Hrsg.): Erziehen als Profession, Opladen 1992, 70-91

Dirks, U.: Bilder von ‚guten' LehrerInnen im Spiegel einer doppelten Kasuistik. In: Dirks, U./Hansmann. W. (Hrsg.): Reflexive Lehrerbildung, Weinheim 1999, 85-122

Dirks, U.: Wie werden EnglischlehrerInnen professionell? Münster 2000

Dirks, U.: Lehrerinnenbiografien im Umbruch. In: Glumpler/Fock (Hrsg.): Frauen in pädagogischen Berufen. Bd. 2: Lehrerinnen, Bad Heilbrunn 2001, 90-124.

Dirks, U.: Professionalisierung durch berufsbiographische Reflexivität in der LehrerInnentätigkeit und -bildung." In: Hörner, W. u.a. (Hrsg.): Berufswissen des Lehrers und

Bezugswissenschaften der Lehrerbildung. (24. Jahreskonferenz der ATEE). Leipzig 2002 (i.Dr.)
Dirks, U./Feindt, A.: Fallarbeit in der LehrerInnenbildung. In: Dirks, U./Hansmann, W. (Hrsg.): Forschendes Lernen. Auf dem Weg zu einer professionellen LehrerInnenbildung und Schulentwicklung, Bad Heilbrunn 2002 (i. Dr.)
Feindt, A.: Team-Forschung – Ein phasenübergreifender Beitrag zur Professionalisierung in der LehrerInnenbildung. In: Feindt, A./Meyer, H. (Hrsg.): Professionalisierung und Forschung. Oldenburg: Didaktisches Zentrum 2000, 89-114
Feindt, A.: Qualitätsentwicklung forschenden Lernens am Beispiel der Oldenburger Teamforschung. In: Dirks, U./Hansmann, W. (Hrsg.): Forschendes Lernen. Auf dem Weg zu einer professionellen LehrerInnenbildung und Schulentwicklung, Bad Heilbrunn 2002
Fichten, W./Greving, J./Ulrich, I./Feindt, A./Meyer, H.: LehrerInnen erforschen ihren Unterricht – StudentInnen erforschen Schule, Oldenburg 1995
Fichten, W./Gebken, U./Obolenski, A.: Entwicklung und Perspektiven der Oldenburger Team-Forschung. In: Dirks, U./Hansmann, W. (Hrsg.): Forschendes Lernen. Auf dem Weg zu einer professionellen LehrerInnenbildung und Schulentwicklung, Bad Heilbrunn (i. Dr.)
Floden, R./Clark, C.: Preparing Teachers for Uncertainty. In: Teachers College Record. 1988 Vol. 89, Nr. 4, 505-524
Giddens, A.: Die Konstitution der Gesellschaft, Frankfurt/M. 1997
Hansmann, W.: Musikalische Sinnwelten und Lehrerprofessionalisierung, Essen 2001
Huber, L.: Forschendes Lernen. In: Neue Sammlung 1970 Heft 3, 10. Jg., 227-244
Jakob, G.: Das narrative Interview in der Biographieforschung. In: Friebertshäuser, B./ Prengel, A. (Hrsg.): Handbuch qualitative Methoden in der Erziehungswissenschaft. Weinheim 1997, 445-458
Kelle, U.: Empirisch begründete Theoriebildung, Weinheim 1997
Marotzki, W.: Bildungstheorie und Allgemeine Biographieforschung. In: Krüger, H.-H./-Marotzki, W. (Hrsg.): Handbuch erziehungswissenschaftliche Biographieforschung, Opladen 1999a, 57-68.
Marotzki, W.: Forschungsmethoden und -methodologie in der Erziehungswissenschaftlichen Biographieforschung. In: Krüger, H.-H./Marotzki, W. (Hrsg.): Handbuch erziehungswissenschaftliche Biographieforschung, Opladen 1999b, 109-133
Meyer, H./Feindt, A.: Die Oldenburger Team-Forschung. Konkretion und Irritation eines Versuchs zur Professionalisierung in der LehrerInnenbildung. In: Meri, Màtti et al. (Hrsg.): Discussions on some pedagogical issues. Helsinki: University of Helsinki, 49-79
Meyer, H.: Professionalisierung in der Lehrerbildung. In: Ders.: Türklinkendidaktik. Berlin 2001, 199-253
Prengel, A.: Perspektivität anerkennen. In: B. Friebertshäuser/A. Prengel (Hrsg.): Handbuch qualitative Forschungsmethoden in der Erziehungswissenschaft, Weinheim 1997, 599-627
Reh, S./Schelle, C.: Biografie und Professionalität. In: Bastian, J./Helsper, W./Reh, S./Schelle, C. (Hrsg.): Professionalisierung im Lehrerberuf, Opladen 2000, 107-124
Reichertz, J.: Abduktion, Deduktion und Induktion in der qualitativen Forschung. In: Flick, U./Kardorff, E./Steinke, I. (Hrsg.): Qualitative Forschung. Ein Handbuch, Reinbek 2000, 276-286
Schütze, F.: Biographieforschung und narratives Interview. In: Neue Praxis 1983 Heft 3, 283-293
Strauss, A./Corbin, J.: Grounded Theory: Grundlagen Qualitativer Sozialforschung, Weinheim 1996
Wenger, E.: Communities of practice. Cambridge 1998

Herbert Altrichter

Aktionsforschung als Strategie zur Förderung professionellen Lernens

1. Einleitung

Das Konzept *action research* oder *teacher research,* so wie es durch die Arbeit von Lawrence Stenhouse und John Elliott geprägt wurde, thematisiert die reflektierende Weiterentwicklung von Unterrichts- und Schulpraxis durch LehrerInnen. Dies ist auch ein Nachhall seiner Entstehung in Projekten, in denen SchulpraktikerInnen und universitäre ForscherInnen bei der Entwicklung von Unterrichtsformen, Curricula und anderen schulischen Gestaltungselementen kooperierten (vgl. Altrichter 1990, 14ff). In der Folge hat sich im angloamerikanischen Raum ein Sektor der LehrerInnenfortbildung entwickelt, der sich auf die Philosophie und Praktiken von *teacher research* beruft, oft zu zusätzlichen Zertifikaten und Graden führt („award-bearing courses") und von Institutionen des tertiären Sektors angeboten wird (vgl. z.B. Nias/ Groundwater-Smith 1988; Hollingsworth 1997). In diesen Kontexten hat sich ein Fundus von Gestaltungsformen und Faustregeln für die Unterstützung der Entwicklungsarbeit von LehrerInnen herausgebildet, nach dem ich gelegentlich bei Fortbildungskursen und Entwicklungsprojekten gefragt werde.

Absicht dieses Aufsatzes ist es, wesentliche Gestaltungsformen und -regeln für Lehrerforschungsprojekte zu erläutern. Da, wie ich später noch darstellen werde (vgl. Abschnitt 2.3), die englischen LehrerforscherInnen der Stenhouse-Elliott-Tradition der Meinung sind, dass Handlungen und Interaktionen die konkrete Gestalt pädagogischer Prinzipien und Werte darstellen und als solche reflektiert werden müssen, werde ich diese Darstellung von didaktischen Gestaltungselementen im Zusammenhang argumentativer Grundkonzepte dieser Aktionsforschungsrichtung verorten.

Damit könnte der Beitrag noch eine weitere Funktion erfüllen: Anlässlich eines Handbuchbeitrages zum Thema „Handlungs- und Praxisforschung" (vgl. Altrichter/Feindt 2002) waren wir mit einer verblüffenden (und für uns Autoren auch etwas zermürbenden) Vielfalt von – sich leicht voneinander differenzierenden – Forschungsansätzen, die sich in diesem Feld in den letzten Jahren im deutschsprachigen Raum entwickelt haben, konfrontiert: *Praxisforschung, Lehrerforschung, Handlungsforschung, Aktionsforschung, Teamforschung* usw. scheinen in ähnliche Richtung zu zielen, ohne dass die Umschreibungen durch ihre ProtagonistInnen gleichlautend wären (oder zumindest systematisch aufeinander Bezug nähmen). Diese Vielfalt mag damit zusammenhängen, dass Handlungsforschung – zumindest so wie sie in den 60er und 70er Jahren in der deutschsprachigen Sozialwissenschaft Fuß gefasst hat (vgl. Altrichter/Gstettner 1993) – vielfach zunächst als ein „Gegen-Begriff" konzipiert wurde, der seine Dynamik aus der Kritik anderer Forschungsrichtungen gewann, ohne dass immer Übereinstimmung über seinen positiven Kern geherrscht hätte.

Doch die 70er Jahre sind vorbei und die Pflege all dieser Eigenständigkeiten lässt Unübersichtlichkeit entstehen. Diese verhindert – wie Paul Feyerabend sicherlich angemerkt hätte – eine erkenntniseinschränkende Hegemonie eines Ansatzes, sie ist aber auch – um Thomas Kuhns Diktum zu hören – der Durchsetzung und dem Status des Konzepts in der Fachdiskussion nicht gerade förderlich. Dies wird nun kein Aufruf zur Vereinheitlichung im Feld der Handlungs- und Praxisforschung, wohl aber einer zur Diskussion der Frage, was denn den Kern und was die Peripherie der verschiedenen Ansätze der Handlungs- und Praxisforschung ausmacht bzw. ob sich so etwas wie ein gemeinsamer Kern dieser Ansätze herausschälen lässt. Die folgenden Zeilen können auch als Beitrag zu einer solchen Diskussion gelesen werden, als Versuch, die Kernargumente der Aktionsforschungsrichtung *sensu* Stenhouse und Elliott herauszuschälen und zur Diskussion zu stellen.

Ich werde im folgenden den Begriff „Aktionsforschung" in abgekürzter Redeweise für die Aktionsforschung der englischen Stenhouse-Elliott-Tradition verwenden (ohne damit schon hegemoniale Ansprüche anzumelden). Im folgenden Abschnitt sollen einige theoretische Ressourcen, mit denen diese Aktionsforschung und ihre konkrete Gestalt in Entwicklungsprojekten und Fortbildungslehrgängen argumentiert, in kurzer Form präsentiert werden. Darauf folgend werden in Abschnitt 3 einige Faustregeln für die Gestaltung und Unterstützung von Aktionsforschungssituationen entwickelt und zur Diskussion gestellt.

2. Argumentative Ressourcen von Aktionsforschung

Von den AktionsforscherInnen wird der Beruf von LehrerInnen als eine *„Profession"* in folgendem Sinn angesehen (vgl. Altrichter/Gorbach 1993; Altrichter 2000): Eine ‚Profession' ist ein besonderer Beruf, der meist durch überdurchschnittliche Erwerbschancen, überdurchschnittliche Wissensanforderungen, überdurchschnittliche ethische Versprechen und überdurchschnittliche Autonomie in der Berufsausübung ausgezeichnet ist. Sie ist ein historisches und sich wandelndes Produkt der funktionalen Ausdifferenzierung der Gesellschaft. Ihre Besonderheit scheint vor allem in ihrem Charakter als

Dienstleistungsberuf zu liegen, der sich auf „ein existentielles, ohne spezialisiertes Wissen nicht mehr bewältigbares Problem einer *individuellen Klientel* in einem konkreten soziokulturellen Lebenszusammenhang" (Combe/Helsper 1996, 21) richtet, dessen Lösung sowohl individuell als auch aus dem Blickwinkel der Allgemeinheit bedeutsam erscheint. Diese ‚Lösung' ist nicht einfach ‚machbar', sondern wird in Interaktionen unter beträchtlicher Unsicherheit erarbeitet (vgl. Terhart 1996, 457; Wimmer 1996). Wenn die Arbeit in Organisationen erfolgt, so scheinen sich daraus Widersprüche und Antinomien zwischen den Anforderungen des Arbeitsinhalts und der Arbeitsorganisation zu ergeben (vgl. z.B. Schütze 1996, 185).

Im Kern der Aktionsforschung steht nun ein *Konzept professionellen Handelns und Lernens*, das im folgenden durch Rückgriff auf vier Argumentationslinien näher umschrieben werden soll.

2.1 Lawrence Stenhouse: Angesichts der Komplexität und Dynamik pädagogischer Aufgaben muss Lehrerhandeln reflektierend und entwickelnd sein

Stenhouse' Arbeit beginnt bei der Frage „Wie kommt es zu konstruktiven Weiterentwicklungen des Unterrichts und des Schulwesens?" Die klassische Antwort auf diese klassische Frage ist die Research, Development and Dissemination (RDD)-Strategie. Auf Grund von Forschungswissen *(research)* entwickeln unterrichtsexterne Personen, z.B. WissenschaftlerInnen oder BeamtInnen, Lösungen dafür, was sie als Probleme des Schulwesens empfinden *(development)*. In Tests und Pilotprojekten wird das Produkt soweit verfeinert, bis es an PraktikerInnen verbreitet werden kann *(dissemination)*, die es dann möglichst gut umsetzen sollen. Die Erfahrung der großen Curriculumprojekte der 60er und 70er Jahre war jedoch, dass in den Klassenzimmern oft etwas ganz anderes geschah, als sich die EntwicklerInnen vorgenommen hatten. An Erklärungen dafür wurden zwei angeboten: LehrerInnen wären nicht qualifiziert genug, um die guten Ideen tatsächlich zu realisieren oder sie hätten als *stone age obstructionists* die guten Absichten der EntwicklerInnen pervertiert. Ein Versuch, diese Fehlerquellen auszuschalten, war die Entwicklung von *teacher proof curricula.*

Lawrence Stenhouse (1975) prägte in seinem Humanities Project (HCP) eine alternative Konzeption der Curriculumentwicklung. Er hielt es für falsch, die Rationalität der PraktikerInnen umgehen oder ausschalten zu wollen. Sie sind es ja, die eine Curriculumidee in der konkreten Interaktion mit SchülerInnen erst zum Leben bringen müssen. Wenn auch die ‚pragmatische Skepsis', die PraktikerInnen gelegentlich den Produkten der Wissenschaft entgegenbringen, in einem Forschungsprojekt unangenehm sein mag, so sollte sie doch als ein Impuls Genauer-Wissen-Wollens, des Weiterentwickeln-Wollens – kurz: als etwas, das gerade den ForscherInnen lieb und wert ist, als ein Impuls zur Forschung, genommen werden. In einer qualitätsvollen Implementation einer Curriculumidee dürfen daher vordefinierte Konzepte gerade nicht ‚exakt angewendet' werden, sondern sind im Prozess des Umsetzens selbst ein Gegenstand der Forschung und Entwicklung. In Entwicklungsprojekten agieren *teachers as researchers*, wie Stenhouse schon 1975 ein Kapitel seiner Einführung in die Curriculumforschung überschrieben hat. „The mistake is to see the classroom as a place to apply laboratory findings rather than as a place to refute or confirm them. Curriculum workers need to share the psychologists' curiosity about the process of learning rather than to be dominated by their conclusions" (ebd., 26). Soll es zu einer konstruktiven Weiterentwicklung des Schulwesens kommen, so muss professionellen LehrerInnen dabei eine aktive Rolle als ForscherInnen und EntwicklerInnen zugedacht werden. Ähnlich wie in seinen Curricula nimmt Stenhouse (1985a, 123-165) eine radikale Neudefinition der Rollen und Beziehungen auf dem Feld der Curriculumforschung vor: LehrerInnen handeln als ForscherInnen; Curriculumimplementation ist Lehrerweiterbildung und Curriculumforschung in einem; sie setzt einesteils Professionalität von Lehrern voraus und soll anderenteils durch ihre spezifische Prozessgestaltung zu deren weiterer Entwicklung beitragen.

Professionalität von LehrerInnen drückt sich für Stenhouse in der aktiven Übernahme von Verantwortung für die Qualität des Unterrichts aus und beruht auf einem reflektierten Bewusstsein von den eigenen Handlungsbedingungen, auf einer „praktischen Theorie". „Professionalism is based upon understanding as a framework of action and understanding is always provisional" (Stenhouse 1985a, 127). Diese „praktische Theorie" ist – wie alle anderen – eine hypothetische, die in der Handlung immer wieder zur Disposition steht, überprüft und weiterentwickelt wird. Wie ihre Basis, die „praktischen Theorien", ist daher auch die Professionalität eine vorläufige, die sich in praktischer Handlung immer wieder bewähren und weiterentwickeln muss. Sie kann daher durch Prozessqualitäten zutreffender als durch einen fixen Satz inhaltlicher Merkmale beschrieben werden:

„The critical characteristics of extended professionalism which is essential for well-founded curriculum research and development seem to me to be: The commitment to systematic questioning of one's own teaching as a basis for development; the commitment and the skills to study one's own teaching; the concern to question and to test theory in practice by the use of those skills. To these may be added as highly desirable, though perhaps not essential, a readiness to allow other teachers to observe one's work – directly or through recordings – and to discuss it with them on an open and honest basis. In short, the outstanding characteristics of the extended professional is a capacity for autonomous professional self-development through systematic self-study, through the study of the work of other teachers and through the testing of ideas by classroom research procedures" (Stenhouse 1975, 144).

Das Curriculum ist so nicht nur das Medium, in dem sich der Bildungsprozess der SchülerInnen vollzieht, sondern auch das Medium, in dem LehrerInnen die ‚Kunst des Lehrens' lernen (vgl. Stenhouse 1985a, 98). Dieses Lernen kann angesichts des Charakters des Wissens und der Arbeitssituation von LehrerInnen, die durch Komplexität, Variabilität und Ambiguität gekennzeichnet ist, nur ein offenendiges und prozesshaftes sein. „Teachers must be educated to develop their art, not to master it, for the claim to mastery merely signals the abandoning of aspiration. Teaching is not to be regarded as a static accomplishment like riding a bicycle or keeping a ledger; it is, like all arts of high ambition, a strategy in the face of an impossible task" (Stenhouse 1985a, 124).

2.2 Donald Schön: Die Grundstruktur professionellen Handelns in komplexen Situationen

Was Stenhouse in einprägsame Formulierungen gekleidet hat, lässt sich anhand der handlungstheoretischen Forschungen von Donald Schön deutlicher machen. Er stellt sich die Frage: Wie kommt qualitätsvolle Handlung in komplexen Situationen zustande? Die übliche Antwort darauf lautet: Um die Probleme professioneller Praxis zu lösen, wenden PraktikerInnen allgemeines Wissen an. Daher wird in der Ausbildung von PraktikerInnen darauf Wert gelegt, dass sie allgemeines, durch Forschung produziertes Wissen lernen – je länger, desto besser. Dieses sog. ‚Modell technischer Rationalität' setzt allerdings, wie Schön (1983, 39ff) gezeigt hat, unzweifelhafte Ziele und feststehende Arbeitsbedingungen voraus. Diese Anforderungen mögen bei einfachen und routinehaften Aufgaben gegeben sein. Die Mehrzahl der Situationen professioneller Praxis, und gerade die wichtigen und jene für die Professionelle eigentlich bezahlt werden, sind im Gegenteil komplex, ungewiss, mehrdeutig sowie von Wert- und Interessenskonflikten geprägt.

Schön hat erfolgreiche hochqualifizierte praktische Tätigkeit in realen Situationen untersucht und dabei folgende Charakteristika festgestellt:

- *Problemdefinition:* In komplexen Situationen können PraktikerInnen gar nicht einfach Wissen zur Problemlösung anwenden, weil das ‚Problem' als solches gar nicht unzweideutig vorliegt. Es muss erst durch den Prozess der Problemdefinition aus der komplexen Gesamtsituation herausgeschält werden, der dadurch die Voraussetzung für das Wirksamwerden allgemeinen Wissens schafft.
- *Vorläufigkeit, Prozesshaftigkeit, Weiterentwicklung:* Diese erste Problemdefinition ist üblicherweise noch nicht der Weisheit letzter Schluss. Erfolgreiche PraktikerInnen beobachten ihre Handlung und damit gleichzeitig, wie zutreffend ihre Problemdefinition ist. Durch diese Handlungserfahrungen versuchen sie auch, diese Problemdefinition weiterzuentwickeln.

- *Entwicklung ‚lokalen Wissens':* Schließlich sind konkrete Probleme leider nicht immer Spezialfälle einer schon bekannten allgemeinen Theorie. Gerade erfolgreiche PraktikerInnen haben nach Schöns Untersuchungen die Fähigkeit, aus ihren Handlungserfahrungen ‚lokales Wissen' gleichsam auszufällen. Sie bauen einen speziellen Erfahrungsschatz auf, der ihnen hilft, die Probleme ihres Berufsbereiches kompetent und situationsbezogen anzugehen.

Wie schon Stenhouse verknüpft auch Schöns Konzeption professionelles Handeln mit professionellem Lernen. Professionelles Lernen ist dabei nicht nur ein *intellektueller* Vorgang (ein Prozess des Wissenserwerbs und der Wissensanwendung), sondern auch ein *aktiv-praktischer,* ein Tun. Diese Auffassung wird im Bild des *Kreislaufes von Aktion und Reflexion* ausgedrückt (vgl. Abb. 1 in Abschnitt 3.4). Wie an anderer Stelle gezeigt (vgl. Altrichter 1996), sind Schöns handlungstheoretische Vorstellungen mit den Ergebnissen der mit ganz anderen Methoden vorgehenden *Expertenforschung* (vgl. z.B. Berliner 1992; Bromme 1992) gut vereinbar.

2.3 John Elliott: Der Wertbezug pädagogischer Handlungen

Bisher wurde professionelles Lernen unter den Begriffen Reflexion und Aktion abgehandelt. Für John Elliott, Mitarbeiter von Stenhouse im HCP und Initiator weiterer für die Entwicklung der englischen Aktionsforschung bedeutsamer Projekte[1], sind praktische (und damit auch berufliche) Handlungen Verkörperungen pädagogischer Werte in konkreter Gestalt (vgl. z.B. Elliott 1984, 74). In Rückgriff auf die aristotelische Ethik[2] sieht er Wertvorstellun-

---

1 Die ‚klassischen Projekte' der englischen Aktionsforschung sind neben dem *Humanities Curriculum Project* zur Entwicklung neuer Unterrichtsmethoden im Bereich der Sozialerziehung (vgl. Stenhouse 1975) das *Ford-Teaching Project* zur Entwicklung einer Praxis des *inquiry/discovery teaching* (vgl. Elliott/Adelman o.J.) sowie das Projekt ‚*Teacher-Pupil Interaction and the Quality of Learning*' zur Reflexion und Weiterentwicklung von Unterricht in Hinblick auf die Spannung zwischen *teaching for understanding vs. teaching for assessment* (vgl. Elliott 1984; Altrichter 1990, 50ff).

2 „Long ago, Aristotle argued in his *Ethics*, that there is a sense in which the meanings of our value-concepts are necessarily vague, because they can only be operationally defined in the actions we take to realize them. If educational practice is intrinsically ethical in character, rather than simply being a technical means of producing outcomes which can be defined independently of such means, then reflection about pedagogical aims, and the principles they imply, cannot be separated from reflection about the means of achieving them. In the context of education viewed as an ‚ethical practice', pedagogical strategies constitute acts of interpretation. In reflecting about their teaching-learning strategies, in the light of a set of aims and principles, teacher-researchers will ask whether such strategies constitute a valid interpretation of them.“ (Elliott 1998, 157)

gen als notwendigerweise unscharf und offenendig sowie einer (von mehreren möglichen) Konkretisierung durch Handlung bedürftig an.

„Pedagogical aims and principles are open conceptions of an ideal teaching-learning process. They provide teachers with an orientation for their work rather than a fixed end-point, and they do not take the form of operational rules which prescribe concrete actions. The means of realizing the educational values such aims and principles express in practice, the pedagogical strategies, are appropriately a matter for situated judgement, and determined at the classroom level" (Elliott 1998, 157).

Aufgrund der Unschärfe und Offenheit der Werte ist die Handlungsgestaltung keine technische ‚Anwendungs-Aufgabe', sondern eine konstruktive Aufgabe, die prinzipiell mit Unsicherheiten befrachtet ist. Elliott beschreibt die Handlung als eine konkrete (d.h. als Handlung in spezifischen Kontexten ausgedrückte) „Interpretation pädagogischer Werte": Im pädagogischen Kontext sind alle Handlungen (nicht nur jene, die sich intentional als wertbezogene verstehen) als – explizite oder implizite – „Interpretationen pädagogischer Werte" zu verstehen; oder anders ausgedrückt: Handlungen müssen sich daraufhin befragen lassen, welche pädagogische Werte sich in ihnen ausdrücken. Aus der prinzipiellen Unsicherheit dieser ‚Übersetzungsleistung' ergibt sich sodann die Verpflichtung, die Beziehung zwischen konkreter Handlung und pädagogischen Werten zu reflektieren.

Professionalität im Lehrberuf bedeutet auch, diese Werthaftigkeit pädagogischer Handlungen anzuerkennen und zu reflektieren. Daraus leitet sich auch eine Begründung von Aktionsforschung als Element professioneller Praxis ab: In ihr wird nicht nur Wissen erworben, nicht nur die instrumentelle Effizienz von Handlungsmuster untersucht, sondern eben auch die Passung zwischen konkreten Handlungen und pädagogischen Werten. „In reflecting about their teaching-learning strategies, in the light of a set of aims and principles, teacher-researchers will ask whether such strategies constitute a valid interpretation of them" (Elliott 1998, 157).

2.4 Jean Lave und Etienne Wenger: Die soziale Situierung professionellen Handelns

Bis zu diesem Punkt könnte professionelle Handlung als individueller Handlungsvollzug garniert mit etwas Reflexion des Akteurs auf Handlungen und Werte verstanden werden. In der Praxis der Aktionsforschung spielen jedoch die Zusammenarbeit in Lehrergruppen und verschiedene Formen der Bezugnahme auf die weitere Gruppe der Berufstätigen eine große Rolle. Mit Hilfe der ‚Theorie des Situierten Lernens' von Lave und Wenger (1991) soll eine Interpretation der Bedeutung dieser Bezüge für professionelles Handeln und Lernen vorgeschlagen werden (vgl. Altrichter 2002).

Lernen heißt Sich-Einlassen auf die Welt: Lave/Wenger beschreiben Lernen nicht primär als einen Prozess des Erwerbs propositionalen Wissens, sondern als „Sich-Einlassen“ („social engagement“) auf eine – als sozial verstandene – Welt. Lernen ist Tun, ist Handeln, ist eine Art, in der sozialen Welt zu sein, nicht bloß eine Art, Wissen über sie aufzubauen: „... learning is a *way of being in the social world*, not a way of coming to know about it“ (Hanks 1991, 24).

Lernen ist situiert: Lernend stehen AkteurIn und Welt in einer wechselseitigen, letztlich unaufhebbaren Abhängigkeit: Ohne konkreten Ort kann man sich Lernen nicht vorstellen. Lernen braucht ein Einlassen auf *bestimmte* soziale Situationen, es schöpft aus ihnen und es ist in einem gewissen Sinne auch an sie gebunden. „... *learning, thinking, and knowing are relations among people engaged in* activity in, with, and arising from the socially and culturally structured world [which is] *itself socially constituted*“ (Lave 1991, 67).

Lernen geschieht in und durch Praxisgemeinschaften: Der primäre Ort des Lernens ist nicht der individuelle Geist, sondern sind die Prozesse der „co-participation“ in einer ‚community of practice‘ (vgl. Lave/Wenger 1991, 98). Der primäre Akteur des Lernens ist nicht die Einzelperson, sondern gleichsam eine Gemeinschaft: „It is the community, or at least those participating in the learning context, who ‚learn‘ under this definition. Learning is ... distributed among coparticipants, not a one-person act. While the apprentice may be the one transformed most dramatically by increased participation in a productive process, it is the wider process that is the crucial locus and precondition for this transformation. How do masters of apprentices themselves change through acting as colearners and, therefore, how does the skill being mastered change in the process?“ (Hanks 1991, 15f)

Lernen geschieht in sozial strukturierten Situationen: Durch seine soziale Situierung enthält Lernen „unweigerlich widersprüchliche Interessen“ (Lave 1991, 74). Durch ihre spezifische Struktur, ihre Machtverhältnisse und ihre Bedingungen für Legitimität definieren diese „Praxisgemeinschaften“ Chancen und Bedingungen auf weiteres professionelles Lernen. „The social structure of this practice, its power relations, and its conditions for legitimacy define possibilities for learning“ (Lave/Wenger 1991, 33).

Lernen ist Identitätsbildung in Praxisgemeinschaften: „... the process of changing knowledgeable skill is subsumed in processes of changing identity in and through membership in a community of practitioners“ (Lave 1991, 64); both „are part of the same process“ (Lave 1991, 65). Der Erwerb von Fähigkeiten ist mit Prozessen der Identitätsentwicklung (in der und durch die Mitgliedschaft in einer Praxisgemeinschaft) verbunden; beide Elemente – das Lernen von Fähigkeiten und die Entwicklung von Identität – sind Teil ein und desselben Prozesses (vgl. Lave 1991, 65). Die Konstruktion der Identität eines/r PraktikerIn ist ein kollektives Unterfangen und nur teilweise eine Sache individuellen Selbstgefühls und individueller Biographie (vgl. Lave 1991,

74). Ohne Partizipation gibt es keine Basis für Identität – Personen und Gemeinschaften konstituieren einander (vgl. Lave 1991, 74).

Eine Praxisgemeinschaft ist die Bedingung der Bedeutsamkeit handlungsbezogenen Wissens: ‚Communities of practice' bilden sich um eine „gemeinsame Unternehmung" *(shared enterprise),* der Menschen längere Zeit nachgehen und dabei einen (partiell) gemeinsamen Stock von Praktiken, Wissen und Artefakten aufbauen. „As people pursue any shared enterprise over time – working, living, playing together – they develop a common practice, that is, shared ways of doing things and relating to one another that allow them to achieve a joint purpose. Over time, the resulting practice becomes a recognizable bond among those involved" (Wenger 1996).

Professionelles Wissen ist situiert und macht nur in bestimmten Kontexten, nämlich jenen, die durch die „Praxisgemeinschaft" umschrieben werden, Sinn (z.B. macht es wenig Sinn, wenn ein Psychotherapeut sein Fachwissen regelgerecht beim Einkaufen am Wochenmarkt zum Ausdruck bringt). Für den Erwerb, die Verfeinerung und die Weiterentwicklung professionellen Wissens braucht es daher die Einbettung in entsprechende ‚Praxisgemeinschaften'. „A community of practice is an intrinsic condition for the existence of knowledge, not least because it provides the interpretive support necessary for making sense of its heritage. Thus, participation in the cultural practice in which any knowledge exists is an epistemological principle of learning" (Lave/Wenger 1991, 98).

3. Faustregeln für die Gestaltung von Aktionsforschungsvorhaben

Ich lese aus den dargestellten Ansätzen folgende Aussagen heraus, die für die Praxis der Aktionsforschung bedeutsam sind:

- *Professionelles Handeln und professionelles Lernen geschehen im gleichen Handlungszug:* Jede Handlung kann potentiell Lernen enthalten; wesentliche Anteile der professionellen Handlungsnotwendigkeiten, nämlich jene in komplexen Situationen, können gar nicht ohne (Dazu-)Lernen bewältigt werden. Und umgekehrt: Professionelles Lernen benötigt Handlungserfahrung.
- Prozesse der *Wissens- und Könnensentwicklung* gehen mit solchen der *Entwicklung der praktischen Situation*, in der gehandelt wird, einher und zehren gleichsam von einander.
- Prozesse der Wissens-, Könnens- und Praxisentwicklung sind weiters mit *Prozessen der* Identitätsentwicklung verwoben.
- Diese Prozesse spielen sich *im Medium einer ‚Praxisgemeinschaft'* ab, die gerade dadurch charakterisiert ist, dass ihre Mitglieder – meist infor-

mell, aber dennoch real engagiert – an Wissens-, Praxis- und Identitätsentwicklung zusammenwirken.
- Sowohl die Unsicherheit angemessener Handlung in komplexen Situationen als auch ihr prinzipiell prekärer Wertbezug erfordern die *Reflexion der Handlung*, dort wo diese mit Anspruch auf Begründbarkeit (wie z.B. in beruflichen Situationen) auftritt und auf die Notwendigkeit ihrer Weiterentwicklung trifft.

Dieses Bild professionellen Handelns versteht sich zunächst als eine *Beschreibung* von Prozessen, die beim Handeln in komplexen Situationen, die besonders qualifizierte Berufstätigkeit, also Professionalität erfordern, ohnehin auftreten. Wie so oft, wird das deskriptive Konzept aber bald *normativ und instrumentell* gewendet: Da „Professionelle" eine besonders herausgehobene Gruppe von Berufstätigen sind, müssen sie manche der Merkmale ihrer Handlung, die zwar ohnehin von Fall zu Fall und in unterschiedlicher Organisationsweise auftreten, besonders oft, besonders konsequent, besonders tiefgehend usw. ausführen, um sich von ‚normalen Berufstätigen' und von Laien zu unterscheiden. Da man als ‚Professioneller' nicht geboren wird, muss es Wege geben, auf denen sich diese professionelle Handlungscharakteristik von der Position einer ‚Novizin' bis zu jener eines ‚vollen Professionsmitgliedes' entfaltet (vgl. Lave/Wenger 1991, 92).

Ich verstehe Aktionsforschung nun als eine *Strategie, professionelles Handeln und Lernen im oben beschriebenen Sinn herauszufordern, zu fördern und weiterzuentwickeln.* Die Gestaltung von Aktionsforschungsvorhaben versucht Situationen zu schaffen, in denen die Einzelmerkmale professioneller Handlung ausgespielt werden können und aufeinanderbezogen werden müssen. Sie stellt – im Sinne Elliotts – eine Interpretation des Konzepts professioneller Handlung dar und muss als solche reflektiert und weiter untersucht werden.

3.1 ‚An inventory of rules'

Ich formuliere diese Gestaltungsmerkmale und Interventionsgesichtspunkte als *„Faustregeln"* in einem Sinn, den ich bei Feyerabend (1977) entlehnt habe und der m.E. mit den Intentionen des Aktionsforschungsansatzes gut vereinbar ist. Da Feyerabend gemeinhin nicht mit Regelhaftigkeit assoziiert wird, ist dies erklärungsbedürftig:

Tatsächlich sagt Feyerabend (1981a, 81), dass alle Forschungsregeln ihre Grenzen hätten, sofern man nicht einer spezifischen historischen Tradition, wie z.B. dem neuzeitlichen Rationalismus, das „Alleinvertretungsrecht auf dem Gebiete der Erkenntnis einräumen" (1976, 32) will. Das heißt aber nicht, dass er alle Regeln abschaffen will „I neither want to replace rules, nor do I want to show their worthlessness; I rather want to increase the inventory of rules, and I want to suggest a different use for all of them" (Feyerabend 1977, 368). Der geforderte ,unterschiedliche Gebrauch von Regeln' ergibt sich aus der Tatsache, „dass die Erfindung, Überprüfung, Anwendung methodologischer Regeln und Maßstäbe die Sache der konkreten wissenschaftlichen Forschung" wäre und nicht die Aufgabe einer spezialisierten Methodologie (1981a, 97). Sachgerechte Vorschläge für das Handeln können nicht unabhängig vom Handeln selbst gemacht werden (1981b, 349).

Feyerabend gibt also die Aufgabe methodologischer Begründung und Rechtfertigung aus der Hand spezialisierter WissenschaftstheoretikerInnen in jene der ForscherInnen, die an konkreten Einzelproblemen arbeiten, zurück. Ihre Erfahrungen mit Forschung sollen in einem ,Inventar von Faustregeln' gesammelt und damit der Diskussion und weiterer Forschung ausgesetzt werden. Diese Regeln können zur Sichtbarmachung ihrer Komplexität historisch illustriert werden (1981a, 320ff; 1984, 149), müssen selbst kritisierbar bleiben (1981a, 45 und 92f) und durch die philosophierenden ForscherInnen aktuell situations- und zweckabhängig gerechtfertigt werden. Durch ihre konkrete Darstellung der Problematik des Forschens könnten sie „den Wissenschaftler auf den Morast vorbereiten, in dem er sich bewegen soll (...) und ihn so zu einer komplexeren Denkweise erziehen" (1981b, 321).

Mein folgendes *„Inventar von Faustregeln"* versucht in diesem Sinne Erfahrungen einer Didaktik professionellen Lernens in Aktionsforschungsvorhaben zu formulieren[3]. Meine erste Faustregel betrifft die ,Faustregeln' selbst:

– *Unterziehe deine Faustregeln für Aktionsforschung und Forschungsberatung einer ,second order action research':*

Diese Faustregeln sollen einesteils die epistemologische Struktur des Ansatzes, die (tatsächlichen und vermeintlichen) Erfahrungen und seine Postulate in handlungsorientierter Form klarmachen; sie sind aber selbst als Hypothesen zu verstehen, die untersuchenswürdig sind. In diesem Sinn hat Elliott (1985) ForschungsberaterInnen (,faciltators') und FortbildnerInnen in Aktionsforschungsvorhaben aufgetragen, ihre Tätigkeit einer begleitenden Forschung, einer *second order action research,* auszusetzen.

3 Über solche Gestaltungsregeln hinaus versuchen viele AktionsforscherInnen *Werkzeugkisten von Forschungsmethoden und Arbeitsformen* aufzubauen (vgl. z.B. Altrichter/Posch 1998; Moser 1997). Auch ihr Wert liegt m.E. weniger in den ,fertigen Instrumenten' als darin, dass sie Beispiele und Anregung dafür bieten, wie die forschungsmethodologischen und – ethischen Postulate der Aktionsforschung konkret interaktionell umgesetzt werden können.

3.2 Eine Anekdote

Ich beginne mit einer Anekdote aus der Urgeschichte der englischen Aktionsforschung (vgl. Elliott 1986): Das Humanities Curriculum Project (HCP) sollte 14-16jährigen SchülerInnen kontroverse Themen aus dem Bereich der Human- und Sozialwissenschaften (wie z.B. Krieg und Frieden, Beziehungen zwischen verschiedenen Rassen, Wohnen usw.) nahebringen. Die Unterrichtsstrategie, die innerhalb dieses Projekts erprobt wurde, bestand aus zwei zentralen Ideen:

- *LehrerInnen sollten von ihrer Rolle als Informationsgeber entlastet werden und als „neutrale DiskussionsleiterInnen" die SchülerInnen bei ihren Diskussionen unterstützen.*
- *Ausschnitte aus Fachliteratur, Belletristik, Zeitungen usw. sollten verschiedene Positionen illustrieren und die SchülerInnen zu Diskussionen anregen.*

Eines Tages wurde John Elliott, der Mitarbeiter in diesem Projekt war, in eine Schule gerufen: Es gäbe Probleme mit den Materialien. Die SchülerInnen würden diese Materialien zwar lesen, es käme aber keine Diskussion zustande. Der Lehrer vermutete, dass die Texte zu schwierig seien. Die SchülerInnen, so seine Diagnose, könnten diese Texte einfach nicht verstehen. Um diesem Problem abzuhelfen, war der Lehrer nach und nach von der Unterrichtsstrategie des Humanities Curriculum Project ab- und dazu übergegangen, den SchülerInnen den Inhalt der Materialien durch Kurzvorträge zu erklären. Als Elliott der Sachverhalt mitgeteilt worden war, schlug er dem Lehrer vor, noch zusätzliche Informationen zu sammeln, um diese Situation besser verstehen zu können. Der Lehrer suchte sechs seiner SchülerInnen aus, mit denen Elliott folgendes Interview führte:

Interviewer (I): Was haltet ihr eigentlich von dieser neuen Art Unterricht?
SchülerIn (S): Mögen wir nicht!
I: Und was gefällt euch daran nicht?
S: Diese Arbeitsblätter, diese Materialien mögen wir nicht. Die gefallen uns überhaupt nicht!
I: Sind sie zu schwer? Was gefällt euch dabei nicht?
S: Nein, nein, wir verstehen sie schon.
I: Könnt ihr sie wirklich alle verstehen?
S (etwas indigniert): Natürlich!
I: Wo liegt dann die Schwierigkeit?
S: Die Schwierigkeit ist, dass wir überhaupt nicht mit dem übereinstimmen, was in den Papieren steht.
I: So, ihr seid also anderer Meinung. Aber dann könnt ihr das in der Klasse ja sagen, dass ihr anderer Meinung seid.
S: Oh nein, das kann man nicht.

I: Warum nicht?
S: Der Lehrer würde das nicht wollen.
I: Warum das?
S: Weil der Lehrer dieselbe Meinung hat wie diese Papiere.
I: Wie wisst ihr das eigentlich, welche Meinung der Lehrer hat?
S (SchülerInnen schauen ganz verwundert ob dieser Frage): Der Lehrer würde uns diese Papiere doch nicht geben, wenn er nicht mit dem übereinstimmte, was da drin steht, nicht wahr?

3.3 Konfrontation von Daten aus verschiedenen Perspektiven

Was können wir aus dieser kurzen Geschichte lernen? Erstens, dass wir als PraktikerInnen in alltäglichen Problemsituationen ohnehin „theoretisieren". Mit einem Problem (einer Diskrepanz zwischen seinen Erwartungen und der Realität) konfrontiert, reagiert der Lehrer mit einer „Erklärung", mit einer „Theorie": „Die Unterrichtsstrategie funktioniert nicht, weil die Arbeitspapiere zu schwierig sind".

Zweitens illustriert die kurze Geschichte auch, dass praktische Theorien, die nicht die Interpretationen aller durch die Situation betroffenen AkteurInnen in Betracht ziehen, Gefahr laufen, zu einseitigen Erklärungen zu führen, aus denen wiederum problematische „Problemlösungen" abgeleitet werden. So geht die Lehrstrategie „Kurzvorträge, um die Arbeitspapiere zu erklären" fälschlicherweise davon aus, dass die Situationswahrnehmung der SchülerInnen mit jener von LehrerInnen identisch ist. Hätte der Lehrer diese Handlungsstrategie verwirklicht, wäre die Annahme der SchülerInnen, dass der Lehrer mit den Inhalten der Arbeitspapiere übereinstimmt, höchstwahrscheinlich weiter verstärkt worden. Das hätte nicht nur zu keiner Intensivierung der Schülerdiskussionen geführt, sondern es für alle beteiligten Parteien noch schwieriger gemacht, diese Situation zu verstehen.

Allgemein gesagt: Aktionsforschung erkennt an, dass soziale Realität durch die Beiträge verschiedener AkteurInnen konstruiert wird, die alle – manchmal unterschiedliche – Interpretationen eines Geschehens entwickeln. Wenn PraktikerInnen eine praktische Theorie über einen Aspekt ihrer Praxis formulieren, dann ist diese – ausdrücklich oder implizit – auch eine „Theorie über Theorien" (d.h. eine Theorie, die auch die Sichtweisen verschiedener AkteurInnen beinhalten und erklären muss).

In der Praxis versuchen AktionsforscherInnen, diesem Phänomen durch folgende Strategien gerecht zu werden:

– *Sammlung und Berücksichtigung auch anderer Sichtweisen als der eigenen:*

Durch das Schülerinterview im HCP-Beispiel wird die praktische Theorie zur Erklärung der Situation umfassender und die Chance erhöht sich, dass eine konstruktive Handlungsstrategie aus ihr abgeleitet werden kann. Die Berücksichtigung der Sichtweisen von Personen oder Personengruppen, die durch die erforschte Situation direkt betroffen werden, verbessert die Qualität einer praktischen Theorie. Manchmal wird allerdings erst durch die Forschung selbst herausgefunden, *wer* durch die erforschte Situation *betroffen* ist.

– *Konfrontation unterschiedlicher Perspektiven und Verwendung von „Diskrepanzen“ als Ausgangspunkt für Weiterentwicklung:*

Die Diskrepanz zwischen den Wahrnehmungen der SchülerInnen und des Lehrers macht im Beispiel die Entwicklung einer Handlungsstrategie notwendig, die diese Wahrnehmungen – auf einer höheren Ebene – versöhnt; sonst wäre es unmöglich, mit der HCP-Lehrstrategie erfolgreich zu unterrichten (jeder produktive Unterricht verlangt ein einigermaßen gemeinsames Verständnis dessen, welche Bedeutung eine gegebene Situation hat, sonst würden die InteraktionspartnerInnen laufend „aneinander vorbeireden“ und einander missverstehen. Daher ist es auch ein sehr praktisches Problem für LehrerInnen, zu einer in etwa übereinstimmenden Wahrnehmung des Unterrichtsgeschehens beizutragen).

Die Bedeutung, die Aktionsforschung der Konfrontation unterschiedlicher Perspektiven zumisst, kommt beispielsweise im Verfahren der *Triangulation* zum Ausdruck, das manche als typisch für diesen Forschungsansatz ansehen. Dabei werden Daten aus drei Quellen konfrontiert, z.B. die Sichtweise einer Lehrerin (wie sie beispielsweise durch ein Interview oder durch eine Tagebucheintragung der Lehrerin selbst dokumentiert ist), die Sichtweise der SchülerInnen (die z.B. durch Interviews zugänglich wird) und die Wahrnehmung einer dritten Person (z.B. eine Unterrichtsbeobachtung durch einen Beobachter, der von der Lehrerin eingeladen wurde).

„Jede Ecke des Dreiecks befindet sich in einer einzigartigen epistemologischen Position in Hinblick auf den Zugang zu relevanten Informationen über die Unterrichtssituation. Der Lehrer ist am besten in der Lage, Zugang zu seinen eigenen Intentionen und Zielen in der Situation (durch Introspektion) zu erlangen. Die SchülerInnen können am besten erklären, wie die Lehrerhandlungen die Art beeinflussen, wie sie in der Situation reagieren. Der teilnehmende Beobachter ist in der besten Position, um Daten über die beobachtbaren Züge der Interaktion zwischen Lehrern und Schülern zu sammeln. Durch den Vergleich eigener Daten mit Daten von den anderen zwei Standpunkten hat eine Person an einem Eckpunkt des Dreiecks die Möglichkeit, ihren eigenen Standpunkt zu überprüfen und vielleicht auf der Basis umfassenderer Informationen zu revidieren“ (Elliott 1976, 22f[4]).

4 Die „Faustregeln“ ab Kap. 3.3 sollten – so der Selbstanspruch des Textes – in einer für PraktikerInnen zugänglichen Sprache formuliert sein. Englische Zitate werden in eigener deutscher Übersetzung wiedergegeben.

– *Entwicklung des Vorhabens zu einem ‚gemeinsamen Projekt der Betroffenen‘:*

Wenn soziale Realität durch die unterschiedlichen Beiträge verschiedener Handelnder konstituiert wird, dann darf der Versuch, diese soziale Realität konstruktiv weiterzuentwickeln, nicht (wie wohlmeinend auch immer) diese Handelnden umgehen, sondern muss letztendlich zu einer gemeinsamen Aufgabe der Betroffenen werden.

Die Konfrontation und nachfolgende Aufeinander-zu-Entwicklung verschiedener Perspektiven ist für AktionsforscherInnen so wichtig, dass sie in einem Prinzip der ethischen Codes wieder auftaucht. *„Ethische Codes“* oder explizit ausgehandelte Verträge zwischen den verschiedenen Beteiligten eines Aktionsforschungsvorhabens sollen akzeptable Formen der Forschungsgestaltung öffentlich machen und der Praxis der Forschung als Orientierung dienen. Aktionsforschung wird dann als „ethisch“ angesehen, wenn Forschungsdesign und die Interpretationen mit allen Personen und Personengruppen, die direkt durch die erforschte Situation betroffen sind, *ausgehandelt* wurden. LehrerInnen haben zwar als beruflich in der Schule Tätige eine führende Rolle bei der Initiierung von Aktionsforschung; das längerfristige Ziel besteht jedoch darin, SchülerInnen und andere betroffene Personen in die Forschung miteinzubeziehen und diese schließlich zu einer „kooperativen Forschung“ zu machen.

Ein Wort der Warnung: Ein Problem alltäglicher Berufspraxis besteht darin, dass Entscheidungen oft auf einer dürftigen Informationsbasis getroffen werden. Aber auch das Gegenteil gibt es: eine überreiche Informationssituation, die nicht mehr bewältigbar ist. Gerade beginnende AktionsforscherInnen, sobald sie sich einmal mit verschiedenen Methoden der Datensammlung vertraut gemacht haben und Spaß an der Erhebung unterschiedlicher Perspektiven gefunden haben, erleben oft das Phänomen der „Überflutung mit Daten“. Es ist daher wichtig, die gesammelten Informationen laufend zu analysieren und zu verarbeiten und nicht alle möglichen Daten, die irgendwie interessant erscheinen, erst einmal zu sammeln und für später aufzuheben. Laufende Analyse macht auch klarer, welche Datenquellen lohnende Informationen erbringen und auf welche man ohne Schaden verzichten kann; laufende Analyse schärft zudem die eigene Sichtweise der Situation, was wiederum als Orientierung für die nachfolgende Datensammlung dient.

3.4 Enge und iterative Verbindung von Reflexion und Aktion

Anders als viele andere Forschungs- und Entwicklungsansätze will Aktionsforschung nicht das Denken von Alltagsmenschen durch Expertenwissen ersetzen, sondern will auf ihm aufbauen und es unterstützen. So kommen auch in dem HCP-Fallbeispiel keine externen ExpertInnen, um den Praktiker darüber aufzuklären, „wie man es macht“ (sie können das normalerweise auch gar nicht, weil ihnen das „lokale Wissen“ zur produktiven Bearbeitung komplizierter Praxissituationen fehlt). Stattdessen unterstützen „Externe“ den Praktiker bei der Reflexion seiner Situation, z.B. indem sie ihm helfen, Zugang zu zusätzlichen Aspekten der Situation (wie z.B. zur Schülerwahrnehmung) zu gewinnen. Die Schülerwahrnehmungen sind keine „neuen Informationen“, die von außen in die Situation hineingebracht werden; vielmehr sind sie im Prinzip *in* der Situation verfügbar, doch ist Zugang zu ihnen im normalen Handlungsablauf schwierig oder sie werden zu wenig beachtet.

Ein Charakteristikum traditioneller empirischer Forschung besteht darin, dass Reflexion und Aktion sowohl institutionell als auch personell getrennt sind. Untersuchungsanordnungen werden in den Zentren der Wissenschaft entworfen; sie werden dann durch PraktikerInnen in Praxisinstitutionen realisiert, wobei durch Emissäre der Wissenschaft beobachtet wird, ob dies getreu den Intentionen erfolgt. Die Daten darüber werden von WissenschaftlerInnen gesammelt und in die Institutionen der Wissenschaft zurückgebracht, wo sie analysiert werden. Im Vergleich zum Nachdenken im Alltag sind Praxis und Reflexion darüber auf seltsame Weise fragmentiert. Diese Trennung bringt einige *Vorteile*:

- Die Bühne der Praxis zu verlassen, befreit vom Druck, weitere praktische Handlungen zu setzen, und erkauft damit Zeit für die Analyse.
- Die Trennung zwischen den Aufgaben des Handelns und des Reflektierens erlaubt den ReflexionsspezialistInnen eine gewisse Distanzierung von den Motiven und Loyalitäten der untersuchten Praxis, was ihren Handlungsspielraum erweitert.

Diesen Vorteilen stehen jedoch *Probleme* gegenüber:

- Die Bühne der Praxis zu verlassen, befreit nicht nur vom Handlungsdruck, sondern auch von der Möglichkeit (oder dem Zwang), die Ergebnisse eigenen Nachdenkens laufend in nachfolgender Handlung zu überprüfen: PraktikerInnen sind gezwungen, auf der Grundlage früherer Reflexionen zu handeln und spüren etwaige „Reflexionsfehler“ als Handlungsprobleme am eigenen Leib.
- Die Trennung der Rollen von Handlung und Reflexion distanziert die Reflexionsspezialisten zwar von den Motiven und Loyalitäten im Praxissystem, aber sie befreit sie nicht von allen Motiven und Loyalitäten, bindet sie vielmehr an das System institutionalisierter Wissenschaft. Doch auch „Wissenschaft kann ihre eigenen Wege gehen“, die sich gelegentlich recht weit von jenen der Alltagspraxis entfernen. Die Notwendigkeiten professionellen Handelns sind nicht nur Belastung, sondern bieten auch einen Rahmen, der die eigene Forschung auf persönlich und professionelle wichtige Fragestellungen lenkt und erlaubt, den Sinn ihrer Resultate zu überprüfen.

Aktionsforschung nimmt eindeutig gegen die methodologische Trennung von Handlung und Reflexion Stellung. Daraus folgt, dass sie auch forschungspraktisch eine enge Verbindung von Reflexion und Aktion anstrebt. Eine Forschungsstrategie soll ein Ausdruck des „Kreislaufes von Aktion und Reflexion" (vgl. Abb. 1) sein.

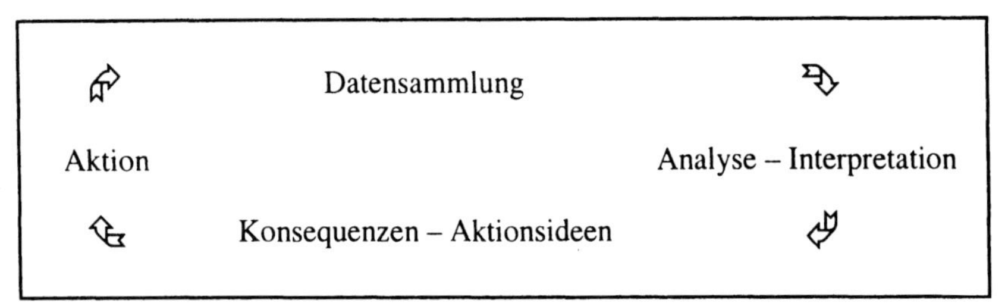

Abb. 1: Kreislaufes von Aktion und Reflexion

– *Enge Verbindung von Reflexion und Aktion:*

Auf die eigene Praxis zurückblickend versuchen AktionsforscherInnen, eine Erklärung der abgelaufenen Situation, d.h. eine „praktische Theorie", zu entwickeln (im Beispiel aus dem HCP-Projekt: „Die SchülerInnen diskutieren nicht, weil die Arbeitspapiere zu schwierig sind"; und später: „Die SchülerInnen diskutieren nicht, weil sie glauben, dass die Arbeitspapiere der Meinung des Lehrers entsprechen, und weil sie den Lehrer nicht herausfordern wollen"). Von jeder praktischen Theorie kann man aber auch nach vorne schauen und Ideen für nachfolgende Handlungen entwickeln (z.B. „Den Inhalt der Arbeitspapiere durch Kurzvorträge erklären"; und später: „Die Wahrnehmung der Unterrichtsstrategie durch die SchülerInnen verändern").

– *Laufende wechselseitige Überprüfung von Aktion und Reflexion (Iterativität der Forschung):*

Der Kreislauf von Aktion und Reflexion endet nicht damit, dass neue Aktionsideen entwickelt wurden. PraktikerInnen stehen in der Regel unter Handlungsdruck und werden daher diese Aktionsideen in die Tat umsetzen müssen. Und sie werden direkt die Auswirkungen ihrer Handlungen (die indirekt ja auch die Auswirkungen ihrer Reflexion, ihrer praktischen Theorien sind), zu spüren bekommen: dies sollte ein guter Grund für die Fortsetzung der Reflexion sein und für die Weiterentwicklung der ursprünglichen praktischen Theorie. Gerade die Tatsache, dass die Reflexion von PraktikerInnen in ihren alltäglichen Handlungen wurzelt, erlaubt es, eine praktische Theorie einer Serie von Überprüfungen auszusetzen und sie dabei gleichzeitig weiterzuentwickeln und zu verfeinern (durch einige „Aktionsforschungszyklen"). Durch diese charakteristische „Iterativität" von Handlung und Reflexion werden Zwischenergebnisse einer Serie von Überprüfungen ausgesetzt. Dies ist auch die Grundlage für die Behauptung von AktionsforscherInnen, dass ihre Ergebnisse keineswegs „beliebig", sondern in einer systematischen Forschungsstrategie gewonnen wurden.

– *Auf der Problemsicht und der Motivation der AkteurInnen aufbauen:*

Die Forschungsstrategie sollte bestehende Problemsichten und Motivationen der betroffenen Personen berücksichtigen und auf ihnen aufbauen, indem z.B. Fragestellungen ausgewählt werden, die für die Handelnden bedeutsam sind. In der Anfangsphase der Forschung ist es wichtig, inmitten der verschiedenen Problemsichten der betroffenen Personen eine gemeinsame Zielrichtung für die Arbeit zu entwickeln und eine gewisse Übereinstimmung über die Vorgangsweise für die kooperative Forschung zu erzielen. Inhaltliche und prozessbezogene Übereinkünfte sollten als Kontrakt oder ethischer Code explizit gemacht werden. Die Entwicklung einer gemeinsamen Forschungsmotivation der Betroffenen sollte auch die Chance erhöhen, zu bedeutungsvollen und ehrlichen Informationen zu kommen.

3.5 Reflexion und Weiterentwicklung pädagogischer Wertvorstellungen

Der Lehrer im HCP-Beispiel hatte den Eindruck, dass seine Unterrichtsstrategie nicht wirkungsvoll war. Er versuchte, seine praktische Theorie solcherart weiter zu entwickeln, dass sie ihm neue Einsichten und die Ableitung einer *effektiveren* Handlungsstrategie ermöglichte. Damit ist die berufliche Aufgabe ‚reflektierender PraktikerInnen' allerdings erst zur Hälfte erfüllt. Auch wenn sich seine neue Unterrichtsstrategie als effektiver herausgestellt hätte, bliebe noch eine zweite Kategorie von Fragen zu stellen: Was hat das für Auswirkungen auf meine ursprünglichen *pädagogischen Zielvorstellungen* (die mich ja dazu gebracht haben, die Ideen des HCP zu erproben)? Welche erzieherischen Werte fördere ich mit meiner neuen Handlungsstrategie? Stimmen diese Werte mit meinen pädagogischen Anschauungen überein?

Aktionsforschung sieht Unterrichtsstrategien als Versuche an, pädagogische Ideen in eine konkrete interaktionelle Gestalt zu übersetzen (vgl. Abschnitt 2.3). Da pädagogische Ideen immer auch Vorstellungen über erzieherische Werte und Ziele umfassen, ist es nicht sinnvoll, instrumentelle Fragen (Wie kann ich Lernen fördern?) von intentionalen (Welche Art von Lernen fördere ich damit?) zu trennen. Bei der Erforschung einer Fragestellung aus der Praxis untersuchen AktionsforscherInnen daher sowohl die Effektivität als auch die zugrundeliegenden Wertvorstellungen der verwendeten Unterrichtsstrategien.

3.6 Reflexion der ‚ganzen Situation'

Anders als viele experimentelle ForscherInnen können sich reflektierende PraktikerInnen nicht damit zufrieden geben, zu überprüfen, wie effektiv ihre Handlungen bei der Verwirklichung jener Ziele waren, die sie zu Beginn im Auge hatten. Sie dürfen auch die unerwarteten Nebeneffekte ihrer Handlungen nicht übersehen. Hätte beispielsweise der HCP-Lehrer mit seiner Handlungsstrategie „Kurzvorträge" weitergemacht, so wäre sehr wahrscheinlich die Schülerwahrnehmung „Der Lehrer ist (zumindest glaubt er, dass er es ist) im Besitz der Wahrheit, die nicht angezweifelt werden darf" weiter verstärkt worden. Diese Nebenwirkung steht ganz offensichtlich in einem Widerspruch zur beabsichtigten Hauptwirkung des Humanities Curriculum.

Reflektierende PraktikerInnen hinterfragen ihre praktischen Handlungen also nicht nur durch die Frage „Haben wir die Ziele, die wir uns gesetzt haben, erreicht?", sondern auch durch die scheinbar vagere Frage „Sind wir mit dem zufrieden, was wir insgesamt bekommen haben?" Wie Argyris et al. (1985, 218f) argumentiert haben, wird in dieser breiteren Frage anerkannt, dass PraktikerInnen eine professionelle Verantwortung für die gesamte Situation haben und daher die Nebenwirkungen, die sie in ihren theoretischen Erwartungen nicht vorhergesehen haben, nicht ignorieren dürfen.

Der Komplexität der Praxis gerecht zu werden, ist nur in Annäherungen möglich und bringt selbst dabei Probleme mit sich: die Theorien werden komplexer und komplizierter. Einige ForscherInnen versuchen diese Schwierigkeiten zu umgehen, indem sie ihre Theorien nicht als explizite Hypothesen, sondern auf andere Weise darstellen, z.B. als Fallgeschichten oder Metaphern, in denen ein weites Bedeutungsfeld in Bildern kondensiert wird.

3.7 Erforschung und Weiterentwicklung der eigenen Kompetenz und der beruflichen Identität

In unserem HCP-Beispiel findet der Lehrer heraus, dass er die Situation zunächst falsch eingeschätzt hat. Vielleicht macht seine neue praktische Theorie („Die SchülerInnen verstehen die Arbeitspapiere, aber sie wollen die darin ausgedrückten Meinungen nicht diskutieren, weil sie sie für meine halten") auch Unterrichtsstrategien notwendig, über die er in seinem Routinerepertoire bisher nicht verfügt. Auf jeden Fall erfordert sie aber die Weiterentwicklung der Berufsrolle und die Veränderung deren Interpretation durch die SchülerInnen.

Anders als traditionelle ForscherInnen untersuchen AktionsforscherInnen nicht die Praxis anderer Personen, sondern ihre eigene. Da sie eine Situation untersuchen, in die sie selbst „verwickelt" sind, erforschen sie damit auch ihren eigenen Beitrag zu dieser Situation und folglich ihre eigenen Fähigkeiten und ihr Selbstkonzept (was ja nur ein anderer Name für die ‚praktische Theorie‘ ist, die man über sich selbst hat). Sie erforschen aber auch, wie ihre InteraktionspartnerInnen sie wahrnehmen und wie dies mit der Selbstwahrnehmung ihrer Berufsrolle zusammenpasst.

Die möglichen Selbstkonzipierungen der Berufsrolle müssen aber nicht nur mit den direkten InteraktionspartnerInnen ausgehandelt werden; sie müssen sich längerfristig auch vor dem Hintergrund dessen, was in der Berufsgruppe als „professionell“ akzeptabel gilt, bewähren (vgl. Abschnitt 3.8). Insoferne ist es nicht übertrieben zu sagen, dass Aktionsforschung immer auch – praktisch manchmal bloß in Ahnungen, andere Male aber ganz massiv – die *Erforschung und Entwicklung beruflicher Identität* umfasst (vgl. Abschnitt 2.4).

Dadurch bekommt Aktionsforschung eine Ernsthaftigkeit und „Strenge“ in einem viel weitergehenden Sinn als üblicherweise verstanden: AktionsforscherInnen untersuchen und entwickeln auch sich selbst; sie müssen mit den Auswirkungen ihrer Theorien und Experimente leben und verspüren sie am eigenen Leibe. Darin liegt auch eine Erklärung der Beobachtung, dass in Aktionsforschungsprozessen manchmal Phasen auftreten, die durch Angst oder das Gefühl, „sich überhaupt nicht mehr auszukennen“ oder „überhaupt nichts mehr zu können“, gekennzeichnet sind. „Die Teilnahme an [Aktionsforschung; ergänzt durch HA] erfordert von LehrerInnen, sich von einem intuitiven zu einem reflektierten Modus von Praxis zu bewegen. Während der Übergangsphase haben sie die Erfahrung, ‚dequalifiziert‘ zu werden. An diesem Punkt benötigen LehrerInnen alle Unterstützung, die ihre Institution geben kann“ (Elliott 1981, 23).

Folgende praktische Merkmale von Aktionsforschung sollen helfen, Gefühle der Dequalifikation zu vermeiden oder zu vermindern:

– *Zusammenarbeit mit KollegInnen, Beratung durch „kritische Freunde“:*

Im Rahmen von Aktionsforschungsprojekten soll durch die Zusammenarbeit in der Gruppe und durch die Beratung durch Externe ein unterstützendes Klima hergestellt werden. In Gruppengesprächen können LehrerforscherInnen herausfinden, ob ihre Anliegen auch anderen KollegInnen wichtig sind, und stellen manchmal fest, dass, was zunächst als individuelle Unzulänglichkeit erschien, weithin auftretende Probleme sind. Manchmal ziehen die ForscherInnen externe BeraterInnen hinzu, die als „kritische Freunde“ sowohl einfühlsame als auch konstruktiv-kritische Rückmeldung in Hinblick auf ihre Handlungen und Reflexionen geben sollen.

– *Das ethische Prinzip „Kontrolle der Forschung durch die Personen, die direkt von der erforschten Situation betroffen sind“:*

Dieses ethische Prinzip soll sicherstellen, dass die Aktionsforschung nicht von Externen „gekapert“ wird. Lawrence Stenhouse (1975) hat argumentiert, dass die Verantwortung für und die Kontrolle des Verlaufs praxisorientierter

Forschung bei jenen Personen liegen sollte, die direkt von ihr betroffen sind und die mit ihren Auswirkungen im Alltag zu leben haben. Das Prinzip der „Kontrolle" verpflichtet externe BeraterInnen (die ja oft über mehr Erfahrung in der Forschung verfügen und daher schneller methodische Vorschläge und theoretische Erklärungen anbieten können) darauf, ihre Arbeit den Überlegungen und Entscheidungen der direkt Betroffenen unterzuordnen.

– *Überschaubarer Beginn und schrittweise Entwicklung der Forschung:*

Ein kluger Leitsatz aus der Umweltbewegung lautet „Global denken und lokal handeln". Ich meine, dass er auch Orientierung für jede Aktionsforschungsstrategie bieten kann. Auch wenn man sich mehr und mehr der Komplexität der untersuchten Situation bewusst wird, ist es dennoch vernünftig, eine wichtige, aber relativ überschaubare und bearbeitbare Fragestellung aus dem endlosen Meer aller jener Dinge auszuwählen, die eigentlich getan werden sollten. Es ist empfehlenswert, klein anzufangen; wenn man es dennoch schafft, dabei „global zu denken" (in dem Sinn, dass man sich die komplexeren Verbindungen und Rückwirkungen innerhalb der gewählten Fragestellung bewusst hält), so wird das helfen, schrittweise die eigene Forschung weiterzuentwickeln.

Eine solche schrittweise entwickelnde und aufbauende Annäherung ist auch bezüglich der verwendeten Forschungsmethoden sinnvoll: Elliott (1978) hält es für vernünftig, mit Forschungsdesigns zu beginnen, die weniger bedrohliche Elemente enthalten; idealtypisch schlägt er folgende Stufen des Vertrautwerdens mit Forschungsmethoden vor:

Auf *Stufe 1* stehen jene Methoden, die vor allem die *Selbstreflexion von LehrerInnen* unterstützen, z.B. Tagebuch schreiben, eine Aufnahme eigenen Unterrichts anhören, einen laufenden Kommentar auf der Basis eigener Beobachtungen schreiben.

Stufe 2 führt *externe Beobachtung durch „kritische FreundInnen"* ein, die durch den/die jeweilige/n LehrerIn ausgewählt und eingeladen werden. Auf dieser Stufe können z.B. sowohl LehrerInnen als auch BeobachterInnen Tagebuchnotizen bezüglich derselben Unterrichtsstunde verfassen und ihre Eintragungen vergleichen; LehrerInnen und BeobachterInnen können einer Unterrichtsaufnahme zuhören und sie kommentieren; ein kritischer Freund kann eine „Musteranalyse" (vgl. Altrichter/Posch 1998, 188ff) anhand seiner Beobachtungsnotizen durchführen, einen laufenden Kommentar schreiben oder Fotografien aufnehmen. In jeden Fall sollten sich ‚kritische FreundInnen' zunächst eher auf beschreibende denn auf beurteilende Rückmeldungen konzentrieren.

Die Erfahrung zeigt (vgl. Elliott 1978), dass Rückmeldung durch KollegInnen der eigenen Schule bedrohlicher ist als Rückmeldung durch SchülerInnen, welche ihrerseits wieder bedrohlicher ist als Feedback von externen, nicht im Schulsystem verankerten Personen.

Wahrnehmungen von SchülerInnen werden daher erst auf *Stufe 3* in den Reflexionsprozess forschender LehrerInnen eingebracht. Anfänglich können Schülermeinungen indirekt durch Interviews von kritischen FreundInnen gesammelt werden, später auch in direkten Gesprächen zwischen LehrerInnen und SchülerInnen. Außerdem können die Kommentare von BeobachterInnen in dem Maße pointierter werden, in dem sich die Fähigkeit der AktionsforscherInnen entwickelt, Beobachterurteile kritisch zu bewerten und, wenn notwendig, zurückzuweisen.

Stufe 4 führt schließlich das Element der *kollegialen Diskussion* über Handlungsstrategien und Reflexionen ein. Wenn sich eine verständnisvolle und kritische Kollegengruppe gebildet hat, werden externe kritische FreundInnen überflüssig.

3.8 Vertraulichkeit in kollegialen Gruppen und Veröffentlichung

In Abschnitt 3.3 habe ich die Bedeutung unterschiedlicher Perspektiven im Forschungsprozess betont, in Abschnitt 3.7 sind kollegiale Gruppen als emotionale Stütze und praktische Hilfe forschender LehrerInnen aufgetreten. Nach Vorstellung der AktionsforscherInnen ist die Entwicklung des Wissens und Können einzelner LehrerInnen in einem umfassenderen Sinn „sozial situiert“ (vgl. Abschnitt 2.4): Die Praxis und die Theorien einzelner LehrerInnen, ihre Entwicklungen und Interpretationen, die sie in Aktionsforschungsprojekten produzieren, müssen sich in der Diskussion der weiteren Gruppe ihrer *BerufskollegInnen, in der „professionellen Gemeinschaft“,* bewähren, wenn sie als „professionell“ gelten wollen. Und sie müssen sich auch der Diskussion einer *weiteren Öffentlichkeit* stellen (Eltern, Verwaltung, Anstellungsträger, PolitikerInnen usw. mit unterschiedlicher Nähe zur professionellen Arbeit), wenn sie „einer sozial verantwortlichen Professionalität“ entsprechen wollen.

– *Einbettung individueller Forschungstätigkeit in kollegiale Gruppen:*

Typisch für die englische Aktionsforschung ist, dass sie die Arbeit einzelner forschender PraktikerInnen in *kleine kollegiale Gruppen* einbettet. Diese kleinen kollegialen Gruppen werden als ‚Mikrokosmen‘ der größeren Bezugsgruppe, der *„professionellen Gemeinschaft“* der Berufsgruppe, angesehen, vor der sich die Arbeit und Reflexion einzelner LehrerInnen letztlich bewähren muss.

Die besondere Atmosphäre dieser kleinen Gruppen, deren Zusammensetzung meist selbstgewählt ist und die – durch ethische Codes und Kontrakte (vgl. das Beispiel in Altrichter 1998, 327) – unter einem besonderen Vertraulichkeitsschutz stehen, soll es ermöglichen, die eigenen Deutungen der erforschten Phänomene mit denen anderer KollegInnen zu vergleichen, dabei aber auch eingefahrene Deutungsmuster zu überschreiten und bislang Verborgenes in den Daten zu entdecken. In den kollegialen Kleingruppen sollen weiters professionelle Arbeits- und Argumentationsformen erprobt und geübt werden und so auf die Präsentation der Erfahrungen und Forschungsergebnisse in der größeren „professionellen Gemeinschaft“ vorbereiten.

– *Einbringen der Forschungsergebnisse in eine professionelle und öffentliche Diskussion:*

Aktionsforschung ermutigt PraktikerInnen, ihre Erfahrungen und ihr praktisches Wissen zu formulieren, um es mit KollegInnen und einer interessierten Öffentlichkeit besprechbar zu machen. Die Orientierung auf Veröffentlichung der Ergebnisse von Praktikerforschung ist ein mitzudenkendes Korrektiv zur Arbeit in den ‚vertrauten Gruppen‘: Es soll verhindern, dass die Interpretationsarbeit in vertrauensvollen Kleingruppen zur selbstbestätigenden Nabelschau gerät; vielmehr sind sie als ein – temporär und partiell geschütztes – Übungsfeld zu verstehen, das die Beschäftigung mit überraschenden Perspektiven auf die eigene Praxis und deren Verarbeitung für die eigene ‚praktische Theorie‘ fördern soll.

Diese beiden Orientierungen, jene der Arbeit in vertrauten Gruppen und jene der Veröffentlichung, können durch die *Idee der „abgestuften Öffentlichkeit“* miteinander verbunden werden: Die englischen LehrerforscherInnen verlangen von forschenden PraktikerInnen ja nicht, *jederzeit* vor *der* Öffentlichkeit über ihre Entwicklungsprojekte zur Auskunft bereit zu sein. In den zunächst kleinen kollegialen Gruppen können Argumente erprobt, weiterentwickelt und für nächstgrößere Öffentlichkeiten, z.B. Vernetzung von Lehrergruppen, PraktikerInnen-Tagungen, frei ausgeschriebene Lehrerfortbildungskurse, Präsentationen vor Eltern, im Stadtteil usw., vorbereitet werden.

Für die Veröffentlichung der Aktionsforschungsergebnisse einzelner LehrerInnen werden drei Gründe genannt:

1. Die Teilnahme an einer professionellen Diskussion ist ein Mittel, um *individuelle Einsichten auf ihre Brauchbarkeit und ihren Gültigkeitsbereich zu überprüfen und sie weiterzuentwickeln.* Indem ich meine Praxis und meine praktische Theorie einer öffentlichen Diskussion aussetze, erhöhe ich die Chance, auf Fehler meiner Reflexion aufmerksam zu werden. Ebenso erhalte ich dadurch die Gelegenheit, Verbindungen zwischen meinen Einsichten und den Erkenntnissen anderer Personen herzustellen sowie Anerkennung für meine Arbeit zu bekommen.
2. Individuelle Einsichten in eine professionelle Diskussion einzubringen, macht mein praktisches Wissen auch KollegInnen zugänglich und *verbreitert damit die Wissensbasis des Lehrberufs.*
3. Schließlich drückt die Teilnahme an öffentlichen Diskussionen auch eine bildungspolitische Idee aus: Für eine konstruktive Weiterentwicklung des Bildungssystems ist es nach Anschauung der englischen Lehrerforscherinnen notwendig,

- dass *PraktikerInnen bei Diskussionen über die zukünftige Entwicklung des Bildungswesens stärker berücksichtigt werden* (eine Voraussetzung dafür ist, dass sie ihre Ansichten und ihr Wissen öffentlich zum Ausdruck bringen sowie verständliche, gut begründete Argumente und Beispiele aus ihrer Praxis anbieten) und
- dass *PraktikerInnen den Fragen und Anliegen der Öffentlichkeit gegenüber offen sind* und befriedigende Rechenschaft über ihre Arbeit und die ihrer Institution geben können.

Praktisch kann dies z.B. bedeuten: Im Rahmen von Aktionsforschungsprojekten werden Seminare organisiert, die die Gelegenheit geben, die Forschungsarbeiten von anderen LehrerInnen zu lesen, sie kritisch zu diskutieren, ihre Ergebnisse in Beziehung zu setzen und sie nach Überschneidungen und Widersprüchen abzusuchen, um die Reichweite und die Bedingungen ihrer Brauchbarkeit herauszufinden. Außerdem versuchen wir PraktikerInnen anzuregen, ihre Forschungs- und Entwicklungsarbeiten zu veröffentlichen[5] bzw. in Lehrerfortbildungskursen ihre Erfahrungen anderen LehrerInnen in Form kollegialer Fortbildung zugänglich zu machen.

Bei der Veröffentlichung von Forschungserfahrungen muss das ethische Prinzip der ‚*Vertraulichkeit*' beachtet werden: Daten sind zunächst einmal ‚Besitz' der Personen, die sie zur Verfügung stellen. Sie dürfen nicht ohne deren Zustimmung dritten Personen zugänglich gemacht werden. Forschungsberichte und Fallstudien dürfen nicht veröffentlicht werden, ohne den betroffenen Personen die Gelegenheit zu einer Stellungnahme gegeben zu haben. Wenn Personen in einem Bericht identifizierbar sind, müssen ForscherInnen deren Zustimmung zur Veröffentlichung einholen. Bei der Untersuchung konkreter Fälle genügt eine bloße Anonymisierung der Daten üblicherweise nicht. Während sich ForscherInnen dadurch absichern, werden LeserInnen, die die genaueren Umstände der untersuchten Situation kennen, keine Schwierigkeiten haben, die AkteurInnen trotz ihrer ‚Pseudonyme' zu erkennen. Diese ethischen Prinzipien nicht zu beachten, beeinträchtigt längerfristig die Erkenntnismöglichkeiten der Forschenden: Andere Personen werden kaum mehr Sinn darin sehen, weitere Kraft in die Untersuchung und Weiterentwicklung einer Situation zu investieren, wenn ForscherInnen das ‚Spiel von Täuschung, Geheimniskrämerei und Überlegenheit' (vgl. Argyris/Schön 1974) spielen.

5 Ein Verzeichnis von Lehrerforschungsstudien ist erhältlich bei IFF/Schule und gesellschaftliches Lernen, c/o Waltraud Rohrer, Sterneckstraße 15, A-9020 Klagenfurt (waltraud.rohrer@uni-klu.ac.at).

Anmerkung

Kap. 3 des Artikels ist eine aktualisierte und überarbeitete Fassung des Beitrags „Quality Features of an Action Research Strategy“. Erschienen in: *Change: Transformations in Education* 2(1999)1, 1-11; deutsche Version erschienen in: Warnken, G. (Hrsg.): *Forschungswerkstätten und Schulentwicklung*. Oldenburger Vor-Drucke 347. Zentrum für pädagogische Berufspraxis: Universität Oldenburg 1998, 6-21.

Literatur

Altrichter, H.: Ist das noch Wissenschaft? Darstellung und wissenschaftstheoretische Argumentation einer von Lehrern betriebenen Aktionsforschung, München 1990

Altrichter, H.: Der Lehrberuf: Qualifikationen, strukturelle Bedingungen und Professionalität. In: Specht, W./Thonhauser, J. (Hrsg.): Schulqualität. Entwicklungen – Befunde – Perspektiven, Innsbruck 1996, 96-172

Altrichter, H.: Schulentwicklung und Professionalität. Bildungspolitische Entwicklungen und neue Anforderungen an Lehrer/innen. In: Bastian, J./Helsper, W./Reh, S./Schelle, C. (Hrsg.): Professionalisierung im Lehrerberuf, Opladen 2000, 145 -163

Altrichter, H.: Die Rolle der ‚professional community‘ in der Lehrerforschung. In: Dirks, U./Hansmann, W. (Hrsg.): *Forschendes Lernen.* Auf dem Weg zu einer professionellen LehrerInnenbildung und Schulentwicklung, Bad Heilbrunn 2002 i. Dr.

Altrichter, H./Feindt, A.: Handlungs- und Praxisforschung. In: Helsper, W./Böhme, J. (Hrsg.): Handbuch der Schulforschung, Opladen 2002 i. Dr.

Altrichter, H./Gorbach, St.: Professionalität im Wandel: Konsequenzen für Begriffsbestimmung und professionelle Ausbildung diskutiert am Beispiel Personalentwicklung. In: Zeitschrift für Personalforschung 7(1993)1, 77-95

Altrichter, H./Gstettner, P.: Aktionsforschung – ein abgeschlossenes Kapitel der deutschen Sozialwissenschaft? In: Sozialwissenschaftliche Literatur Rundschau 16(1993)26, 67-83.

Altrichter, H./Posch, P.: Lehrer erforschen ihren Unterricht. Eine Einführung in die Methoden der Aktionsforschung, Bad Heilbrunn 1998.

Argyris, C./Putnam, R./McLain Smith, D.: Action Science. Concepts, Methods, and Skills for Research and Intervention, San Francisco 1985

Argyris, C./Schön, D.A.: Theory in Practice: Increasing Professional Effectiveness, San Francisco 1974

Berliner, D.C.: The Nature of Expertise in Teaching. In: Oser, F./Dick, A./Patry, J.-L. (Hrsg.): Effective and Responsible Teaching. The New Synthesis, San Francisco 1992, 227-248

Bromme, R.: Der Lehrer als Experte. Zur Psychologie des professionellen Wissens, Bern 1992

Combe, A./Helsper, W.: Einleitung: Pädagogische Professionalität. In: Combe, A./W. Helsper (Hrsg.): Pädagogische Professionalität, Frankfurt/M. 1996, 9-48

Elliott, J.: Developing Hypotheses about Classrooms from Teachers‘ Practical Constructs. North Dakota Study Group on Evaluation-series. University of North Dakota: Grand Forks 1976

Elliott, J.: The self-assessment of teacher performance. In: Carn-Bulletin (1978)2, 18-20

Elliott, J.: Action-research: A framework for self-evaluation in schools. Tiql-Working paper No. 1. Cambridge 1981

Elliott, J.: Improving the Quality of Teaching Through Action Research. In: Forum 26 (1984)3, 74-77
Elliott, J.: Action Research and Inservice Training of Teachers. Lecture given at the University of Salzburg, May 1986
Elliott, J.: Action research for educational change. Open University Press: Milton Keynes 1991
Elliott, J./Adelman, C.: Classroom Action Research. Ford Teaching Project. Institute of Education: Cambridge o.J.
Elliott, J.: The Curriculum Experiment – Meeting the Challenge of Social Change, Buckingham 1998
Feyerabend, P.K.: Wider den Methodenzwang, Frankfurt/M. 1976
Feyerabend, P.K.: Changing Patterns of Reconstruction. In: British Journal for Philosophy of Science 28(1977), 351-382
Feyerabend, P.: Erkenntnis für freie Menschen, Frankfurt/M. 1981a
Feyerabend, P.: Rückblick. In: Duerr, H.P. (Hrsg.): Versuchungen: Bd. 2, Frankfurt/M. 1981b, 320-372
Feyerabend, P.: Wissenschaft als Kunst, Frankfurt/M. 1984
Hanks, W.F.: Foreword. In: Lave, J./Wenger, E.: Situated Learning. Legitimate Peripheral Participation, Cambridge 1991, 13-24
Hollingsworth, S. (ed.): International Action Research. A Casebook for Educational Reform, London/Washington 1997
Lave, J.: Situating Learning in Communities of Practice. In.: Resnick, L.B./Levine, J.M./Teasley, S.D. (eds.): Perspectives on Socially Shared Cognition, Washington 1991, 63 – 81
Lave, J./Wenger, E.: Situated Learning. Legitimate Peripheral Participation, Cambridge 1991
Moser, H.: Instrumentenkoffer für den Praxisforscher, Freiburg/Br. 1997
Nias, J./Groundwater-Smith, S. (Hrsg.): The Enquiring Teacher: Supporting and Sustaining Teacher Research, Lewes 1988
Schön, D.A.: The Reflective Practitioner, London 1983
Schön, D.A.: Educating the Reflective Practitioner, San Francisco 1987
Schütze, F.: Organisationszwänge und hoheitsstaatliche Rahmenbedingungen im Sozialwesen. In: Combe, A./Helsper, W. (Hrsg.): Pädagogische Professionalität, Frankfurt/M. 1996, 183 – 275
Stenhouse, L.: An introduction to curriculum research and development, London 1975
Stenhouse, L.: Research as a Basis for Teaching. (Edited by Rudduck, J./Hopkins, D.), London 1985
Terhart, E.: Berufskultur und professionelles Handeln bei Lehrern. In: Combe, A./Helsper, W. (Hrsg.): Pädagogische Professionalität, Frankfurt/M. 1996, 448-471
Wenger, E.: Communities of Practice. The social fabric of a learning organization. In: Healthcare Forum 39(1996)4 (zit. nach: http://www.trusteemag.com/thfnet/th960401.htm).
Wenger, E.: Communities of Practice. Learning, Meaning, and Identity, Cambridge 1998a
Wenger, E.: Communities of Practice. Learning as a Social System. In: Systems Thinker (June 1998b) (zit. nach: http://www.co-i-l.com/coil/knowledge-garden/cop/lss.shtml)
Wenger, E.: Communities of Practice. The organizational frontier. In: Harvard Business Review (2000)January-February, 139-145
Wimmer, M.: Zerfall des Allgemeinen – Wiederkehr des Singulären. In: Combe, A./Helsper, W. (Hrsg.): Pädagogische Professionalität, Frankfurt/M. 1996, 404-447

Angaben zu den AutorInnen

Herbert Altrichter, Dr., Professor am Institut für Pädagogik und Psychologie der Johannes Kepler Universität Linz

Klaus Amann, Dr. soz., selbständiger Bildungsberater, Dörsdorf

Johannes Bastian, Dr., Professor am Institut für Schulpädagogik am Fachbereich Erziehungswissenschaft, Universtität Hamburg

Georg Breidenstein, Dr., wissenschaftlicher Assistent am Zentrum für Schulforschung und Fragen der Lehrerbildung der Martin-Luther-Universität Halle-Wittenberg

Arno Combe, Dr., Professor am Institut für Schulpädagogik am Fachbereich Erziehungswissenschaft, Universität Hamburg

Una Dirks, Dr., Professorin am Institut für Angewandte Sprachwissenschaft, Universität Hildesheim

Hannelore Faulstich-Wieland, Dr., Professorin für Schulpädagogik am Fachbereich Erziehungswissenschaft, Universität Hamburg

Andreas Feindt, wissenschaftlicher Mitarbeiter am Zentrum für Bildungs- und Unterrichtsforschung, Universität Hildesheim

Peter Henkenborg. Dr., Professor für Didaktik der politischen Bildung am Institut für Politikwissenschaft, Technische Universität Dresden

Götz Krummheuer, Dr., Professor am Institut für Didaktik der Mathematik, Johann Wolfgang Goethe-Universität Frankfurt

Norbert Maritzen, Leiter der Abteilung Schulentwicklung, Schulforschung und Lehrerbildung, Amt für Schule, Hamburg

Hilbert Meyer, Dr., Professor am Fachbereich Erziehungswissenschaft, Universität Oldenburg

Natascha Naujok, Dr., wissenschaftliche Assistentin am Fachbereich Grundschulpädagogik der FU Berlin

Bernhard Stelmaszyk, wissenschaftlicher Assistent am Pädagogischen Institut, Johannes-Gutenberg Universität Mainz

Jutta Wiesemann, Dr., Studienrätin i.H. am Fachbereich Erziehungswissenschaften, Universität Gießen

Katharina Willems, wissenschaftliche Mitarbeiterin im DFG-Projekt „Soziale Konstruktion von Geschlecht in schulischen Interaktionen“, Fachbereich Erziehungswissenschaft, Universität Hamburg